“智慧金融”
技术、平台与创新

张菀洺　朱照红　著

清華大学出版社
北京

内容简介

随着信息技术的飞速发展，大数据、云计算、人工智能和区块链等四大核心技术日益成为现代金融的四大硬核——银行、保险、证券和信托等创新发展的强大引擎。一个以“智能风控、智能支付、智能理赔、智能投研和智能投顾”五大应用场景为目标的“智慧金融”大生态应运而生。

全书共分六章，分别是绪论、金融体系、金融科技、金融安全、智慧金融平台架构与应用和智慧金融创新与发展。作者编写时以智慧金融为主题、金融文化为主线、金融制度为盛装、金融产品为内核、金融科技为骨架、金融保险为保障、金融创新为愿景，深入浅出，不枝不蔓，以期为广大读者奉上一席智慧金融的盛宴。

本书可以作为金融类专业学生的教学用书，或者作为金融专业社会培训和金融企业入职培训用书，也可用作广大金融科技工作者研究的参考书。

图书在版编目（CIP）数据

“智慧金融”技术、平台与创新 / 张菀洺，朱照红著 .—北京：清华大学出版社，2022.12

ISBN 978-7-302-62149-2

Ⅰ. ①智…　Ⅱ. ①张…　②朱…　Ⅲ. ①互联网络-应用-金融—研究　Ⅳ. ① F830.49

中国版本图书馆 CIP 数据核字（2022）第 204619 号

责任编辑： 田在儒
封面设计： 刘　键
责任校对： 袁　芳
责任印制： 刘海龙

出版发行： 清华大学出版社
网　　址： http://www.tup.com.cn，http://www.wqbook.com
地　　址： 北京清华大学学研大厦A座　　**邮　　编：** 100084
社 总 机： 010-83470000　　**邮　　购：** 010-62786544
投稿与读者服务： 010-62776969，c-service@tup.tsinghua.edu.cn
质量反馈： 010-62772015，zhiliang@tup.tsinghua.edu.cn
印 装 者： 天津鑫丰华印务有限公司
经　　销： 全国新华书店
开　　本： 167mm×240mm　　**印　　张：** 19　　**字　　数：** 271千字
版　　次： 2022年12月第1版　　**印　　次：** 2022年12月第1次印刷
定　　价： 79.00元

产品编号：095856-01

总　序

张政文*

恩格斯说："一个民族要想站在科学的最高峰，就一刻也不能没有理论思维。"人类社会每一次重大跃进，人类文明每一次重大发展，都离不开哲学社会科学的知识变革和思想先导。中国特色社会主义进入新时代，党中央提出"加快构建中国特色哲学社会科学学科体系、学术体系、话语体系"的重大论断与战略任务。可以说，新时代对哲学社会科学知识和优秀人才的需要比以往任何时候都更为迫切，建设中国特色社会主义一流文科大学的愿望也比以往任何时候都更为强烈。身处这样一个伟大时代，因应这样一种战略机遇，2017 年 5 月，中国社会科学院大学以中国社会科学院研究生院为基础正式创建。学校依托中国社会科学院建设发展，基础雄厚、实力斐然。中国社会科学院是党中央直接领导、国务院直属的中国哲学社会科学研究的最高学术机构和综合研究中心，新时期党中央对其定位是马克思主义的坚强阵地、党中央国务院重要的思想库和智囊团、中国哲学社会科学研究的最高殿堂。使命召唤担当，方向引领未来。建校以来，中国社会科学院大学聚焦"为党育人、为国育才"这一党之大计、国之大计，坚持党对高校的全面领导，坚持社会主义办学方向，坚持扎根中国大地办大学，依托社科院强大的学科优势和学术队伍优势，以大院制改革为抓手，实施研究所全面支持大学建设发展的融合战略，优进优出、一池活水，优势互补、使命共担，形成中国社会科学院办学优势

* 中国社会科学院大学党委常务副书记、校长、中国社会科学院研究生院副院长、教授、博士生导师。

与特色。学校始终把立德树人作为立身之本，把思想政治工作摆在突出位置，坚持科教融合、强化内涵发展，在人才培养、科学研究、社会服务、文化传承创新、国际交流合作等方面不断开拓创新，为争创"双一流"大学打下坚实的基础，积淀了先进的发展经验，呈现出蓬勃的发展态势，成就了今天享誉国内的"社科大"品牌。"中国社会科学院大学文库"就是学校倾力打造的学术品牌，如果将学校之前的学术研究、学术出版比作一道道清澈的溪流，"中国社会科学院大学文库"的推出可谓厚积薄发、百川归海，恰逢其时、意义深远。为其作序，我深感荣幸和骄傲。

高校处于科技第一生产力、人才第一资源、创新第一动力的结合点，是新时代繁荣发展哲学社会科学，建设中国特色哲学社会科学创新体系的重要组成部分。作为我校建校基础的中国社会科学院研究生院是我国第一所人文社会科学研究生院，是我国最高层次的哲学社会科学人才培养基地。周扬、温济泽、胡绳、江流、浦山、方克立、李铁映等一大批曾经在研究生院任职任教的名家大师，坚持运用马克思主义开展哲学社会科学的教学与研究，产出了一大批对文化积累和学科建设具有重大意义、在国内外产生重大影响、能够代表国家水准的重大研究成果，培养了一大批政治可靠、作风过硬、理论深厚、学术精湛的哲学社会科学高端人才，为我国哲学社会科学发展进行了开拓性努力。秉承这一传统，依托中国社会科学院哲学社会科学人才资源丰富、学科门类齐全、基础研究优势明显、国际学术交流活跃的优势，我校把积极推进哲学社会科学基础理论研究和创新，努力建设既体现时代精神又具有鲜明中国特色的哲学社会科学学科体系、学术体系、话语体系作为矢志不渝的追求和义不容辞的责任。以"双一流"和"新文科"建设为抓手，启动实施重大学术创新平台支持计划、创新研究项目支持计划、教育管理科学研究支持计划、科研奖励支持计划等一系列教学科研战略支持计划，全力抓好"大平台、大团队、大项目、大成果"等四大建设，坚持正确的政治方向、学术导向和价值取向，把政治要求、意识形态纪律作为首要标准，贯穿选题设计、科研立项、项目研究、成果运用全过程，以高度的文化自觉和坚定的文化自信，围绕重大理论和实践问题展开深入研究，不断推进知识创新、理论创新、方法创新，不断推出有思想含量、理论分量和话语质量的学术、教材和思政研究成果。“中国社会科学院大学文库”正是对这种历史底蕴和学术精神的传承与发展，更是新时代我校“双一流”建设、科学研究、教育教学改革和思政工作创新发展的集中展示与推介，是学校打造学术精品、彰显中国气派的生动实践。

“中国社会科学院大学文库”按照成果性质分为“学术研究系列”“教材系列”和“思政研究系列”三大系列，并在此分类下根据学科建设和人才培养的需求建立相应的引导主题。“学术研究系列”旨在以理论研究创新为基础，在学术命题、学术思想、学术观点、学术话语上聚焦聚力，注重高原上起高峰，推出集大成的引领性、时代性和原创性的高层次成果。“教材系列”旨在服务国家教材建设重大战略，推出适应中国特色社会主义发展要求，立足学术和教学前沿，体现社科院和社科大优势与特色，辐射本硕博各个层次，涵盖纸质和数字化等多种载体的系列课程教材。“思政研究系列”旨在聚焦重大理论问题、工作探索、实践经验等领域，推出一批思想政治教育领域具有影响力的理论和实践研究成果。文库将借助与中国社会科学出版社的战略合作，加大高层次成果的产出与传播。既突出学术研究的理论性、学术性和创新性，推出新时代哲学社会科学研究、教材编写和思政研究的最新理论成果；又注重引导围绕国家重大战略需求开展前瞻性、针对性、储备性政策研究，推出既通“天线”又接“地气”，能有效发挥思想库、智囊团作用的智库研究成果。文库坚持“方向性、开放式、高水平”的建设理念，以马克思主义为领航，严把学术出版的政治方向关、价值取向关与学术安全关、学术质量关。入选文库的作者，既有德高望重的学部委员、著名学者，又有成果丰硕、担当中坚的学术带头人，更有崭露头角的“青椒”新秀；既以我校专职教师为主体，也包括受聘学校特聘教授、岗位教师的社科院研究人员。我们力争通过文库的分批、分类持续推出，打通全方位、全领域、全要素的高水平哲学社会科学创新成果的转化与输出渠道，集中展示、持续推广、广泛传播学校科学研究、教材建设和思政工作创新发展的最新成果与精品力作，力争高原之上起高峰，以高水平的科研成果支撑高质量人才培养，服务新时代中国特色哲学社会科学“三大体系”建设。

历史表明，社会大变革的时代一定是哲学社会科学大发展的时代。当代中国正经历着我国历史上最为广泛而深刻的社会变革，也正在进行着人类历史上最为宏大而独特的实践创新。这种前无古人的伟大实践，必将给理论创造、学术繁荣提供强大动力和广阔空间。我们深知，科学研究是永无止境的事业，学科建设与发展、理论探索与创新、人才培养及教育绝非朝夕之事，需要在接续奋斗中担当新作为、创造新辉煌。未来已来，将至已至。我校将以“中国社会科学院大学文库”建设为契机，充分发挥中国特色社会主义教育的育人优势，实施以育人育才为中心的哲学社会科学教学与研究整体发展战略，传承中国社会科学院深厚的哲学社会科学研究底蕴和40多年的研究生高端人才培养经验，秉承“笃学慎思明辨尚行”的校训精神，积极推动社科大教育与社科院科研深度融合，坚持以马克思主义为指导，坚持把论文写在大地上，坚持不忘本来、吸收外来、面向未来，深入研究和回答新时代面临的重大理论问题、重大现实问题和重大实践问题，立志做大学问、做真学问，以清醒的理论自觉、坚定的学术自信、科学的思维方法，积极为党和人民述学立论、育人育才，致力于产出高显示度、集大成的引领性、标志性原创成果，倾心于培养又红又专、德才兼备、全面发展的哲学社会科学高精尖人才，自觉担负起历史赋予的光荣使命，为推进新时代哲学社会科学教学与研究，创新中国特色、中国风骨、中国气派的哲学社会科学学科体系、学术体系、话语体系贡献社科大的一份力量。

前　言

我可以找到一千种理由回答为何写这本书，但书稿完成后蓦地发现，理由只有一个，即如何做个真正的“甩手掌柜”，让一切金融之客观创造性地服务于主观之一切——这就是智慧金融。

厘清智慧金融的概念首先需要比较分析业界大家耳熟能详的四个基本概念：互联网金融、数字金融、智能金融和智慧金融。

所谓互联网金融，是指传统金融机构与互联网企业利用互联网技术和信息通信技术实现资金融通、支付、投资和信息中介服务的新型金融业务模式。互联网金融不是互联网和金融业的简单结合，而是互联网技术和金融功能的有机结合，依托大数据和云计算在开放的互联网平台上形成的功能化金融业态及其服务体系，包括基于网络平台的金融市场体系、金融服务体系、金融组织体系、金融产品体系以及互联网金融监管体系等，并具有普惠金融、平台金融、信息金融和碎片金融等相异于传统金融的金融模式。2015 年 7 月，央行等十部委发布《关于促进互联网金融健康发展的指导意见》。2016 年 10 月，国务院办公厅发布《互联网金融风险专项整治工作实施方案的通知》。2018 年 10 月，由中国人民银行、中国银行保险监督管理委员会、中国证券监督管理委员会制定并公布《互联网金融从业机构反洗钱和反恐怖融资管理办法（试行）》文件。这些文件的出台，从机制、市场、监管等层面充分肯定了互联网金融发展的同时，给互联网金融明确了发展模式和身份边界。互联网金融最原始的发展模式是“众筹”，它通过团购预购的形式，向网友募集项目资金。其他比较具有代表性的模式有 P2P 网贷、第三方支付等。P2P 网贷是指通过第三方互联网平台进行资金借、贷双方的匹配，需要借贷的人群可以通过网站平台寻找到有出借能力并且愿意基于一定条件出借的人群，帮助贷款人通过和其他贷款人一起分担一笔借款额度来分散风险，也帮助借款人在充分比较的信息中选择有吸引力的利率条件。第三方支付是指非金融机构作为收、付款人的支付中介所提供的网络支付、预付卡、银行卡收单以及中国人民银行确定的其他支付服务。当前，第三方支付已不仅仅局限于最初的互联网支付，而是成为线上线下全面覆盖，应用场景更为丰富的综合支付工具。

所谓数字金融，是指通过互联网及信息技术手段与传统金融服务业态相结合的新一代金融服务，或者说是将互联网、区块链、大数据、人工智能等数字技术应用到金融行业而产生的新产品、新服务和新业态。例如，互联网技术赋能金融业产生了P2P网络融资、第三方支付、众筹、互联网征信等新业务；大数据技术赋能金融业产生了数字金融风险识别和预警新服务；区块链技术赋能金融业产生了数字货币、数字保险、供应链金融等新产品；人工智能赋能金融业可以进行量化投资、智能和高频交易等。

2022年1月，中国人民银行印发《金融科技发展规划（2022—2025年）》（简称《规划》）。《规划》依据《中华人民共和国国民经济和社会发展第十四个五年规划和2035年远景目标纲要》制定，提出新时期金融科技发展指导意见，明确金融数字化转型的总体思路、发展目标、重点任务和实施保障。这是央行编制的第二轮金融科技发展规划。《规划》在简要回顾“十三五”时期金融科技发展的基础上，提出“十四五”时期金融科技发展愿景，明确金融科技发展的指导思想和4个基本原则、6个发展目标，确定了8项重点任务和5项保障措施。其中，8项重点任务是《规划》的主体部分，从治理体系、数据要素、基础设施、核心技术、激活动能、智慧再造、审慎监管、发展基础等方面明确目标，具有较强的针对性和可行性；5项保障措施从试点示范、支撑保障、监测评估、营造环境、组织统筹等方面提出要求，为重点任务实施奠定基础、提供支持。

区别智能金融和智慧金融的概念，可以先从“智能”和“智慧”

两个名词开始界定。比较“智能”和“智慧”的概念，智能包含语言智能、数学逻辑智能、空间智能、身体运动智能、音乐智能、人际智能、自我认知智能、自然认知智能等。智慧包含感知、知识、记忆、理解、联想、情感、逻辑、辨别、计算、分析、判断、文化、中庸、包容、决定等。可见二者的本质区别在于智能是心智的唤醒与执行，强调的是自动化执行能力；而智慧是心智的感悟和创造，强调的是悟性。从这个角度上说智慧是一个比智能具有更高维度、更高层次的概念，故本书引用广大读者更易于接受的概念——智慧来解析智慧金融平台。早在阿尔法狗战胜李世石后，人们开始反思，“机器终于不再是编程的机器了，而是可以通过不断的自主学习和自适应学习重构自己的生态系统，它终于‘活了’。”如果说人工智能的初级阶段执行的是人类的初始化编程，那么，随着深度学习带来的算法上的不断突破，计算机视觉、机器学习、自然语言处理、机器人技术、语音识别等人工智能基础学科也得以快速发展，传统意义上的人工智能已然实现了向人工智能高级阶段的跃迁——这种与人类思维习惯高度同源的计算分析策略，将其称为“智慧”并不过分。进一步的，把“智能”和“智慧”这两顶帽子戴到“金融”头上，自然就不难厘清“智能金融”和“智慧金融”的大致区别，读者在阅读完本书时可以建立一个更加清晰的思维习惯和价值判断。例如，“蚂蚁金服”在每年的“双十一期间”就曾有过“精明过人”的智慧表现，自动语音识别、自动锁定目标自然是“人工智能”的强项，匪夷所思的是，“蚂蚁金服”居然会“猜”——当用户通过支付宝客户端进入“我的客服”后，超级大脑开启“运算”模式，并驱动“我的客服”快速“猜”出用户可能有的疑问点和顾虑点；并基于用户使用的服务、时长、行为等变量抽取出个性化疑问点后，通过深度学习和语义分析等方式给出自动回答，准确率可达 80% 以上。

有了上述概念的统一认识，再开始条分缕析地讲智慧金融就自然顺畅了。本书的编写要点从以下三个方面展开，即一个中心、两条主线。

“一个中心”即以客户为中心。梳理智慧金融的“前世今生”，金融形态的变迁总是伴随着文化体制和金融科技的发展、转型而定位的。本质上就是金融客观"围猎"客户主体的过程，本书将在绪论部分详细阐述金融文化的发展与变革，无论是银行文化、证券文化，还是保险文化，从古到今，都是以"客户"为中心的，"客户"自然而然地"享受"了从自然客户到"傻子"、到"懒人"、再到"智者"，最后回归超自然客户（"甩手掌柜"）的四阶段"服务"。从金融科技发展的角度似乎更容易理解金融客户的"四种身份"。手工计算时代，客户进店存钱也好，典当也罢，由于客户掌握的政策和信息有限，故而只能被动地享受"店主"的"热情"服务，最后心甘情愿或无可奈何地变成"傻子"，顺从地接受协议规定的条款和合同履约；随着互联网技术发展和移动终端的普及，顾客从线下排队等候中解放出来，在各种互联终端上主动安装金融机构或第三方平台提供的App,便捷完成相关金融业务，这个过程其实就是客户习惯性变成"懒人"的过程；进一步的，当人工智能技术发展后，客户的互动意识、参与意识开始变得强烈起来，他们不再满足于尽快完成金融交易，而是更多地关注交易账号的安全性、平台的交互性、投资的效益性等，这些都可以通过大数据技术和人工智能技术实现，这说明此时的顾客已经开始享受金融科技的"红利"而变得"精明"起来；直至今天的智慧金融在技术、业务、市场、产品、运维等方面不断完善的一站式、一键式、一账式、一卡式服务功能的体现，终于让客户超然脱俗成了"甩手掌柜"。

"两条主线"是指文化主线和技术主线。文化主线是指贯彻整个金融企业文化、体制、机制和主流意识等在不同历史时期和不同体制下的表现形式，这决定了金融的市场度、价值观和主流模式等。技术主线很好理解，在"一中心"里已经谈及，本书主要讲智慧金融时代金融科技的四大核心技术——大数据、云计算、人工智能和区块链技术等对现代金融平台运维的支撑作用，并向读者逐一分享智慧金融的"智能风控、智能支付、智能理赔、智能投研和智能投顾"五大应用场景。

在上述思想指导下，全书共分六章编写，分别是绪论、金融体系、金融科技、金融安全、智慧金融平台架构与应用和智慧金融创新与发展等。

其中，第 1 章绪论部分主要讲了金融文化、历史沿革及其特征，概述了智慧金融技术与创新形式。第 2 章金融体系部分首先回顾了我国金融体系的历史沿革，然后依次阐述了银行系统、保险公司、证券公司、信托公司和金融租赁公司等金融机构的文化、制度、特征、平台、市场及运行机制等。为了更好地理解和应用金融科技和产品，第 3 章首先用通俗易懂的语言和图表介绍了金融科技的基础知识，如 Python 语言编程、计算机网络与技术架构、5G 通信技术、深度学习、人机交互、区块链技术基础等；然后开始用较大篇幅详解金融科技的核心技术，如大数据、云计算、人工智能等，并尝试引领读者初涉金融科技的四大应用场景。第 4 章金融安全部分分析了金融安全的现状，对金融概念、性质、种类及防范体系做了表述，系统地介绍了金融安全体系的结构和国际、国内的通行做法等，并以“沙盒监管”为例着重分享了数字科技赋能金融安全的概念、意义、业务流程和应用。第 5 章智慧金融平台架构与应用是本书的重点，本章介绍了智慧金融服务平台的结构形式和智慧监管架构，然后详细讲解了智慧银行、智能投顾、消费金融等平台的模型、业务流程、应用实践等。第 6 章讲了智慧金融的创新理论、创新范式等。总之，智慧金融只有以客户为中心，以金融科技创新为第一生产力，以构建更加系统、更加稳定、更加智慧的金融安全为首要任务，以“数”之无形融“金”之有形，才是现代金融发展的必然追求。

本书可以作为金融类专业学生的教学用书，或者作为金融专业社会培训和金融企业入职培训用书，也可用作广大金融科技工作者研究的参考书。

由于著者水平有限，书中挂一漏万和不足之处恳请广大读者批评、指正；本书在编写时还参考了大量的金融类书籍和网络资源平台中的文字、数据、图表和年度报告等，在此向各位原作者表示衷心的感谢。欢迎相关作者、读者交流、批评和指正。

著 者

2022 年 8 月

目　　录

第1章 绪　论

1.1 金融文化、历史沿革及其特征

简言之，所谓金融，即“金”之形、“融”之道。如果说“金融”是经济的躯体，那么“文化”就是经济的灵魂。一切与货币之“金”有关的形态（广义上的“金”应该包括数字货币及其他各种能证明财富多寡的资金、证券、产权等）都必须与流通之“融”有关的文化相统一，否则就真的“魂不附体”了。

金融文化[①]有多种分类方法，根据行业分工不同，分银行文化、证券文化和保险文化。根据工作内容不同，分金融企业文化和金融监管文化——金融企业文化是金融企业从业人员在主导资金运动过程中的精神反映，金融监管文化是金融监管机构从业人员在对金融企业监管过程中的精神反映；前者在实际工作中一般表现为金融企业的经营理念，后者在实际工作中一般表现为金融监管当局的监管理念。根据地缘政治不同，金融文化还可分中国传统文化和西方文化，中国传统文化崇尚道德和集体利益，如“君子爱财取之有道”等；西方文化则更崇尚法律和个体自由。

为便于厘清金融文化的历史沿革，本书从银行、证券和保险三大金融行业进行讲解。

---

① 潘光伟.清廉金融文化建设必须以行业共同的价值观为根本推动力［J］.中国银行业，2021（10）.

1.1.1 银行文化

银行文化是指银行全体员工共同遵循的关于银行生存与发展的指导原则以及在这些原则指引下所形成的银行业群体信念和银行运作方式，它影响着全体员工的行为取向、生活观念，体现着银行精神。因此，银行文化也是人本的文化、道德的文化和管理者的文化。商业银行普遍遵循和践行以人为本的理念，重视履行社会责任，文化中浓缩着银行管理者的精神和价值观。

银行文化同样包含物质文化、制度文化和精神文化三个层面。[①]银行物质文化如行徽、办公楼、办公服装等，它是银行业信用程度和经营状况的外在标志，是企业核心价值观、员工理想及其精神面貌的外在体现，处于企业文化的最外层，代表企业的外在形象。制度文化包括领导体制、组织机构和管理制度，同时也包含了银行业职业道德规范、各项规章制度等，具有强有力的规范性。企业的制度文化既是塑造企业精神文化载体和主要机制，规范了员工的行为，将企业的精神文化转化为员工的自觉行动，又是适应物质文化的固定形式，提供了制度上的保证，是精神层和物质层的中介。精神文化包括银行员工的群体价值观、精神面貌、思维方式、行为习惯等，反映着银行业的信念与追求，具有一定的稳定性。

银行文化具有客观性、时代性、独特性、传承性和人本性等典型特征。银行文化的客观性是指银行业文化是客观存在的，并不会由于个人意志或其他行为而改变。因为银行文化是随着银行业的经营活动及发展过程而产生的，它无时无刻体现着银行业全体从业人员的核心价值观，也无时无刻影响着银行业的发展战略、制度规范、外在形象等。银行文化的时代性是指银行文化并非一成不变，而是随着时代的发展呈现动态性。银行业文化的发展离不开整个社会的政治、经济和文化对其产生的影响。无论是政府政策还是历史文化，无论是社会观念还是科学技术，所有的时代背景，都会在银行文化上有所体现。银

① 刘锋伦．精准问责健全银行业合规文化［J］．中国金融，2022（7）．

行文化不仅能反映时代的精神特征，同时也会随着时代的发展进步而不断地发展变化，呈现出动态的发展过程。银行文化的独特性是整个银行业客观存在的，能反映该行业的精神风貌和风格特征。但是，其具体表现却是各具特色。这种独特性主要取决于银行业所处的历史、社会、经济、地理、文化环境，以及价值观念、行业特点、经营规模等各因素的差异性。此外，银行文化还尤其注重人的主观能动作用，它是以人为中心的文化，尊重和重视人的因素在银行业发展中的作用，提倡友善、信任、互助的人际关系和人际交往环境，注重员工培训和自身价值的实现。

回顾中国银行业的发展历程，大致分为四个重要阶段。

第一阶段是1978—1983年的单层式管理阶段，人民银行集中央银行与商业银行于一身，银行的经营与管理综合在一起，还不存在真正意义上的银行监管。

第二阶段是1984—1992年的双层式管理阶段，1984年，四大专业银行成立，人民银行主要行使中央银行职能，专于货币政策、金融监管不再开展经营活动，银行的经营与监管分离，形成双层式组织，不过此时中国现代化的金融体系架构还没有明确，整个金融行业的监管还集中于人民银行。

第三阶段是1993—2002年的监管架构探索阶段，这一时期证券市场、保险市场的监管相继从人民银行分离出来，分别由证监会和保监会执行，银行业的监管仍由人民银行执行，但是分业监管的架构逐步明确。同时，银行业的治理和监督有了新进展。

第四阶段是2003年至今的以风险控制为本的中国银行业监管新阶段。2003年通过的《中华人民共和国银行业监督管理法》，批准中国银行业监督管理委员会（简称银监会）成立。这标志着我国金融体系新的监管架构形成，银行业监管工作进入新阶段。银监会立足于中国实情，密切跟踪国际金融监管，借鉴国际经验不断完善我国的监管框架，由此拉开了以风险为本的银行业监管实践。

目前我国银行系统主要指商业银行体系、政策性银行体系和信用合作社等。其中国有控股大型商业银行包括中国工商银行、中国银行、中国建设银行、中国农业银行和交通银行，下面以中国银行为例，梳理其历史文化及其特征，如图 1-1 所示。

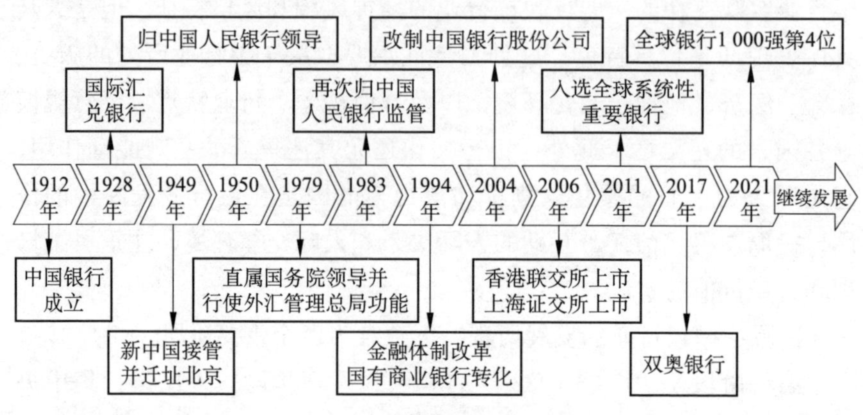

图 1-1　中国银行发展历程及其特征

中国银行（Bank of China）于 1912 年 2 月，经孙中山先生批准正式成立，是历史最为悠久的银行[①]。从 1912—1949 年的 37 年期间，中国银行的职能发生了三次变化。1912—1928 年，中国银行行使当时中央银行的职能；1928 年中国银行被改为政府特许的国际汇兑银行；1942 年中国银行成为发展国际贸易的专业银行。[②]

1949 年中华人民共和国成立，新中国政府接管了中国银行，同年 12 月中国银行总管理处由上海迁至北京。1950 年中国银行总管理处归中国人民银行总行领导。1953 年 10 月 27 日中央人民政府政务院公布《中国银行条例》，明确中国银行为中华人民共和国中央人民政府政务院特许的外汇专业银行。

1979 年 3 月 13 日经国务院批准，中国银行直属国务院领导，设立国家外汇管理总局授权管理国家外汇，将中国银行从中国人民银行中分设出来，中国银行总管理处改为中国银行总行，同时行使国家外汇管理总局职能，负责统一经营和集中管理全国外汇业务。1983 年

① 吴景平. 孙中山建立近代银行的思想主张与实践［J］. 民国档案，2001（2）.

② 刘慧宇. 20世纪初中国中央银行的筹设及其背景评析［J］. 江海学刊，2000（5）.

9 月国务院决定中国人民银行专门行使中央银行职能，随后中国银行与国家外汇管理总局分设。至此，中国银行成为中国人民银行监管之下的国家外汇外贸专业银行。1994 年年初，根据国家金融体制改革的部署，中国银行由外汇外贸专业银行开始向国有商业银行转化。2004 年 8 月 26 日，经国务院、银监会批准，中国银行以汇金公司独家发起的方式，整体改建为中国银行股份有限公司。2006 年 6 月 1 日和 7 月 5 日，中国银行股份有限公司分别在香港联合交易所和上海证券交易所成功上市。2011 年，中国银行入选全球 29 家具有系统性影响力的银行名单，这是中国乃至新兴经济体国家唯一入选的金融机构。

目前，中国银行是中国唯一持续经营超过百年的银行，也是中国国际化和多元化程度最高的银行。机构遍及中国内地及 61 个国家和地区，旗下有中银国际、中银投资、中银基金、中银保险、中银航空租赁、中银消费金融、中银金融商务、中银香港等控股金融机构。2017 年，中国银行成为中国唯一的"双奥银行"。2018 年 2 月，Brand Finance 发布 2018 年度全球 500 强品牌榜单，中国银行排名第 18 位。2019 年，中国银行再次入选全球系统重要性银行，成为新兴市场经济体中唯一连续 9 年入选的金融机构。2021 年 6 月，《银行家》公布 2021 年全球银行 1 000 强，中国银行排名第 4 位。

1.1.2　证券文化

在我国，设立证券公司必须经国务院证券监督管理机构审查批准。美国对证券公司通俗称谓是"投资银行"，英国则称其为"商人银行"。证券文化同样包含发展历史、制度文化和企业文化三个重要的方面。

我国证券公司发展经历了初步成立、快速发展、综合治理、规范创新和监管开放五个重要阶段，[①] 如图 1-2 所示。

---

① 刘慧宇. 20世纪初中国中央银行的筹设及其背景评析［J］. 江海学刊，2000（5）.

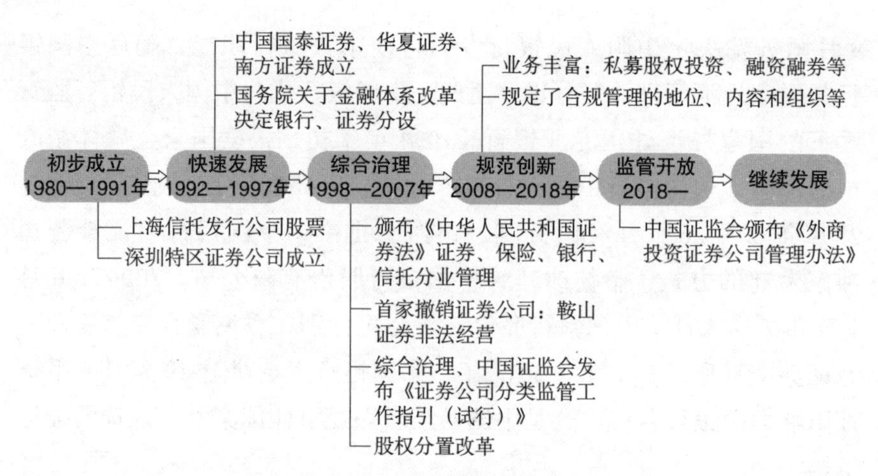

图 1-2　中国证券公司发展历程及其特征

1992 年，中华人民共和国国务院成立了证券委员会和中国证券监督管理委员会，标志着我国证券市场进入监管的规范化阶段，证券公司和证券行业各项规章制度也逐步完善。证券市场的健康发展，离不开以《中华人民共和国证券法》（简称《证券法》）为核心的证券法律制度的规范和引领。

市场和制度既是博弈的关系，同时又休戚相关，一损俱损、一荣俱荣。我国《证券法》是 1998 年 12 月 29 日第九届全国人民代表大会常务委员会第六次会议通过，1999 年 7 月 1 日起实施，这部法律是一部破冰的法律，它是在我国的证券市场刚刚兴起的时候制定的，它建立了一些基础的制度。一是明确了证券的范围，包括股票、公司债券和国务院依法认定的其他证券。二是建立了证券的发行制度，明确规定公开发行证券实行审批制。三是规定了证券交易的一般规则，明确了证券上市的程序和条件，并对证券交易过程中的信息公开和停止交易的行为做出了规定。四是规定了上市公司的收购制度，明确收购的方式和步骤，并且对证券交易所、证券登记结算机构的法律地位、职能及其业务规则做出规范。五是规定了对证券公司的分类管理，明确其业务规则，明确了证券交易所、证券登记结算机构的法律地位、职能和业务规则。六是规范证券监督管理，明确证券监督管理机构的职责、执法措施和程序等。这些制度，奠定了我国证券法律制度的大框架，改变了证券市场无法可依的状态，是我国证券市场法制建设中的里程碑。实践证明，《证券法》的颁布实施，对规范证券市场活动，保护投资者权益，促进证券市场的规范健康发展起到了重要作用。

其后我国《证券法》先后经历了五次重大修订。根据 2004 年 8 月 28 日第十届全国人民代表大会常务委员会第十一次会议《关于修改〈中华人民共和国证券法〉的决定》进行第一次修正；2005 年 10 月 27 日第十届全国人民代表大会常务委员会第十八次会议进行第二次修订；根据 2013 年 6 月 29 日第十二届全国人民代表大会常务委员会第三次会议《关于修改〈中华人民共和国文物保护法〉等十二部法律的决定》进行第三次修正；根据 2014 年 8 月 31 日第十二届全国人民代表大会常务委员会第十次会议《关于修改〈中华人民共和国保险法〉等五部法律的决定》进行第四次修正；2019 年 12 月 28 日第十三届全国人民代表大会常务委员会第十五次会议进行第五次修订。

2019 年 11 月，在证券基金行业召开的文化建设动员大会上，证监会主席提出“合规、诚信、专业、稳健”的文化理念。[①]“八字文化理念”为全行业大力推进证券文化建设指明了方向，确立了总基调，也为证券行业文化的核心理念做出了深刻诠释，是新时代证券行业文化建设的本质内涵。具体来说，其内涵如下。

（1）合规为本。“越规者，规必惩之；逾矩者，矩必匡之。”合规，是证券业务发展必须遵循的底线，是业务经营不可逾越的红线，也是行业保持长期健康发展的生命线。每家证券经营机构、每个证券从业人员，都要心存敬畏，行有所止，牢固树立合规意识，严守合规底线，以符合法律法规、监管规定作为第一准绳，以合规赢得客户信任，以合规赢得市场认可，以合规赢得企业和个人的长久发展。

（2）诚信立足。“诚者，天之道也；思诚者，人之道也。”社会主义市场经济是信用经济、法治经济。信用经济的本质要求就是契约精神、守约观念，这也是现代经济活动的重要意识规范。资本市场是社

① 易满会 . 证券行业文化建设动员会报告［R］. 北京，2019.

会主义市场经济的重要构成，作为资本市场的参与主体，诚实信用既是维护市场参与各方权益的重要保障，也是各证券经营机构的立业之魂、竞争之本。

（3）专业制胜。"术有所长，业有所精。"与银行、保险业相比，证券基金行业的不可替代性和独特优势就体现在专业上。证券公司作为专业的金融机构，要把专业作为企业提高核心竞争力的关键，认认真真做研究，扎扎实实练内功，努力练就一身过硬的专业本领，以专业的知识、专业的能力、专业的服务为客户创造价值，为企业创造效益，为社会创造未来。

（4）稳健致远。"不疾而速，行稳致远。"证券行业本身就是经营风险的行业，证券公司要把握好收益与风险的平衡关系，不能为了眼前的利益或短期的业绩就忽略风险，甚至铤而走险，做一些违法违规的事情。企业在发展的道路上，只有走得稳、走得久、走得正，才能走得远。特别是在当前复杂的全球经济金融局势下，更要做好打持久战、攻坚战的心理准备，稳中求进，循序前行，久久为功，步步为营，健康发展。

未来，证券行业要适应注册制要求，从"以牌照为中心"向"以客户为中心"转变，投行要从"打猎"文化转向"种地"文化，挖掘培育出优质企业。2020 年 3 月，中国证券业协会发布《证券经营机构及其工作人员廉洁从业实施细则》；2020 年 8 月，中国证券业协会发布《证券从业人员职业道德准则》。2021 年 2 月，中国证券业协会依托行业文化建设委员会，以社会主义核心价值观为指针，总结国内证券行业文化建设实践经验，借鉴国外金融机构文化建设最佳实践，在广聚行业共识的基础上，发布推广《证券行业文化建设十要素》，从观念、组织、行为三个层次，提出落实证券行业文化理念的具体行动指引，"十要素"为"平衡各方利益、建立长效激励、加强声誉约束、落实责任担当、融合发展战略、强化文化认同、激发组织活力、秉承守正创新、崇尚专业精神以及坚持可持续发展"。倡导证券公司围绕此"十要素"向心发力、深耕细作、久久为功，守正笃实推进证券业文化建设，持续沉淀和涵养行业生态，把文化建设与公司治理、发展战略、发展方式和行为规范深度融合，与人的全面发展、历史文化传承、党建工作要求和专业能力建设有机结合，促进形成健康的价值观、发展观、风险观，为资本市场长期稳定健康发展提供价值引领、精神支撑和制度基础。

1.1.3 保险文化

保险（insurance）本意是稳妥可靠保障；后延伸成一种保障机制。具体是指保险投保人根据合同约定，向保险人支付保险费，保险人对于合同约定的可能发生的事故因其发生所造成的财产损失承担赔偿保险金责任，当被保险人死亡、伤残、疾病或者达到合同约定的年龄、期限等条件时承担给付保险金责任的商业保险行为。因此，从经济角度看，保险是分摊意外事故损失的一种财务安排；从法律角度看，保险是一种合同行为，是一方同意补偿另一方损失的一种合同安排；从社会角度看，保险是社会经济保障制度的重要组成部分，是社会生产和社会生活“精巧的稳定器”；从风险管理角度看，保险是风险管理的一种方法。

中国保险业的发展经历了奴隶社会和封建社会的“积谷防饥”式的节余保险、半封建半殖民地时期的外商保险、近代民族资本的民族保险、新中国国营保险和现代综合性商业保险五个重要阶段。[①②]中国保险业发展历程中的事例如图1-3所示。

（1）早在2500年前，孔子就主张“老有所终，壮有所用，幼有所长，鳏、寡、孤独、废疾者，皆有所养”。荀子提出“节用裕民，而善臧其余”“岁虽凶败水旱，使百姓无冻馁之患”。可谓最古老的社会保险思想。我国古代一直施行各种赈济制度。据记载，周朝已建立各级后备仓储。战国以后，逐步形成一套较完善的仓储制度，魏有“御廪”，韩有“敖仓”，汉代设有备荒赈济的“常平仓”，隋朝设“义

① 邹广文．中国保险文化的理念与实践［J］．中国保险，2017（7）．

② 中国保险学会,《中国保险史》编审委员会．中国保险史［M］．北京：中国金融出版社，1998.

(a) 古代节余保险 陕西关中丰图义仓

(b) 清朝外商保险 广州十三行

(c) 近代民族保险 保险招商局

(d) 新中国人民保险公司成立

图 1-3 中国保险业发展历程中的事例

仓”，宋朝和明朝还出现了民间的“社仓”，它属于相互保险的形式。宋朝还有专门赡养老幼贫病的“广惠仓”，这可以说是原始形态的人身救济后备制度。尽管我国保险思想和后备救济制度产生很早，但因中央集权的封建制度和重农抑商的传统观念，所以，始终没有产生商业保险。

（2）中国资本主义形式的保险业是随着帝国主义对中国通商贸易和经济侵略而来的。1805 年，英、印商人在广州成立“谏当保安行”，也称为广州保险协会或广州保险社，这是外商在中国开设最早的保险公司。继英国之后，美国、法国、德国、瑞士、日本等国的保险公司也相继来中国设立分公司或代理机构，经营保险业务。

（3）1865 年 5 月 25 日，上海义和公司保险行成立，这是我国第一家民族保险企业，打破了外国保险公司对中国保险市场的垄断局面。1926—1936 年，全国有保险公司 40 家，分支机构 126 家。随着中国保险业的发展，有关保险立法开始被政府和社会人士重视。清光绪三十三年（1907年）至宣统三年（1911年），先后拟订了《保险业章程草案》《海船法草案》和《商律草案》。北洋政府时期，曾聘请法国顾问爱斯嘉拟订了《保险契约法草案》。1917年，北洋政府农商部拟订了《保险法草案》。1929年12月，国民政府公布了《保险法》。1935年5月和9月，国民政府分别公布了《简易人寿险法》和《简易人寿保险章程》。1937年1月，国民政府公布了修改后的《保险法》《保险业法》和《保险业实施法》。抗战胜利后，集中在上海的大量游资再度竞相投资保险业，保险机构猛增，形成了民族保险业发展的第三波浪潮。

（4）中华人民共和国成立后的新中国保险事业经历了成立、停滞、恢复和高速发展的历史轨迹，如图1-4所示。

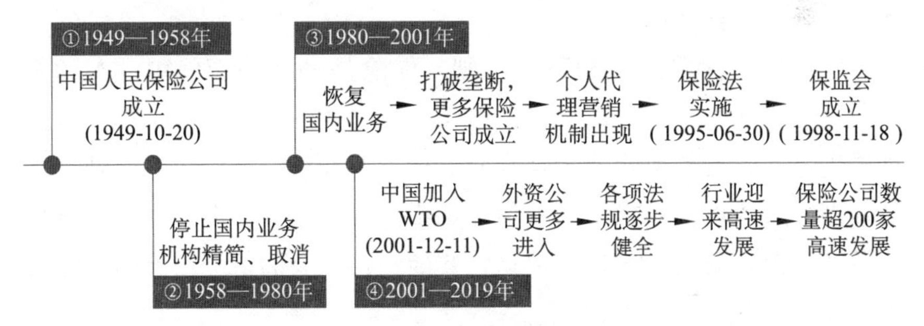

图1-4 新中国保险业发展历程

1949年10月20日，中国人民保险公司在北京成立，宣告了中华人民共和国统一的国家保险机构的诞生。1952年，中国人民保险公司由中国人民银行改为财政部领导，至此我国由国营保险公司垄断的独立保险市场初步形成，并在第一个五年计划期间完成了对私营保险业的社会主义改造，太平、新丰两家保险公司通过合并实现全行业的公私合营。由于历史原因，1958年起，国内保险业务全部停办，直至1979年才恢复。到1980年年底，除西藏以外的28个省、自治区、直辖市都恢复了保险公司分支机构，各机构总数达311个。此后的数年间，各大商业保险公司逐步建立起来。1986年，成立了新疆生产建设兵团保险公司；1992年，平安保险公司由区域性保险公司改为中国平安保险公司；1991年4月，中国太平洋保险公司成立。

同时为规范保险市场和运行秩序，1983年，国务院发布了《中华人民共和国财产保险合同条例》。1985年，发布了《保险企业管理暂行条例》。1992年，中国人民银行公布了《保险代理机构管理暂行条例》。1995年，全国人大颁布了《中华人民共和国保险法》等一系列法律法规。

随着保险市场的建立，各大保险主体开始越来越重视以服务为中心的保险企业文化建设。保险文化是指在长期保险实践中形成的关于保险价值观念、社会心理、伦理思想经营哲学以及社会保险制度等范畴的总称。广义的保险文化由三方面组成，即保险活动方式、保险物质表现和保险思想观念。狭义的保险文化特指保险思想观念。它对于保险的发展具有重要作用。保险行业核心价值理念是"守信用、担风险、重服务、合规范"。

守信用是保险经营的基本原则。保险是一种基于信用的契约行为，是对未来不确定性的承诺。诚信是保险业的生存之本，是行业发展的生命线，也是保险业最基本的道德规范和行为准则。保险业必须以最高的诚信标准要求自己，信守承诺、讲求信誉，向客户提供诚信服务，才能树立良好的社会形象，才能赢得社会的信赖与支持，才能不断发展壮大。

担风险是保险的本质属性。保险业是经营风险的特殊行业，要通过科学专业的制度安排，为经济社会分担风险损失，提供风险保障，参与社会管理，支持经济发展，充分发挥保险的"社会稳定器"和"经济助推器"功能作用。要坚持改革创新，加快转变发展方式，不断提升风险管理能力和核心竞争力，增强行业发展活力，夯实科学发展基础，更好地履行保险责任。

重服务是保险价值的实现途径。保险业属于金融服务业，保险是无形产品，服务是基本手段。保险业要积极服务经济社会发展和人民群众多层次的保险需求，加大产品和服务的创新力度，着力提高服务质量和水平，通过真诚文明、专业精细、优质高效的保险服务，传达保险关爱，体现保险价值。

合规范是保险市场健康运行的前提条件。保险机构和保险从业人员必须严格遵守国家法律法规、行业规则规范、职业道德准则，并在具体工作中时时、处处规范行事。要在全行业大力倡导知法守法、合规经营的道德风尚，培育良好的市场秩序，保障保险业健康可持续发展。

1.2 智慧金融技术与创新发展概述

智慧金融（AI finance）是依托于互联网技术，运用大数据、人工智能、云计算等金融科技手段，使金融行业在业务流程、业务开拓和客户服务等方面得到全面的智慧提升，实现金融产品、风控、获客、服务的智慧化。

1.2.1 智慧金融技术架构

从定义中不难刻画出智慧金融整体技术架构，大道至简，其本质是做了一道简单的加法题，即经典金融体系四大核心企业 + 现代金融科技四大关键技术 = 智慧金融五大应用场景，如图 1-5 所示。然而这里的加法不是逻辑上的简单相加，而是金融文化诸多要素的有机融合。如果把智慧金融看成是一个有机整体，一个三维魔方，那么金融、数据、控制则是构成三维魔方的三维坐标，如图 1-6 所示。

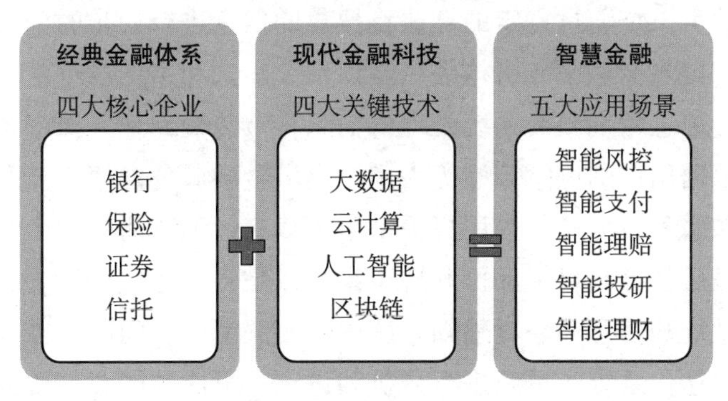

图 1-5 智慧金融整体架构

经典金融体系四大核心企业包括银行、保险、证券和信托，当然市场上的其他金融衍生产品也可归类到四大核心企业中去。现代金融科技四大关键技术包括大数据、云计算、人工智能和区块链，这些技

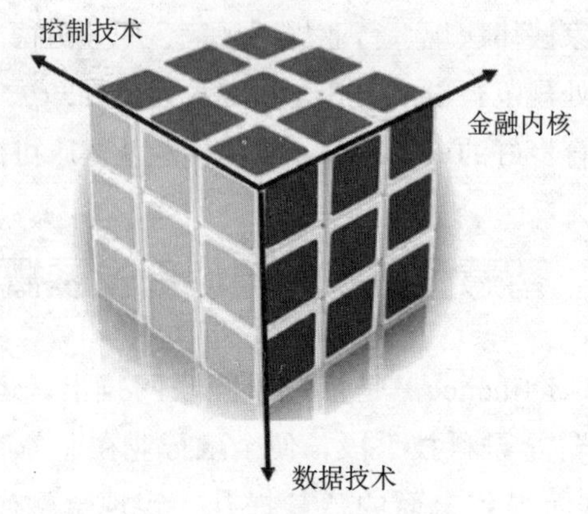

图 1-6　智慧金融三维魔方

术本质上是现代电子信息技术、数字通信技术、传感与控制技术、网络运维技术、密码技术、神经网络、数据分析与概率统计等技术的综合应用，因此，四大关键技术是现代金融科技的关键技术，也是智慧医疗、智慧城市、智慧交通、智慧农业、智慧民生等领域的关键支撑技术。掰开智慧金融的三维魔方看其内部结构，大致包括如下几个子系统：信息和环境感知系统、信息甄别归类系统、任务执行系统、任务与目标评价和矫正系统、自反馈与学习迭代系统等。其中，信息和环境感知系统是智慧金融的信息捕捉和输入系统，负责信息搜集。信息甄别归类系统通过特定的算法将搜集的信息进行初步的分析、加权和归类，增强金融服务机构的风险识别、筛选和市场的价格发现能力等。经过信息甄别归类系统处理的信息将被传输到任务执行系统，执行系统根据用户的风险偏好等为用户提供金融服务框架、金融服务策略、金融服务目标等，为用户提供量体裁衣、随需而变的个性化金融服务。最后任务与目标评价和矫正系统，是将任务执行系统、信息甄别归类系统和信息和环境感知系统中的相关情况和问题，输入到自反馈与学习迭代系统，重新进行分析和设定，形成新的金融目标、金融策略。这些不同的子系统协同工作，形成人工智能化的、具有自反馈学习迭代能力的生态系统，为用户提供动态并实时响应的金融服务，从而使金融服务从原来的同一化、标准化的产品服务，凭借大数据、云计算等手段进行深度挖掘，并在经历和跨越市场细分的基础上真正走向个性化和随需而变的金融服务阶段。

1.2.2　智慧金融特点

智慧金融具有透明性、即时性、便捷性、灵活性、高效性和安全性等显著特点。智慧金融的透明性体现在它依托公开透明的网络平台，共享信息流，很好地解决了传统金融的信息不对称问题。智慧金融的即时性使用户应用金融服务更加便捷，用户不会再因为存钱、贷款而去银行网点排上几小时的队。例如，美利金融自主搭建的大数据平台提供的计算能力，已经可以方便地处理几百万用户多达亿级的节点维度数据，3C 类分期贷款审批平均在 4 分钟左右就可以完成，而对比传统金融人工信贷审查的时间可能需要 10 个工作日（如信用卡审批）。此外，在智慧金融体系下，用户应用金融服务更加便捷。金融机构获得充足的信息后，经过大数据引擎统计分析和决策就能够即时做出反应，为用户提供有针对性的服务，满足用户的需求。另外，开放平台融合了各种金融机构和中介机构，能够为用户提供丰富多彩的金融服务。这些金融服务既是多样化的，又是个性化的；既是打包的一站式服务，也可以由用户根据需要进行个性化选择、组合。另外，智慧金融的安全性也是有保障的。一方面，金融机构在为用户提供服务时，依托大数据征信弥补我国征信体系不完善的缺陷，在进行风控时数据维度更多，决策引擎判断更精准，反欺诈成效更好。另一方面，互联网技术对用户信息、资金安全保护更加完善。

1.2.3　智慧金融应用场景

智慧金融的五大应用场景如图 1-7 所示，主要表现在：智能风控、智能支付、智能理赔、智能投研、智能理财等。

（1）智能风控。所谓智能风控系统，是指借助人工智能、大数据、云计算、物联网等技术的相互融合，加速向全场景进行渗透，重塑金融机构前、中、后台的工作模式，解决银行信贷业务中的交易欺诈、网贷申请欺诈、信贷全生命周期风险管理、客户价值分析、逾期客户管理等场景的痛点及问题，实现以改善用户体验、挖掘客户潜在

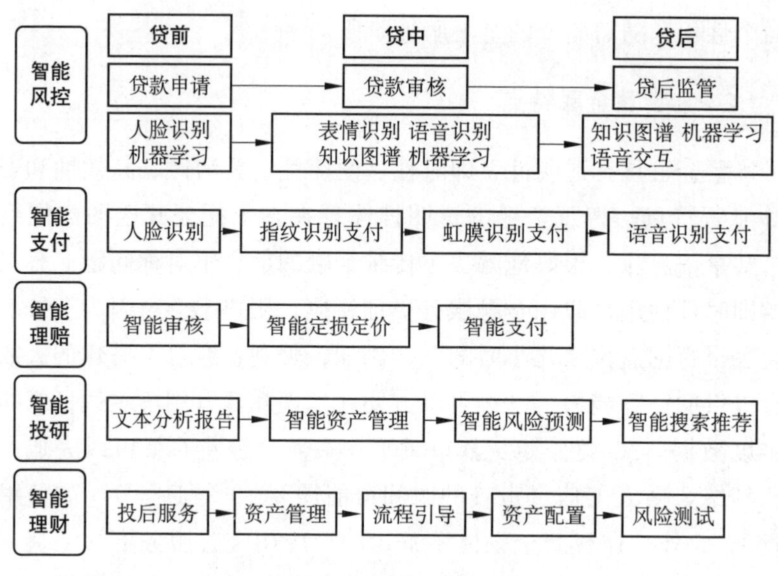

图 1-7 智慧金融应用场景

价值的新型业务模式的转变。

（2）智能支付。随着互联网技术的发展，支付要素逐渐演变成一串数字信息，“潜入”手机、手环等具有信息处理功能的智能终端中，移动支付成为用户享受支付服务的新方式。智能支付利用人工智能的图谱计算技术，对用户进行聚类和关联分析，根据协同账户准确把握企业的特征，获得全面的金融服务需求，精确识别其风险。

（3）智能理赔。在传统审核模式下，理赔案件需要人工对多达30余类理赔资料进行逐一核对，依据逾千种产品责任及条款进行责任判断，同时需考虑地方医保政策、定点医院等多种差异完成赔付金额计算，存在审核效率低、案件时效长、差错风险高等痛点。“AI智能自动决策模型”通过AI技术的应用，将原来由人工审核的理赔案件，由AI模型完成理赔资料自动审核、责任风险的主动识别及赔付金额自动计算等流程，全程实现无人工干预，具有“时效快、风控优、成本低”的特点。

（4）智能投研。传统投研业务流程需要投研人员通过各种渠道寻找数据和判别信息，依靠个人的知识储备和历史经验对数据进行加工整合，并通过逻辑分析和数理建模，最终以报告的形式输出观点并指导投资决策。整个过程对投研人员信息搜集、数据处理、逻辑分析和知识结构都提出了较高要求，并会花费大量时间，有些窗口时间较短的市场投资机会往往稍纵即逝。即使部分金融数据服务商目前已经提供了相应的数据库产品，但数据的颗粒度和产业链关联性仍难以满足多元化需求，如对房地产企业进行表外负债和“明股实债”情况分析。同时依靠人工分析，最终的研究结果还容易受到个人情绪以及知识体系等方面的影响，稳定性和可控性不高；而且一旦较为资深的投研人员发生离职等工作变动，金融机构的投研工作也会遭受较大影响。相比之下，智能投研可以在整个业务流程的各个环节运用金融科技手段节省大量时间，提高投研工作效率。而且与智能投研所应用的技术手段相比，人类更擅长处理线性关系，对非线性关系难以直观理解，而机器学习方法更擅长从复杂的历史数据中提炼非线性关系，达到投资决策胜率的目的。同时，机器的情绪控制明显好于人类，可以提高分析结果的稳定性和可控性。另外前期开发成本虽然可能较高，但系统的复制推广和运营成本极低，也可以降低少数个别人员离职变动带来的风险。

（5）智能理财。智能理财是将人工智能导入传统的理财顾问服务，并非由实体的机器人帮助客户理财，而是通过网络线上互动，依据需求者设定的投资目的及风险承受度，通过计算机程序的算法，提供自动化的投资组合建议，不像传统临柜面对面理财服务需要许多的服务人员，其目的在于提高效率。

1.2.4 智慧金融典型案例

目前智慧金融技术被广泛应用在智慧银行、智能投顾和消费金融等各个金融领域。智慧银行包括银行网点、手机银行 App、微信服务等“一站式、自助化、智能化”的全新服务体验。业务办理模式由“柜员操作为主”转变为“客户自主、自助办理”。典型应用如建设银行、招商银行等。智能投顾则可以使第三方平台与业内众多传统的银行、保险、基金、信托等金融机构做嫁接，对用户行为、市场、产品等进行详细的分析，智能化地为客户推荐多元化的投资组合。典型应用如京东智投、平安里金所、宜信等。消费金融平台通过建立以数据和技术为核心驱动的风控系统，建立包含用户数据采集、实时计算引擎、数据挖掘平台、自动决策引擎结合人工辅助审批的全面风控能力。典型应用如美利金融等。下面以华为智慧金融为例说明其技术架构与供应链金融创新策略①。

华为智慧金融技术架构如图 1-8 所示。华为 Robotic 智能基础架构聚焦软件定义广域网络 SD-WAN、智能数据中心网络、智能数据存储等升级解决方案。它以数据为对象，用 Robotic 智能基础的架构，实现数据产生、数据传送、数据存储和数据处理的高效协同，以数据流为纽带共同组成金融银行业的数字底座，支撑金融机构数字化转型。

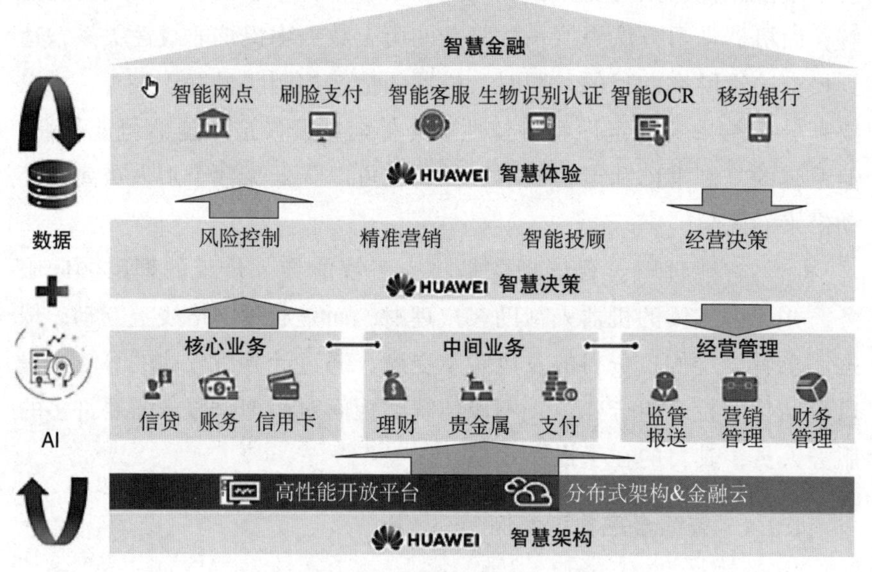

图 1-8　华为智慧金融技术架构

华为软件定义广域网络 SD-WAN 可实现一网通达、云化管理、智慧运维。它拥有多种链路智能调度技术，实现智慧银行网点一跳入

① 金融进入移动时代，华为以云、AI 和 5G 技术服务全球金融客户数字化转型——华为面向全球线上举办 2020 年全球金融峰会［J］. 中国金融电脑，2020（7）.

云，业务随处可达，降低专线互联成本超 40%；基于华为独家的智能选路和 SRv6 技术，确保全场景金融云服务体验流畅；同时，全智能运维可让数万网点的免人工自动化部署，分支内的用户体验可视可管，故障主动预防运维，让全球金融业务承载在一张智能、简单、可靠、高效的网络上。

华为超融合数据中心网络可释放 100% 算力，提升 40% 双活存储效率。它创造性地将 iLossless 智能无损算法引入到网络连接，基于全以太架构构建零丢包的计算和存储网络，助力金融数据中心 100% 释放算力；大幅度提升存储效率达 40%；在业界率先实现 L3 自动驾驶网络能力，实现数据中心网络全生命周期自动化，业务秒级发放；基于知识图谱的数据中心网络运维实现网络故障的分钟级定位，最高可达 97% 的风险主动预测，由被动运维转为主动运维，确保业务 7×24 小时在线。

华为智能存储构建按需流动的融合数字底座，即构建资源按需发放、智能数据加速、智能数据管理的融合数据底座，实现极简和智能管理。将不同的存储阵列整合成统一数据存储资源池，打破数据孤岛；通过灵活自定义能力，使应用可匹配到最合适的资源，达成节约 30% 的资本支出；通过智能 Cache 算法实现数据加速，在某些场景下，可降低 80% 的时延；将智能引入 DME 数据存储管理系统，实现数据存储“规划、建设、维护、优化”的全场景自动化。

第2章　金 融 体 系

2.1　概　　述

传统金融体系一般由货币流通、金融机构、金融市场、金融工具和金融制度五大要素组成，如图 2-1 所示。

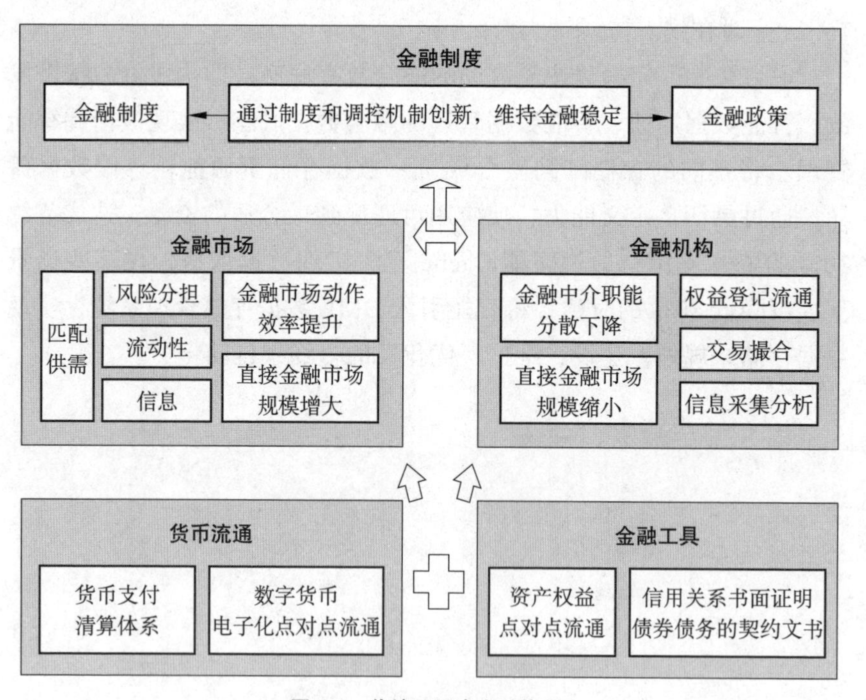

图 2-1　传统五要素金融体系

（1）货币流通。货币用于购买时，不断地离开起点，从商品购买者手中转到商品所有者手中，这样周而复始地运动，就形成了货币流通。可见，货币流通是由商品流通引起的，是为商品流通服务的。一个国家以法律形式规范其货币流通的结构、体系和组织形式，就形成了货币制度。

（2）金融机构。金融机构又称信用机构，是专门从事货币流通和信用业务活动的机构，它也可以概括为经营货币或货币资本的企业，或者说充当信用中介、媒介以及从事种种金融服务的组织。这是个种类繁多的群体，通常区分为银行金融机构和非银行金融机构。

（3）金融市场。金融的核心内容是资金融通机制，金融市场就是这一资金融通机制的主要载体之一，按交易对象不同，金融市场可分为货币市场、资本（证券）市场、外汇市场和黄金市场等。通过参与金融市场活动，各个经济主体实现调剂资金余缺的目的，同时也使资金配置趋于合理化。

（4）金融工具。金融工具一般指信用关系的书面凭证、债权债务的契约文书等，是金融机构中和金融市场上交易的对象。在我国，金融工具通常包括存款、贷款、商业票据、银行票据、保单，以及期货、期权和各种金融衍生工具的标准化合约，如图 2-2 所示。

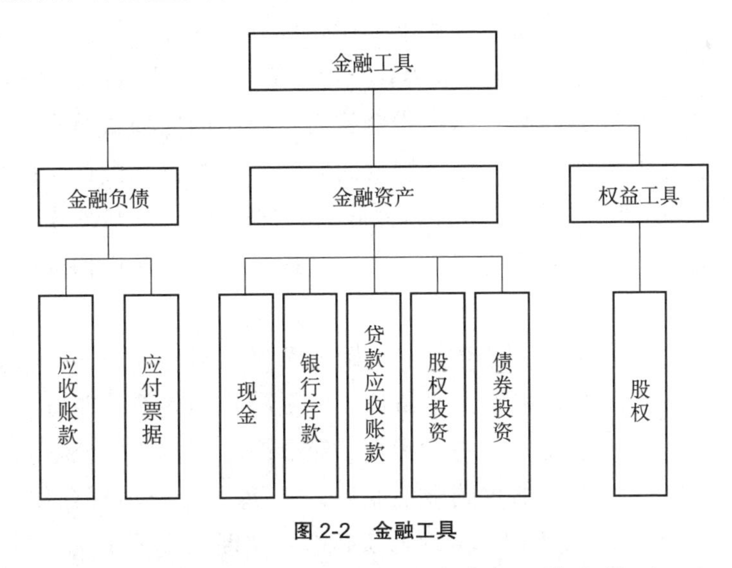

图 2-2　金融工具

（5）金融制度。所谓金融制度是指在市场经济条件下，由于国家对金融市场和金融运行进行立法监管所形成的金融制度和体系，通常包括货币制度、汇率制度、信用制度、利率制度、金融机构制度、金融市场制度，以及支付清算制度、金融监管制度等。

2.2 我国金融体系历史沿革

1. 新中国成立前金融机构形态

据史料记载，我国远在西周时期就有专司政府信用的机构“泉府”，西汉时期有私营高利贷机构“子钱家”。唐朝之后，金融业有了进一步发展。到了明末清初，以票号、钱庄为代表的旧式金融业已十分发达。但数千年的封建社会使我国的商品经济发展十分缓慢，内生的金融需求少，当西方资本主义国家先后建立起现代的金融机构体系，我国的典当行、钱庄、票号等仍停留在高利贷性质的旧式金融机构。

随着19世纪中叶我国东南沿海门户被打开，资本主义大工业生产经营方式在我国的推进，票号、钱庄等旧式的金融业已不能适应生产方式发展的需要。为适应中外贸易和民族资本主义工商业发展的需要，1845年英商东方银行在香港和广州设分行和分理处，1847年设立上海分行，即丽如银行，成为我国第一家外商新式银行。1897年，我国民族资本自建的第一家股份制银行——中国通商银行在上海设立，标志着中国现代银行信用制度的开端。我国首家民族保险企业是1865年华商设立的义和公司保险行。1882年，首家民族证券公司——上海平准股票公司成立。之后，各类现代金融机构陆续建立起来。

国民党统治时期，官僚资本开始了对我国刚刚发展的金融业的垄断，形成了以四大家族为垄断核心的金融机构体系“四行二局一库”。“四行”是中央银行、中国银行、交通银行、中国农业银行；“二局”是中央信托局和邮政储金汇业局；“一库”是指中央合作金库。“四行二局一库”成为国民党政府实行金融垄断的重要工具。同一时期，中国共产党在各个革命根据地也建立了自己的金融机构，如第一次国内革命战争时期在瑞金成立的中华苏维埃共和国国家银行，抗日战争时期在各抗日根据地成立的银行，如陕甘宁边区银行、华北银行等。

2. 新中国金融机构体系发展

新中国金融机构体系的建立与发展大致可分为以下几个阶段。[①]

1948—1953年，初步形成阶段。1948年12月1日，在原华北银行、北海银行、西北农民银行的基础上建立了中国人民银行，它标志着新中国金融机构体系的开始。

1953—1978年，"大一统"的金融机构体系。1953年，我国开始大规模、有计划地进行经济建设，在经济体制与管理方式上实行了高度集中统一的计划经济体制及计划管理方式。与之相应的是金融机构体系也实行了高度集中的"大一统"模式。这个模式的基本特征为：中国人民银行是全国唯一一家办理各项银行业务的金融机构，集中央银行和普通银行于一身，其内部实行高度集中管理，利润分配实行统收统支。

1979—1983年8月，初步改革和突破"大一统"金融机构体系。1979年中国银行从中国人民银行中分列出来，作为外汇专业银行，负责管理外汇资金并经营对外金融业务；同年，恢复中国农业银行，负责管理和经营农业资金；1980年我国试行基建投资"拨改贷"后，中国建设银行从财政部分设出来，最初专门负责管理基本建设资金，1983年开始经营一般银行业务。

1983—1993年，多样化的金融机构体系初具规模。1983年9月，国务院决定中国人民银行专门行使中央银行职能；1984年1月，单独成立中国工商银行，承担原来由人民银行负责办理的工商信贷和储蓄业务；1986年以后，增设了全国性综合银行，如交通银行、中信实业银行等，还设立了区域性银行，如广东发展银行、招商银行等；同时批准成立了一些非银行金融机构，如中国人民保险公司、中国国际信托投资公司、中国投资银行、光大金融公司、各类财务公司、城乡信用合作社及金融租赁公司等。在金融机构体系加大改革力度的同

① 新中国金融大事记[J]. 中国金融，2009(19).

时，金融业进一步实行对外开放，允许部分合格的营业性外资金融机构在我国开业，使我国金融机构体系从封闭走向开放。

1994 年至今，建设和完善社会主义市场金融机构体系的阶段。1994 年国务院决定进一步改革金融体制。改革的目标之一是建立在中央银行宏观调控下的政策性金融与商业性金融分离，以国有商业银行为主体的多种金融机构并存的金融机构体系。为此，1994 年以来金融机构体系改革的主要措施有：分离政策性金融与商业性金融，成立三大政策性银行；国家四大专业银行向国有商业银行转化；建立以国有商业银行为主体的多层次商业银行体系。1995 年组建了第一家民营商业银行——中国民生银行；同年在清理、整顿和规范已有的城市信用社基础上，在各大、中城市开始组建城市合作银行，1998 年更名为城市商业银行；大力发展证券投资基金等非银行金融机构；不断深化金融业的对外开放。为了加强对金融机构的监管，1992 年成立了中国证券业监督管理委员会，1998 年成立了中国保险业监督管理委员会，2003 年成立了中国银行业监督管理委员会，形成了"分业经营、分业监管"的基本框架。这一新的金融机构体系目前仍处在完善过程中。

3. 我国现行金融体系[①]

经过 30 多年的改革开放，中国金融业获得了巨大的发展，金融机构体系结构日臻完善，已经形成了由"一行三会"（中国人民银行、中国银行业监督管理委员会、中国证券业监督管理委员会、中国保险监督管理委员会）为主导、大中小型商业银行为主体、多种非银行金融机构为辅翼的层次丰富、种类较为齐全、服务功能比较完备的金融机构体系。下面重点对"一行三会"做简要说明。

（1）中国人民银行。中国人民银行是我国的中央银行。所谓中央银行，是指专门制定和实施货币政策、统一管理金融活动并代表政府协调对外金融关系的金融管理机构。在现代金融体系中，中央银行处

① 邝厚钧，邢玉卓．关于我国金融机构体系的战略思考［J］．中央财政金融学院学报，1989（5）．

于核心地位，是一国最重要的金融管理当局和宏观经济调控部门。中央银行是特殊的银行，在一国的经济和金融运行中发挥着“发行的银行”“银行的银行”和“国家的银行”职能。

（2）中国银行业监督管理委员会。在 1994 年的金融体制改革中，我国确定了“分业经营、分业监管”的金融监管体制。中国银行业监督管理委员会简称中国银监会，成立于 2003 年 4 月 25 日，是国务院直属正部级事业单位。根据国务院授权，统一监督管理银行、金融资产管理公司、信托投资公司及其他存款类金融机构，维护银行业的合法、稳健运行。中国银监会于全国 31 个省（直辖市、自治区）和 5 个计划单列市设立了 36 家银监局，于 306 个地区（地级市、自治州、盟）设立了银监分局，于 1 730 个县（县级市、自治县、旗、自治旗）设立了监管办事处，全系统参照《中华人民共和国公务员法》管理。

（3）中国证券监督管理委员会。1992 年 10 月，国务院证券委员会和中国证券监督管理委员会成立。1998 年 4 月，根据国务院机构改革方案，决定将国务院证券委员会与中国证监会合并组成国务院直属正部级事业单位，简称“证监会”。证监会是我国证券业的监管机构，根据国务院授权，证监会依法对证券、期货业实施监督管理。

（4）中国保险监督管理委员会。中国保险监督管理委员会设立于 1998 年 11 月 18 日，隶属于国务院，是我国保险业的监管机构，专司全国商业保险市场的监管职能。

中国银监会和中国保险监督管理委员会在 2018 年 4 月合并，合并后全称为中国银行保险监督管理委员会，简称“银保监会”，[①] 属于国务院直属事业单位，整合中国银行业监督管理委员会和中国保险监督管理委员会的职责。银监会和保监会合并的目的在于深化金融监管体制改革，统一维护银行业和保险业合法、稳健运行，防范和化解金融风险，保护金融消费者合法权益，维护金融稳定。故我国现行金融

① 吴汉锋．银保监合并落地，金融监管踏上新征程［J］．银行家，2019（1）．

体系也可称为"一行两会"，如图 2-3 所示。

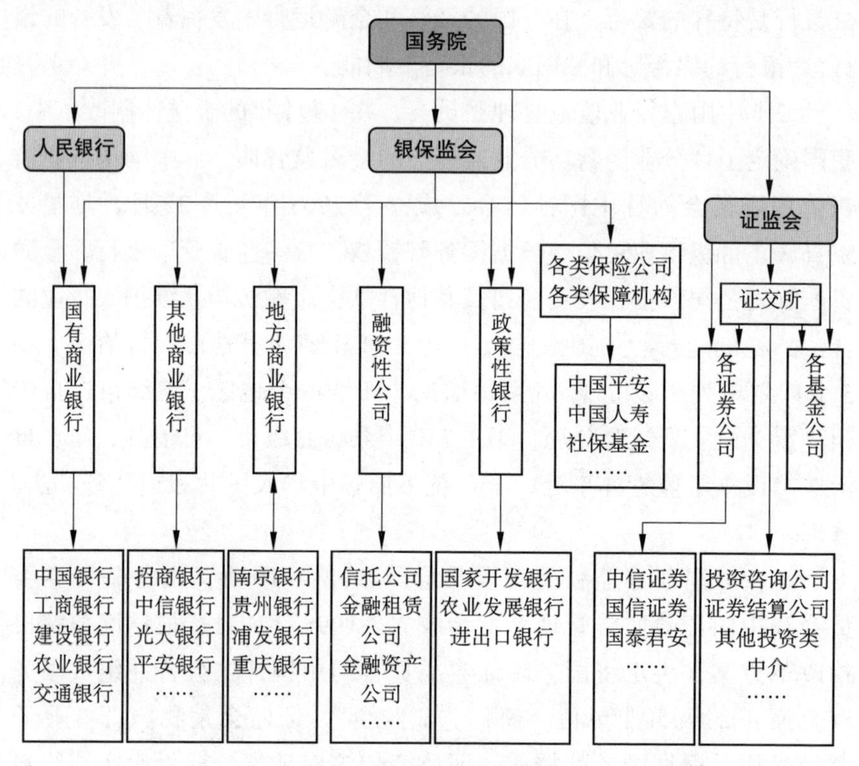

图 2-3　中国金融体系简图

4. 金融体系改革的方向

（1）未来商业银行的改革。首先，商业银行的功能发生转变，从过去存贷为主的功能向批发功能转变。从全球经验看，随着直接融资的发展，商业银行需要转型，即金融脱媒。大型商业银行基本业务转向批发银行业务——银行的资金来源不再完全依赖于存款，它可能通过发债等办法从市场上获取资金。与此同时，资产端的业务也会出现变化，不再是直接向客户提供贷款，可能在资本市场上投资债券。企业在资本市场上发债筹措资金，商业银行购买债券成为资金供给方。实际上，这种模式目前已经开始显现，现在债券最大的持有人就是商业银行。随着商业银行的功能发生转变，银行从过去的被动负债转向主动负债。所谓被动负债，是指随着居民存款的上升，银行负债增加，因此必须寻找到好的项目把存款放出去，形成资产。这种情况下，银行规模被动变大。主动负债则指银行在有看好的投资项目的基础上，去寻求资金来源，不再追求规模的扩大，而更多追求效益。随着被动负债向主动负债转化，银行获取资金的意愿也被大大减弱。其次，银行变革的另一种模式是社区银行模式，提供零售银行服务，尤其是小银行应该朝着这个模式发展。当前中国大大小小的银行机构，其功能和分工并无区别，主要是做存贷款业务。未来金融业会发生变化，不同类型的银行分工和功能定位会有明显的区别。小银行未来更重要的是下沉，立足本地给客户提供服务。这些小银行的收入不再完全依靠存贷间的利差，而是依靠提供服务获得的服务费，这类银行会成为一个社会服务性的社区银行机构。同时，引导小银行金融机构在本地的下沉，有利于发展普惠金融，实现金融服务的可达性、普惠化。最后，银行的功能和定位有了区别之后，政策性金融改革才有空间。政策性金融业务通常被称作开发性金融安排，通过财政贴息或者其他的财政方式获得支持，来做一些事关国计民生或者一般商业银行不愿意介入的业务。而只有在批发银行、零售银行两种金融格局出现之后，政策性金融才有发展和改革的空间。

（2）健全市场化利率的形成和传导机制。过去的利率传导机制是央行通过向商业银行投放基础货币，通过银行的存贷款利率进行传导，最终影响到经济。但是当前出现了两个挑战。第一个挑战是，央行的货币供应机制存在着问题。过去很多年里，中国的国际收支顺差一直在增长，致使外汇占款增长，央行的基础货币也持续增长。在央行货币投放增长之下，就会导致流动性过剩。为解决这一问题，央行首先采取发行央票进行对冲，把多余的流动性回收到央行。而在央票流动性不足的时候，央行采用常备借贷便利和中期借贷便利的方式实现利率传导，但这种机制是不稳定的。此外还面临的问题是，未来中国的国际收支会朝着基本平衡的方向发展，这也意味着央行传统的货币供应机制会面临一定的挑战。第二个挑战是，信贷在整个市场中的占比在持续下降，一个重要标志是社融规模中贷款占比在下降。因此，贷款的利率并不能完全覆盖整个市场。尤其是未来随着资本市场的发展，特别是债券业务的发展，利率变得非常重要。信贷占比下降就会出现信贷市场和资本市场的利率“断头”现象，利率能否有效传导就变成了一个问题，这也意味着央行过去通过影响存贷的利率传导机制已经失灵，目前需要新的机制，建立健全国债收益率曲线。相对于其他标的物，国债期限长，在某些情况下，甚至可以发行永续债。这一特点使国债收益率可以穿透货币市场、信贷市场和资本市场，形成跨市场、跨期的连续曲线，从而成为可靠的无风险收益率曲线。此时，如果央行在货币市场进行国债公开市场业务操作，便可通过影响短期利率达到控制整个收益率曲线斜率的目的，即实现短期利率向远端传导的目标。一旦这一利率传导机制建立，货币政策调控机制就由现在的以货币供应量为主的数量型直接调控转变为以利率为主的价格型间接调控。相对于数量型直接调控，价格型间接调控平滑性更佳，前瞻性的预调微调能力更强。这就是建立健全国债收益率曲线的核心含义所在，其目标是建立符合现代市场经济的宏观调控体制。

（3）稳妥推进数字货币研发。数字货币的发展趋势已经非常明显了。当前数字经济发展很大，数据变成了新的要素，数字货币的出现是经济发展的应有之义，是适应社会经济发展的必然安排。在过去一段时间，商业机构自己在使用、发行数字货币，满足支付或者其他方面的需求。与此同时，数字货币也带来了很大的问题——中央银行设立以后，一个重要的功能就是通过调控货币供应量来调整经济周期，数字货币的去中心化给中央银行的宏观调控制度带来了挑战。现在央行率先研发数字货币，也是保持一个可进可退的空间——央行先适应数字货币的发展趋势，用传统的方式来维持以往货币发行和调控的机制。此外，数字货币的研发以及未来发展存在着一些争议性的问题，这也是要稳妥推进数字货币研发的原因。对于央行研发数字货币，一种观点是，央行的数字货币继续保持传统货币的功能，虽然穿上了“数字”这件新衣服，但依然通过商业银行进行基础货币的投放来影响市场，继续保持原有的货币传导机制。另一种观点是，数字货币完全被赋予新功能，央行跨国金融机构直接面向个人来影响市场，这样金融机构和金融市场就不复存在了。从传统经济学上看，第一种观点更具可行性，即要保留传统货币政策传导机制。

（4）加强金融监管。首先，互联网金融是一种创新，在一定程度上解决了实现金融普惠性面临的问题。金融是和陌生人做生意，金融机构不知道陌生人的信用情况，陌生人把资产抵押给金融机构才能获得贷款，如果借贷者不能还款，抵押的资产就要被没收。在传统的金融模式中，最重要的环节是资产抵押。但这就带来一个问题——没有资产进行抵押的人或者说资产不足的人，如何获得金融服务？这个问题实际上是普惠金融的问题。同时，普惠金融问题也和贫困问题连接在一起。当前全球收入差距在扩大，要解决这一问题，金融要发生变化，需要一整套新机制的安排——传统的金融模式具有排斥性，就是嫌贫爱富。而今后的金融一定是要面向穷人的，银行要变成穷人的银行。如何建立一整套的新机制改变传统金融的模式？这既是一个学术界的尖端问题，也是实践前沿的一大挑战。互联网金融通过数字伸入到场景中间，发现没有资产可以质押的人的信用，并以这些场景的数字作为信用贷款的基础，部分或者说相当大程度上解决了没有资产质押的人的信用问题，实现了金融的普惠性。从这个意义上说，这是一种创新。其次，从反垄断角度看，任何行业的垄断都会影响竞争效率、技术进步。因此，政府通常采用拆分垄断企业的方式，阻止垄断的形成。但在当下，互联网的特点是赢者通吃，没有办法用传统的拆分方式阻止互联网机构、互联网金融机构的垄断。可以说，互联网金融领域的垄断是监管面临的一个新课题和挑战。最后，互联网金融公司到底是金融公司还是科技公司？如果是金融公司，就要满足金融监管的标准。但如果不是金融公司，是科技公司的话，互联网金融公司又涉及金融业务。从监管角度看，监管就是要监管风险，现在监管面临的难题是，既无法拆分垄断企业，也无法完全按照传统的金融监管办法进行监管。

2.3 银行系统

目前的中国银行体系主要由商业银行体系、政策性银行体系和信用合作社体系等组成。

2.3.1 商业银行体系①

在我国的金融机构体系中，银行业一直占据主要地位，商业银行业是我国金融业的主体，以银行信贷为主的间接融资在社会总融资中占主导地位，因此，建设一个稳健而富有活力的商业银行体系对于我国具有重要的意义。

1. 国有控股大型商业银行

国有控股大型商业银行包括中国工商银行、中国银行、中国建设银行、中国农业银行和交通银行。其中前四家银行是由原来的国家专业银行转化而来的，1995 年《中华人民共和国商业银行法》颁布实施后称为国有独资商业银行，2003 年起陆续进行了股份制改造，借助资本市场的力量，通过财务重组和增资扩股改善财务状况，建立并陆续完善了公司治理结构。目前这五家国有商业银行均经营全面的银行业务，并进入世界 500 家大银行的前 100 位。

2. 股份制商业银行

截至 2009 年年末，我国股份制商业银行有 12 家，即中信银行、光大银行、华夏银行、广东发展银行、深圳发展银行、招商银行、上海浦东发展银行、兴业银行、民生银行、恒丰银行、浙商银行、渤海银行。这些银行成立之初就采取了股份制的企业组织形式，股本金来源除了国家投资外，还包括境内外企业法人投资和社会公众投资。

3. 城市商业银行

城市商业银行是中国银行业的重要组成和特殊群体，其前身是

① 王京京.中国商业银行体系与金融稳定的关联性研究［D］. 东北师范大学，2016.

20 世纪 80 年代设立的城市信用社，当时的业务定位是为中小企业提供金融支持，为地方经济搭桥铺路。从 20 世纪 80 年代初到 20 世纪 90 年代，全国各地的城市信用社发展到了 5 000 多家。然而，随着中国金融事业的发展，城市信用社在发展过程中逐渐暴露出许多风险管理方面的问题。截至 2012 年 11 月，全国共有城市商业银行 138 家。

4. 农村商业银行和村镇银行

随着农村金融体制改革的不断深化和农村经济发展的需要，经中国人民银行批准，2001 年 11 月，在农村信用社基础上改制组建的首批股份制农村商业银行在江苏省的张家港、常熟、江阴成立，之后陆续在全国推广，到 2009 年年底，全国共有 43 家农村商业银行。2006 年，为增加农村金融供给，我国又开始在农村地区设立主要为当地农民、农业和农村经济发展提供金融服务的村镇银行，到 2009 年年底，全国共有 148 家村镇银行。

5. 外资商业银行

改革开放以后，中国允许外资银行有限制地进入，从 1981 年中国引进第一家外资银行，截至 2009 年年底，中国境内已有外商独资银行 33 家（下设分行 199 家）、合资银行 2 家（下设分行 6 家，附属机构 1 家）。另有 24 个国家和地区的 71 家外国银行在华设立了 95 家分行；在华外资银行业金融机构的资产总额达到 13 492.29 亿元，占全国银行业金融机构总资产的 1.71%；不良贷款比例为 0.85%；获准经营人民币业务的外国银行分行为 49 家、外资法人银行为 32 家。

2.3.2　政策性银行体系

政策性银行是指由政府发起或出资建立，按照国家宏观政策要求在限定的业务领域从事银行业务的政策性金融机构。政策性银行的业务经营目标是配合并服务于政府的产业政策和经济社会发展规划，不以盈利为目标，不与商业银行争利。目前，银监会在统计口径中将中国进出口银行、中国农业发展银行列入政策性银行，将国家开发银行与政策性银行并列统计。

1994 年中国政府设立了国家开发银行、中国进出口银行、中国农业发展银行三大政策性银行，均直属国务院领导。2015 年 3 月，国务院明确将国家开发银行定位为开发性金融机构，从政策银行序列中剥离。

政策性银行具有以下四个方面的“特殊”职能。

一是政策导向性职能。是指政策性银行以直接或间接的资金投放吸引其他金融机构从事符合政策意图的放款，从而发挥其提倡、引导功能。市场经济条件下，一些产业的利润获得具有时间长、难度大、起点较低的特点，使一些投资者不愿介入，政策性银行则通过对这些产业的扶植，引导、倡导其他投资者进入该领域。因为一旦政策性银行决定对该产业提供资金，则表明政府对这些行业的扶植意向及该行业经济发展的长期目标，由此增加投资者的信心，使其协同投资。一旦其他投资者对这一行业的投资热情高涨起来，政策性银行就可以逐渐减少投资，转而投资其他行业。这充分体现了政策意图的倡导性，形成对民间资金运用方向的诱导机制，促使政府政策目标的实现。

二是补充辅助性职能。是指政策性银行的金融活动补充和完善了以商业银行为主的现代金融体系的职能。这一职能主要表现在：对投资回收期过长、收益低的项目进行融资补充，对技术市场和市场风险高的领域进行倡导性投资，对于成长中的扶植产业提供优惠利率放款投资。政策性银行也以间接的融资活动或提供担保的方式来引导商业银行的资金流向，并针对商业银行提供短期资金融通而长期资金不足的缺点，以提供长期甚至超长期贷款为主。

三是选择性职能。是指政策性银行对其融资领域或部门具有选择性，不是任意融资。尊重市场机制是进行选择的前提，当市场机制不能有效配置资源时，由政府主导的选择是最佳方式。

四是服务性职能。政策性银行一般是专业性银行，有精通业务并且具备丰富实践经验的专业人员，可以为企业提供信息及出谋划策等全方位的服务，显示其服务性职能。

2.3.3　信用合作社体系

信用合作机构是一种群众性合作制金融组织，典型的组织形式是城市信用合作社和农村信用合作社。城市信用合作社是在城市中按一定社区范围，由城市居民和法人集资入股建立的合作金融组织；农村信用社是由农民或农村的其他个人集资联合组成，以互助为主要宗旨的合作金融组织。信用合作社的本质特征是由社员入股组成，实行民主管理（即各级合作社的方针和重大事项由社员参与决定，实行“一人一票”制），主要为社员提供信用服务。

2.4　保险公司

保险公司是收取保费并承担风险补偿责任，拥有专业化风险管理技术的金融机构组织。保险公司是金融机构的一个重要组成部分。在当今西方发达国家中，几乎是无人不保险、无物不保险、无事不保险。因此，各式各样的保险机构应运而生，如财产保险公司、人寿保险公司、火灾及事故保险公司、老年和伤残保险公司、信贷保险公司、存款保险公司等，保险机构十分健全。

保险的功能和意义主要在于可以提供必要的保障、进行风险规划、合理配置资金以及具有杠杆作用。在提供必要的保障方面，保险可以为常见的意外、健康、死亡等风险因素提供保障，可以降低风险损失，有效抵御风险；进行风险规划时，个人或家庭可以利用保险工具进行人生规划，提前转移可能的风险；合理配置资金是指保险具有一定的投资性，可以通过指定受益人的方式进行财富传承，是配置资金的工具；保险的杠杆作用表现在保险能以相对较少的保费，换取较高的保额，具有杠杆性，能使得被保险人得到更好的保障。

保险类服务需要线下和线上结合，单纯的线上服务不能满足客户的服务需求，需要将线上服务与线下的商务机会结合在一起。保险公司的线下服务可以是加盟商、代理人，也可以是直营店。

保险系统整体技术架构如图 2-4 所示。

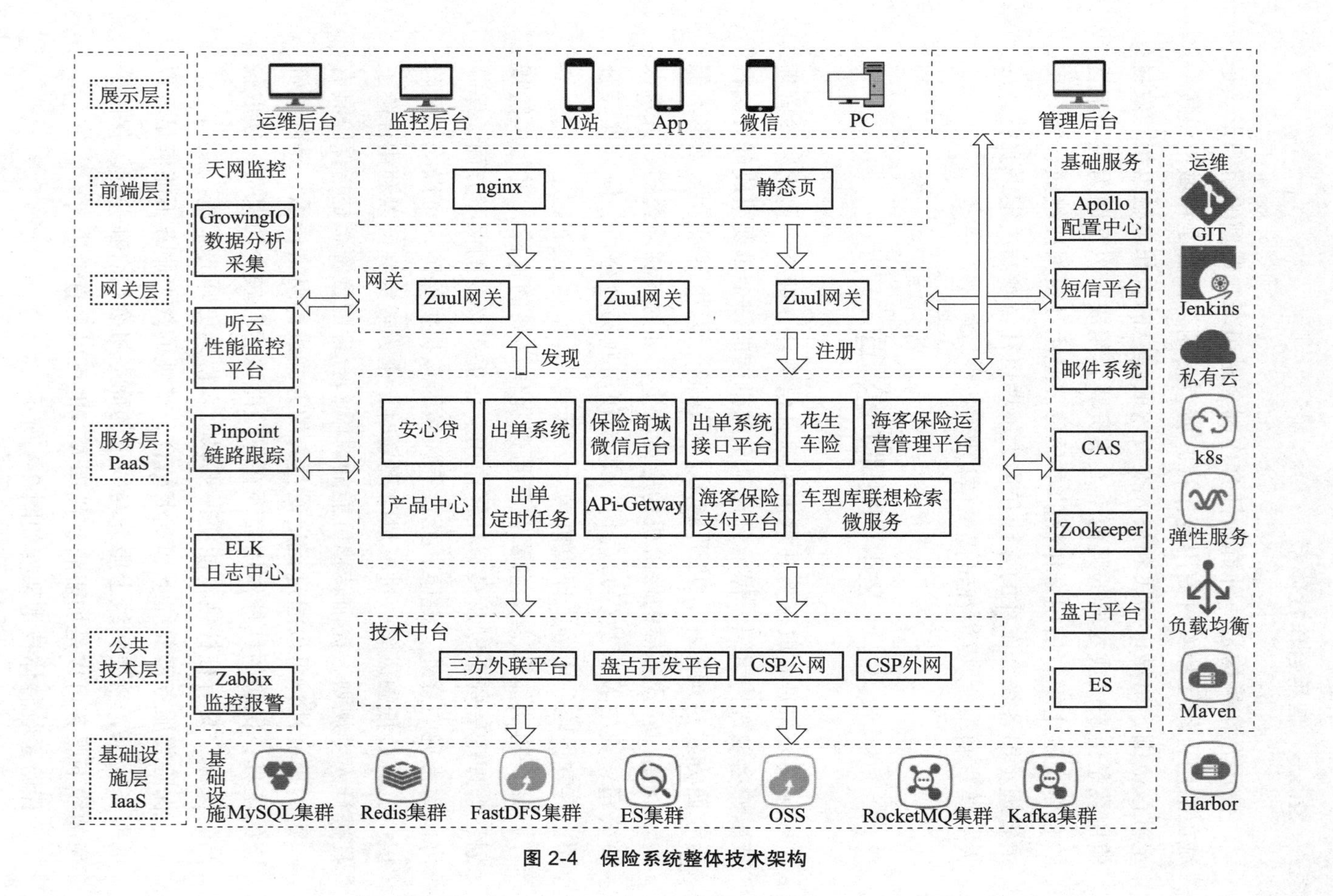

图 2-4 保险系统整体技术架构

2.5　证 券 公 司

证券公司（securities company）是专门从事有价证券买卖的法人企业，分为证券经营公司和证券登记公司。狭义的证券公司是指证券经营公司，是经主管机关批准并到有关工商行政管理局领取营业执照后专门经营证券业务的机构。它具有证券交易所的会员资格，可以承销发行、自营买卖或自营兼代理买卖证券。普通投资人的证券投资都要通过证券商来进行。

在一国的资本市场中，活跃着许多种为证券投资活动服务的金融机构，如证券交易所、证券登记结算公司、证券公司、证券投资咨询公司、投资基金管理公司等。不同的机构在证券投资活动中扮演着不同的角色，从事着不同的业务，发挥着不同的作用。

在不同的国家，证券公司有着不同的称谓。在美国，证券公司被称作投资银行（investment bank）或证券经纪商（broker-dealer）；在英国，证券公司被称作商人银行（merchant bank）；在欧洲大陆（以德国为代表），由于一直沿用混业经营制度，投资银行仅是全能银行（universal bank）的一个部门；在东亚（以日本为代表），则被称为证券公司（securities company）。

2.5.1　证券公司分类

从证券经营公司的功能分，可分为证券经纪商、证券自营商和证券承销商。

证券经纪商即证券经纪公司。代理买卖证券的证券机构，接受投资人委托、代为买卖证券，并收取一定手续费即佣金，如东吴证券苏州营业部，江海证券经纪公司。

证券自营商即综合型证券公司，除了证券经纪公司的权限外，还可以自行买卖证券的证券机构，它们资金雄厚，可直接进入交易所为自己买卖股票，如国泰君安证券。

证券承销商是以包销或代销形式帮助发行人发售证券的机构。实际上，许多证券公司是兼营这3种业务的。按照各国现行的做法，证券交易所的会员公司均可在交易市场进行自营买卖，但专门以自营买卖为主的证券公司为数极少。

2.5.2 证券公司的风险控制

国务院证券监督管理机构应当对证券公司的净资本，净资本与负债的比例，净资本与净资产的比例，净资本与自营、承销、资产管理等业务规模的比例，负债与净资产的比例，以及流动资产与流动负债的比例等风险控制指标做出规定。证券公司从每年的税后利润中提取交易风险准备金，用于弥补证券交易的损失，其提取的具体比例由国务院证券监督管理机构规定。国务院证券监督管理机构认为有必要时，可以委托会计师事务所、资产评估机构对证券公司的财务状况、内部控制状况、资产价值进行审计或者评估。

为了控制和化解证券公司风险，保护投资者合法权益和社会公众利益，保障证券业健康发展，国务院于2008年4月23日通过了《证券公司风险处置条例》（自公布之日起施行），该条例规定了证券公司的停业整顿、托管、接管、行政重组、撤销、破产清算和重整、监督协调以及法律责任等。国务院证券监督管理机构依法对处置证券公司风险工作进行组织、协调和监督。国务院证券监督管理机构应当会同中国人民银行、国务院财政部门、国务院公安部门、国务院其他金融监督管理机构以及省级人民政府建立处置证券公司风险的协调配合与快速反应机制。处置证券公司风险过程中，有关地方人民政府应当采取有效措施维护社会稳定，保障证券经纪业务正常进行。

2.5.3 证券公司组织结构

证券公司常见的组织结构分为职能部门型组织结构、区域分公司型组织结构、事业功能型组织结构、控股公司型组织结构四大类型。

（1）职能部门型组织结构。在证券市场发展初期，国内市场规模较小，通常用其基本职能来架构其组织形态，如投资银行部、经纪业务部、资产管理部及研究发展部等机构，如图2-5所示。

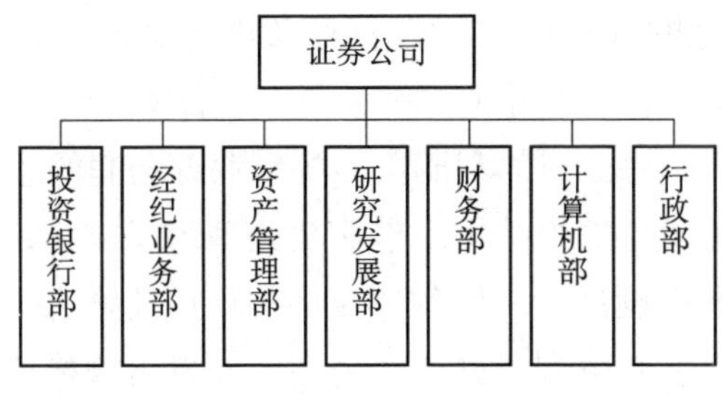

图 2-5　职能部门型组织结构

（2）区域分公司型组织结构。在公司发展到一定程度后，总部直接对几十家甚至上百家营业部进行管理显得力不从心，各证券公司往往设立地区管理总部来对当地或辖区内的营业部进行管理，并逐渐开展其他业务进而发展成为分公司，最终形成了区域分公司型组织结构，如图 2-6 所示。分公司型组织结构按照一级法人的形式授权分公司进行业务经营和管理，适合我国现阶段证券公司的经营管理和规模的要求。

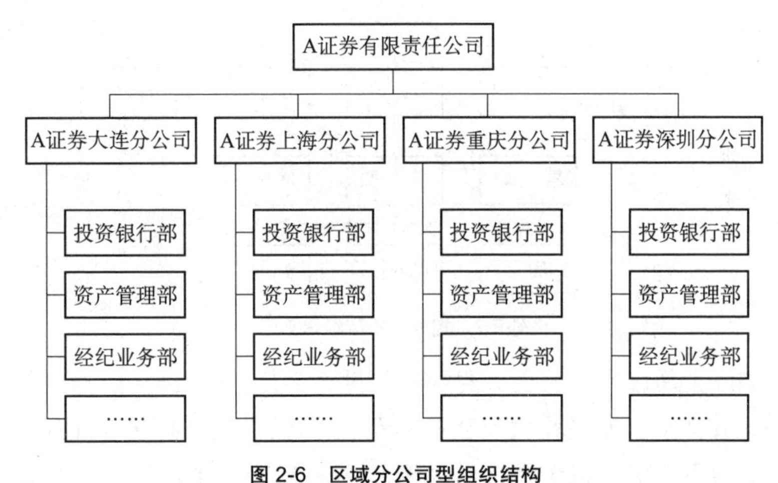

图 2-6　区域分公司型组织结构

（3）事业功能型组织结构。区域分公司型组织结构是按地域范围设置的，事业功能型组织结构则是按业务及产品范围来设置的。如高盛公司按业务及产品范围将公司划分为投资银行事业部、商人银行事业部、投资管理事业部、信息技术事业部、全球投资研究事业部、固定收益货币及商品事业部、股票事业部、养老金管理事业部。每一个事业部有其本身的管理阶层，自行经营事业部的业务，公司由一群“自立营运”的业务单位组成。每一个事业部对于总公司，必须贡献一份实质的利润，总公司的利润应为各事业部利润的总和。

（4）控股公司型组织结构。事业功能型组织结构，原是为了解决企业规模的问题而设计的。但各事业部的规模通常有适当的限度，在企业规模方面也有其限制条件。在公司业务发展规模变大之后，事业部就会变得臃肿，一个事业部的规模变得太大，就会超过其能有效执行自身职能的限度，则该整个事业部将变得笨重、迟钝，而不能执行任务。解决的办法是使某些部分成为独立的企业，即内部组织外部化，事业功能型组织结构向控股公司型组织结构演化，由公司拥有或控股若干个子公司，公司的业务在每个子公司之间分配。摩根大通集团就下设资本公司、证券有限公司、担保信托公司、投资管理公司、顾问公司、期货公司等若干子公司。控股公司型组织结构如图 2-7 所示。

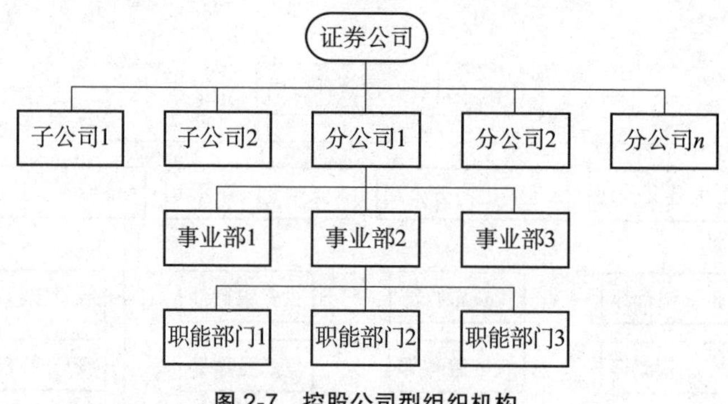

图 2-7　控股公司型组织机构

国际上超大型“航空母舰”式的投资银行，都是通过一系列的收购和兼并活动，发展壮大为金融集团，并通过控股的金融机构从事专业化的金融服务。以美林证券为例，它在 20 世纪 40 年代成为大型证券公司，20 世纪 60 年代分别收购德旺证券和埃迪证券，将业务伸入政府证券业务和货币管理与咨询业务领域；1970 年，美林收购固德波帝证券公司以及跨国收购一家加拿大投资银行，开始大规模进入国际市场；1974 年，美林收购家庭生命保险公司，涉足保险业，全方位拓展业务，最终形成美林在世界投资银行业中的领先地位。

中国证券公司所采取的组织架构基本上是职能部门型、事业功能型与区域分公司型相结合的组织结构。大型的证券公司为便于管理，在不同地区设立分公司，总公司对分公司和营业部实行授权管理。当前中国证券公司的架构是基本符合其业务发展需要的，不过，随着证券公司走向大型化、综合化，设立子公司的需要也日益迫切，《证券公司管理办法》明确规定，证券公司可以设立分公司和控股子公司。因此一些大型证券公司就可以将业务部门改造成子公司，将地区管理总部改造成分公司，并且涌现出一批拥有子公司、分公司、合资公司和海外分支机构的大型综合类控股集团式证券公司，使国内的大型证券公司向控股公司发展。

2.5.4 证券公司实例分析

本书选取国外的高盛集团、美林证券和国内的国泰君安证券作为证券公司典型代表来分析其组织结构和运行特点。众所周知，高盛集团承销业务方向是科技型企业；美林证券则以零售业为主；而国内的国泰君安证券则是覆盖业务最广的证券商之一。

（1）高盛集团[①]（Goldman Sachs）是一家国际领先的投资银行和证券公司。它成立于 1869 年，是全世界历史最悠久及规模最大的投资银行之一，总部设在纽约，并在东京、伦敦和香港设有分部，在 23 个国家拥有 41 个办事处。高盛向全球提供广泛的投资、咨询和金融服务，拥有大量的多行业客户，包括私营公司，金融企业，政府机构以及个人。2019 年 11 月 16 日，胡润研究院发布《2019 胡润全球独角兽活跃投资机构百强榜》，高盛排名第 6 位；2020 年 7 月，福布斯 2020 全球品牌价值 100 强发布，高盛集团排名第 85 位。

高盛集团组织结构示意图如图 2-8 所示。公司兼具职能部门型组织结构和事业功能型组织结构的特点，其优点在于以下四点。第一，由于按职能划分部门，其职责容易明确规定。第二，每一个管理人员都固定的归属于一个职能结构，专门从事某一项职能工作，在此基础

① 张英贤 . 高盛集团在华投资策略对我国投行的借鉴［D］. 北京建筑大学，2016.

上建立起来的部门间联系能够长期不变，这就使整个组织系统有较高的稳定性。第三，各部门和各类人员实行专业化分工，有利于管理人员注重并能熟练掌握本职工作的技能，有利于强化专业管理，提高工作效率。第四，管理权力高度集中，便于最高领导层对整个企业实施严格的控制。

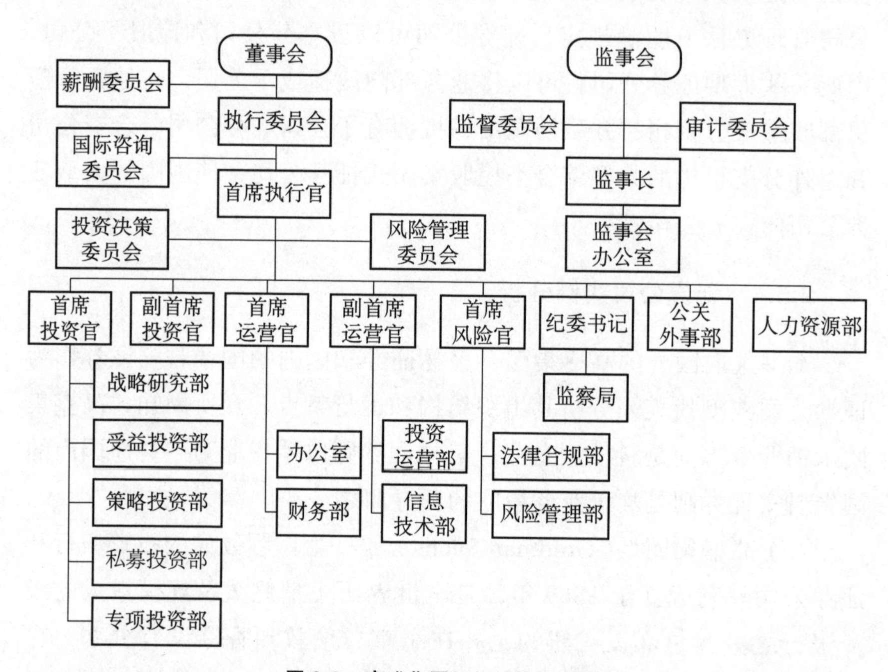

图 2-8　高盛集团组织结构示意图

但这种组织结构也存在横向协调差、适应性差等缺点。高度的专业化分工以及稳定性使各职能部门的眼界比较狭窄，他们往往片面强调本部门工作的重要性，希望提高本部门在组织中的地位，十分重视维护本部门的利益，特别致力于提高本部门的工作效率。因此，容易产生本位主义、分散主义，造成许多摩擦和内耗，使职能部门之间的横向协调比较困难。另外由于人们主要关心自已狭窄的专业工作，这不仅使部门之间的横向协调困难，而且妨碍相互间的信息沟通，高层决策在执行中也往往被狭窄的部门观点和利益所曲解，或者受阻于部门隔阂而难以贯彻。由此，整个组织系统就不能对外部环境的变化及时做出反应，体现其适应性差的缺点。

（2）美林证券（Merrill Lynch）成立于 1941 年，是世界领先的财务管理和顾问公司之一，总部位于美国纽约。作为世界最大的金融管理咨询公司之一，该公司在曼哈顿四号世界金融中心大厦占据了整个 34 层楼，总资产接近 1.4 万亿美元，在 36 个国家建立了分支机构，管理资产达 1.1 万亿美元。作为一家投资银行，美林证券为世界各地的公司、政府、研究机构和个人提供债务股票安全保险和战略咨询。

美林证券[①]的组织架构示意图如图 2-9 所示，可以分成四个部分，即最高决策管理、内部管理、业务管理和区域管理。以下只分析美林证券较为重要的最高决策管理和内部管理。

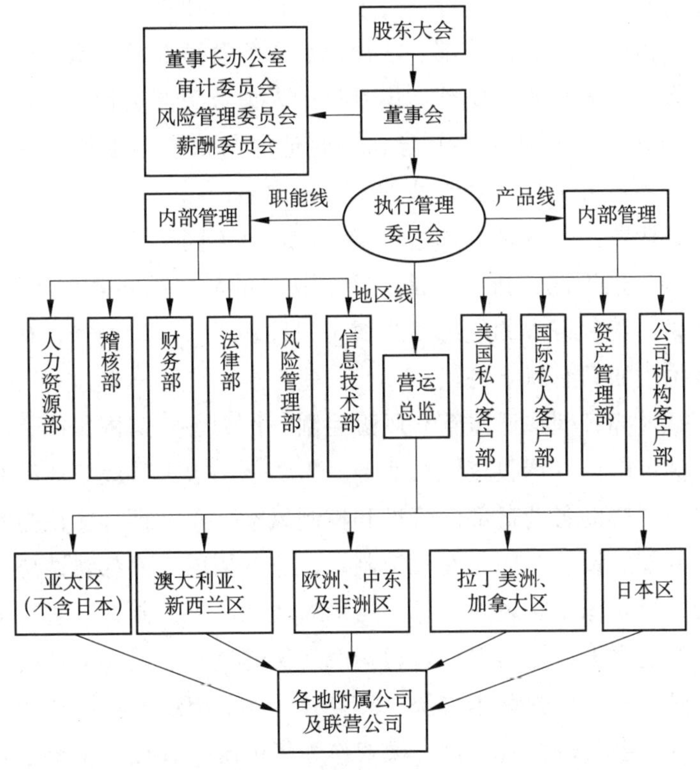

图 2-9　美林证券的组织架构示意图

美林证券的最高决策管理层主要包括董事会和执行管理委员会。

---

① 宫有立 . 中国证券经纪人监管制度探析［D］. 吉林大学，2009.

董事会下设董事长办公室、审计委员会、薪酬委员会等，主要负责公司的发展规划，战略管理和重大投资决策，对公司内部管理进行审计监督等。同时，它在全球范围内监管公司和机构客户的关系，并加强引导以确保公司能动员整体资源来满足这些客户的多样化需求。执行管理委员会主要负责公司的具体政策和管理程序的制定，公司各种决策的执行以及总体业务的策划、协调及统筹管理等。该委员会包括董事长办公室和总裁办公室的行政管理者，以及负责营销企划、技术服务、风险控制、全球业务、财务监管等方面的高级主管。

美林证券的内部管理是按照职能来划分部门的，其重点是实行有效的监管和激励。监管主要通过财务稽核、法律督察和风险控制来实现，分别由财务部、稽核部、法律部和风险管理部等负责；激励主要是通过人力资源管理来实现，由专设的人力资源部负责。内部管理部门直接由执行管理委员会领导，同时他们与董事会下设的审计委员会、薪酬委员会等保持经常性的联系和沟通，以便董事会可以有效地履行监管职责。美林证券的这一组织模式既不同于传统的直线型、职能型架构，也不同于按照职能、产品划分的简单的矩阵型组织架构。总体来说，美林证券的组织模式属于一种多维立体型网络架构。这种组织架构主要具有以下特点。

一是内部管理强调监管和风险控制。作为一家跨国集团，美林证券在全球范围内开展投资银行业务，需要承担很大的政策风险和市场风险。为了协助各营运部门管理和控制风险，美林证券无论是在组织架构中的部门设置，还是在政策制定、业务拓展方面都强调应加强财务监管、风险识别、风险测量，风险评估和风险控制，在进行成本收益分析的前提下，尽力保证公司资产的稳健运营，提高资产的营运质量。二是决策管理强调集中统一。美林证券的组织架构中包含了极具特色的委员会管理模式，这一模式作为集中统一管理的主要形式正在被越来越广泛地采用。一般来说，设立执行管理委员会的优势主要有两方面：一方面，在集团决策中可以采用集体智慧进行审议和判断；另一方面，有利于各部门之间、计划和政策之间的相互协调。三是独具特色的多维立体型的网络组织架构。在美林证券的组织模式中，按照职能划分部门的内部管理、按照客户需求划分部门的业务管理以及地区营运总监负责制的区域管理这三个系统相互有机地结合成为一个整体，并由决策层的执行管理委员会集中统一协调。所有的重要决策，均通过执行管理委员会沿着这三个方向推进，最终付诸实施。这种多维立体型的网络组织架构将多元化的专业分工与集中统一协调的优势融为一体，是美林证券组织架构的最大特色。

（3）国泰君安证券[①]（Guotai Junan Securities）是由国泰证券和君安证券合并成立。1992年国泰证券及君安证券分别于上海及深圳成立；1999年国泰证券与君安证券合并成立国泰君安证券股份有限公司。国泰君安证券以客户需求为驱动，打造了包括机构金融、个人金融、投资管理及国际业务在内的业务体系，其中，机构金融业务由投资银行业务和机构投资者服务业务组成。投资银行业务为企业和政府客户提供上市保荐、股票承销、债券承销、结构性债务融资、并购财务顾问、企业多样化解决方案等服务；机构投资者服务业务为机构投资者提供主经纪商业务、销售及交易、股票质押及约定购回、研究等服务，同时还包括股票、衍生金融工具及FICC的投资交易。

国泰君安证券是一个典型的事业功能型组织结构，如图2-10所示。按业务范围组成一个组织单位，每个单位有一整套完整的责任公司体制。其优点在于，各事业部负责特定的金融产品或业务在特定范围内的经营，所有的经营和管理都集中在事业部内，各部之间很少联系，有相对独立性，各部承担经营责任且承担相应成本责任和收益责任，各部的利益总和就是整个公司的收益。从而易实现责权利对等和企业经营的总目标。

但其缺点也很明显，各事业部往往容易追求短期收益目标而忽视长远目标；往往重视利润目标，而忽视投资银行的社会责任，难以实现非经济性的其他方面目标，如人才培养、研究开发、打造企业形象等，这就需要投资银行总部对事业部进行必要的控制。

---

① 徐占升.国泰君安：站在全面数字化转型与开放证券的新起点［J］.当代金融家，2022（2）.

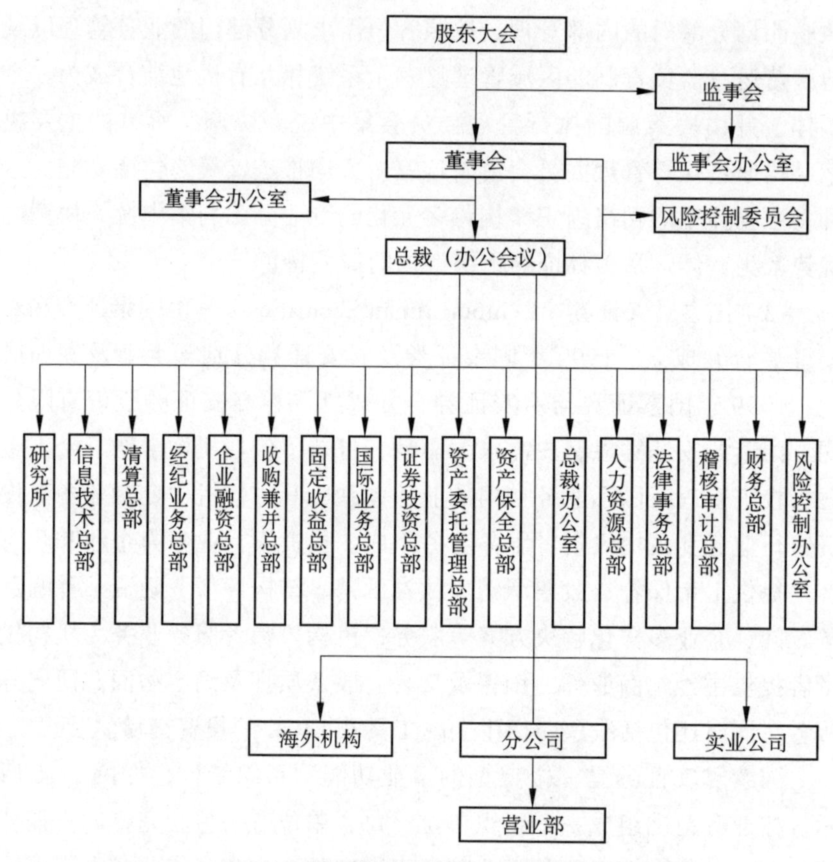

图 2-10　国泰君安证券的组织结构示意图

2.6　信 托 投 资

“受人之托，代人理财”是信托的基本特征。信托以信任为基础，在此基础上，委托人将其财产权委托给受托人，受托人按委托人的意愿，为受益人的利益或者特定目的对信托财产进行管理或者处分，因此，信托的实质是一种财产管理制度。信托与银行、保险、证券一起构成了现代金融体系。信托投资公司是以受托人身份专门从事信托业务的金融机构，其基本职能是接受客户委托，代客户管理、经营、处置财产。

2.6.1　信托关系

以信托关系成立的方式为标准，信托业务基本可以分为任意信托和法定信托。

（1）任意信托。根据当事人之间的自由意思表示而成立的信托称为任意信托，任意信托又称为自由信托或明示信托，主要指委托人、受托人、受益人自由自愿形成信托关系，而且这种自由自愿意思在信托契约中明确地表示出来，大部分信托业务都属于任意信托。

（2）法定信托。法定信托是与任意信托相对应的一种信托形式。主要指由司法机关确定当事人之间的信托关系而成立的信托，即信托的当事人之间原本并没有成立信托的意思，司法机关为了当事人的利益，根据实际情况和法律规定，判定当事人之间的关系为信托关系，当事人无论自己的意思如何，都要服从司法机关的判定。设立法定信托的目的主要是保护当事人的合法利益，防止当事人财产被不法使用。例如，某人去世后，留下一笔遗产，但他并未对遗产的处置留下任何遗言，这时只能通过法庭来判定遗产的分配。即由法庭依照法律对遗产的分配进行裁决。法庭为此要做一系列的准备工作，例如进行法庭调查等。在法庭调查期间，遗产不能无人照管，这时，司法机关就可委托一个受托人在此期间管理遗产，妥善保护遗产。

2.6.2　信托财产

以信托财产的性质为标准，信托业务分为金钱信托、有价证券信托、不动产信托、动产信托和金钱债权信托。

（1）金钱信托。金钱信托也叫资金信托，它是指在设立信托时委托人转移给受托人的信托财产是金钱，即货币形态的资金，受托人给付受益人的也是货币资金，信托终了，受托人交还的信托财产仍是货币资金。在金钱信托期间，受托人为了实现信托目的，可以变换信托财产的形式，例如，用货币现金购买有价证券获利，或进行其他投资，但是受托人在给付受益人信托收益时要把其他形态的信托财产还原为货币资金。金钱信托是各国信托业务中运用比较普遍的一种信托形式，如日本的金钱信托占全日本信托财产总额的90%。

（2）有价证券信托。有价证券信托是指委托人将有价证券作为信托财产转移给受托人，由受托人代为管理运用。例如委托受托人收取有价证券的股息、行使有关的权利，如股票的投票权，或将有价证券出租收取租金，或以有价证券做抵押从银行获取贷款，然后再转贷出去，以获取收益。

（3）不动产信托。不动产信托是指委托人把各种不动产，如房屋、土地等转移给受托人，由其代为管理和运用，如对房产进行维护保护、出租房屋土地、出售房屋土地等。

（4）动产信托。动产信托是指以各种动产作为信托财产而设定的信托。动产包括的范围很广，但在动产信托中受托人接受的动产主要是各种机器设备，受托人受委托人委托管理和处理机器设备，并在这个过程中为委托人融通资金，所以动产信托具有较强的融资功能。

（5）金钱债权信托。金钱债权信托是指以各种金钱债权做信托财产的信托业务。金钱债权是指要求他人在一定期限内支付一定金额的权力，具体表现为各种债权凭证，如银行存款凭证、票据、保险单、借据等。受托人接受委托人转移的各种债权凭证后，可以为其收取款项，管理和处理其债权，并管理和运用由此而获得的货币资金。如西方国家信托机构办理的人寿保险信托就属于金钱债权信托，即委托人将其人寿保险单据转移给受托人，受托人负责在委托人去世后向保险公司索取保险金，并向受益人支付收益。

2.7 金融租赁

金融租赁公司是以经营融资租赁业务为其主要业务的非银行金融机构。所谓融资租赁业务，是指出租人根据承租人对租赁物和供货人的选择或认可，将其从供货人处取得的租赁物按合同约定出租给承租人占有、使用，并向承租人收取租金的交易活动。适用于融资租赁交易的租赁物为固定资产。融资租赁业务的流程如图2-11所示。

中国的租赁历史悠久，起源可追溯到原始社会（约4 000多年

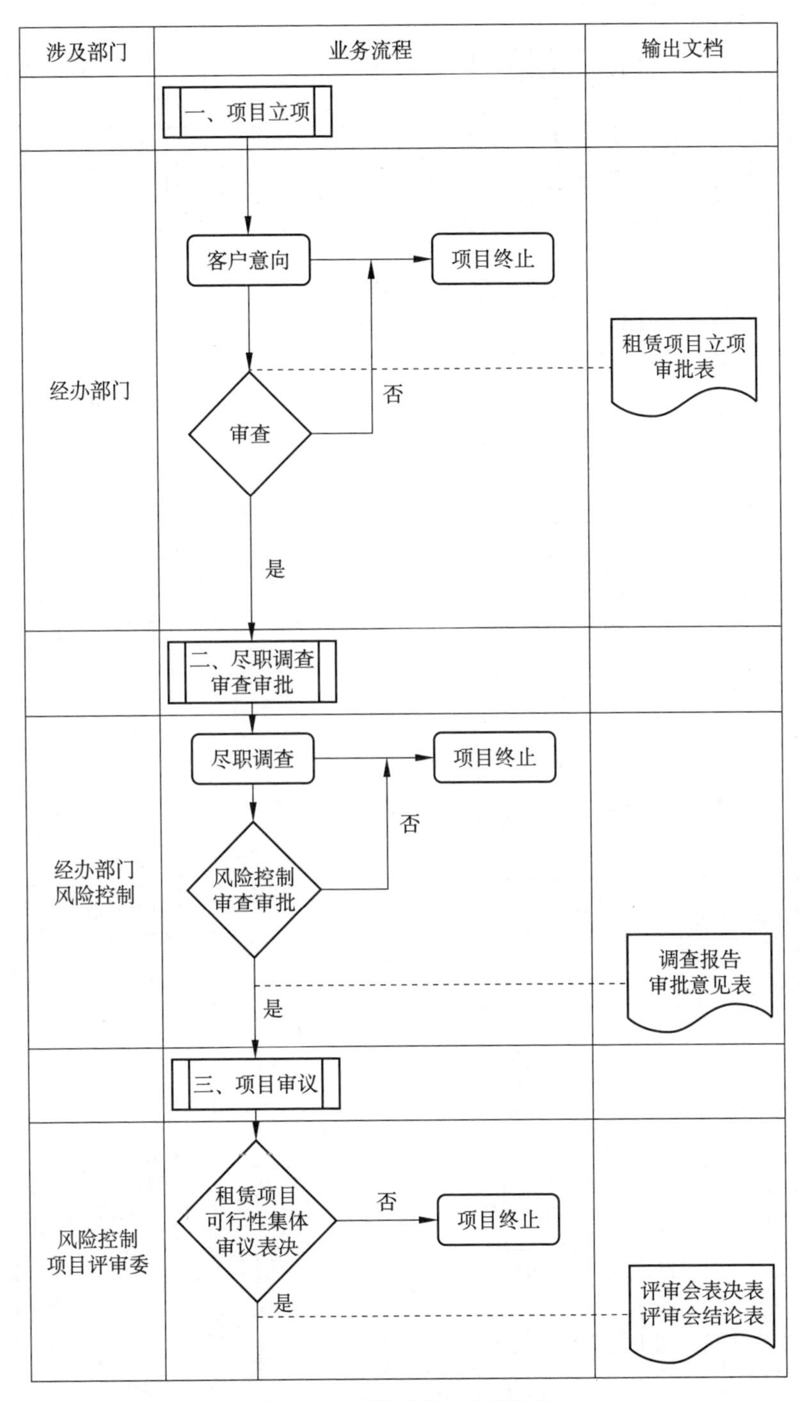

图 2-11　融资租赁业务的流程

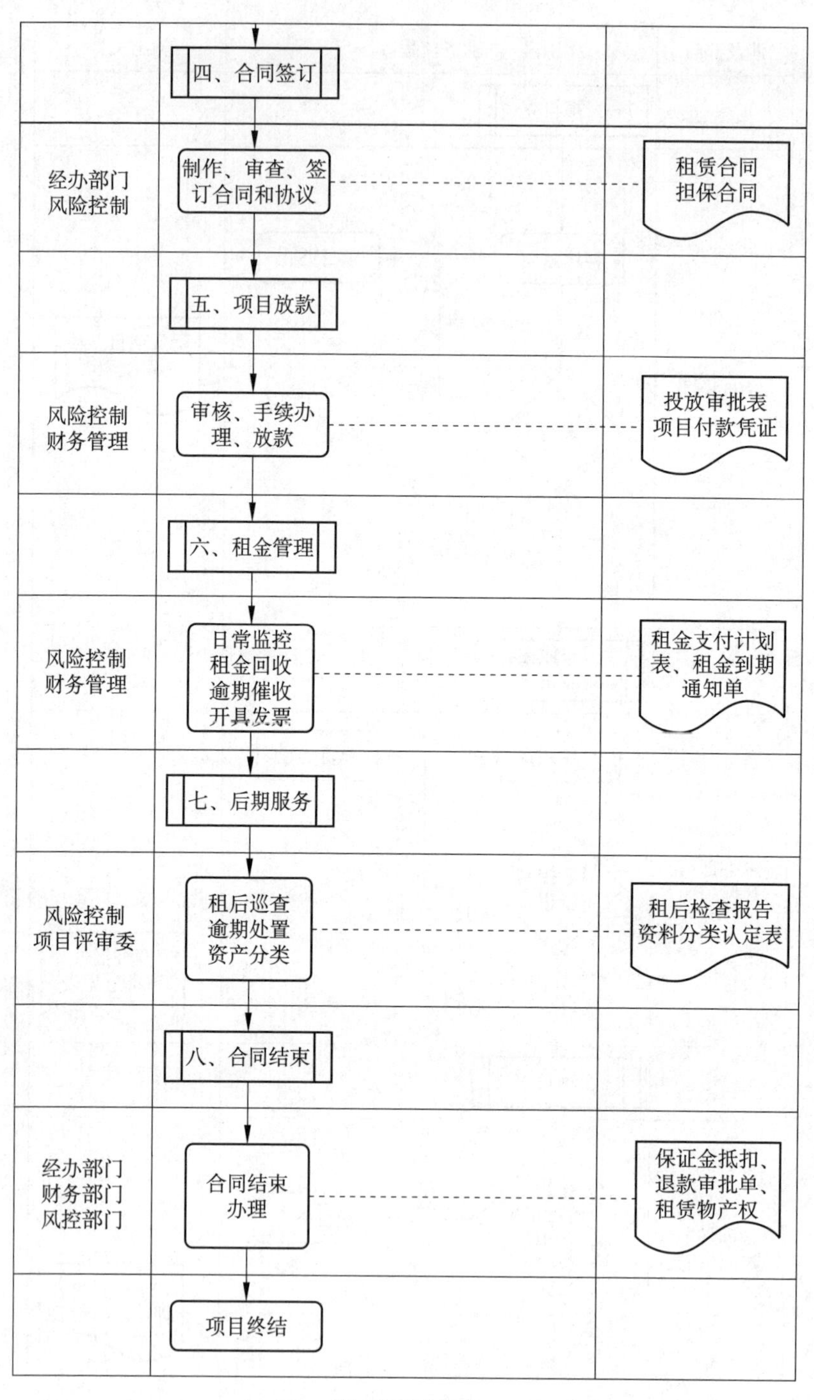

四、合同签订
经办部门
风险控制
制作、审查、签订合同和协议
租赁合同
担保合同
五、项目放款
风险控制
财务管理
审核、手续办理、放款
投放审批表
项目付款凭证
六、租金管理
风险控制
财务管理
日常监控
租金回收
逾期催收
开具发票
租金支付计划表、租金到期通知单
七、后期服务
风险控制
项目评审委
租后巡查
逾期处置
资产分类
租后检查报告
资料分类认定表
八、合同结束
经办部门
财务部门
风控部门
合同结束办理
保证金抵扣、退款审批单、租赁物产权
项目终结

图 2-11（续）

前）。当时产品的剩余产生了产品的交换，而在很多场合下人们需要频繁交换闲置物品，用后再归还，而不必让渡该物品给对方。这种仅仅涉及物品使用权的交换，是最原始形态的租赁。在中国历史上，文献记载的租赁可追溯到西周时期。《卫鼎（甲）铭》记载，邦君厉把周王赐给他的五田，出租了四田。这是把土地出租的例子。据历史学家们考证，涉及租赁叛乱的诉讼，在西周中期以后已不少见了。

最初的租赁物主要是土地、建筑物等不动产。1952 年，世界上第一家专业租赁公司——美国租赁公司正式成立。其后租赁范围逐步扩展到以企业生产、加工、包装、运输、管理所需的机器设备等动产领域。租赁业已经成为一个充满生机和活力的产业。据美国租赁协会统计，1989 年美国租赁契约金额为 1 224 亿美元，占当年全部资本投资的 33%，可见租赁业在资本投资中所占的重要地位。

现代租赁就是在企业需要机器设备时，由租赁公司直接购入该项设备之后再转租给企业，以“融物”代替“融资”，为企业开辟了一条获取机器设备的新途径。其主要理念源于“只有通过资产的使用——而不是拥有资产，才能形成利润”。

租赁的主要特征包括以下四方面。

（1）租赁一般采用融通设备使用权的租赁方式，以达到融通资产的主要目的。对出租人来说，它是一种金融投资的新手段，对承租人来说，它是一种筹措设备的新方式。

（2）租赁设备的使用限于工商业、公共事业和其他事业，排除个人消费用途。

（3）租金是融通资金的代价，具有贷款本息的性质。

（4）租期内，设备的所有权归出租人，使用权归承租人。

租赁可从不同的角度进行分类，从交易的程度分，租赁的形式主要有直接租赁、杠杆租赁、回租租赁和转租赁等。直接租赁是指一项由出租人独自承担购买出租设备全部资金的租赁交易。杠杆租赁是较为广泛采用的一种国际租赁方式，是一种利用财务杠杆原理组成的租赁形式。回租是承租人将其所拥有的物品出售给出租人，再从出租人手里将该物品重新租回，此种租赁形式称为回租。采用这种租赁方式可使承租人迅速回收购买物品的资金，加速资金周转。回租的对象多为已使用的旧物品。转租赁是指承租人经出租人同意，将租赁物转租给第三人的行为。承租人转租的，承租人与出租人之间的租赁合同继续有效，第三人对租赁物造成损失的，承租人应当赔偿损失。承租人未经出租人同意转租的，出租人可以解除合同。

以融资租赁为例，融资租赁（financial lease）是国际上最普遍、最基本的非银行金融形式。它是指出租人根据承租人（用户）的请求，与第三方（供货商）订立供货合同，根据此合同，出租人出资向供货商购买承租人选定的设备。同时，出租人与承租人订立一项租赁合同，将设备出租给承租人，并向承租人收取一定的租金。融资租赁业务流程图 2-11 所示。[①]

① 史燕平．融资租赁原理与实务［M］．北京：对外经济贸易大学出版社，2005.

第3章　金 融 科 技

近年来，我国金融科技快速发展，在多个领域已经走在世界前列。党的十九大报告明确指出，要推动“互联网、大数据、人工智能和实体经济深度融合”。大数据、人工智能、云计算、移动互联网等技术与金融业务的深度融合，大大推动了我国金融业转型升级，助力金融更好地服务实体经济，有效促进了金融业整体发展，图 3-1 所示为金融科技平台通用技术架构。在这一发展过程中，又以大数据技术发展最为成熟、应用最为广泛。从发展特点和趋势来看，“金融云”

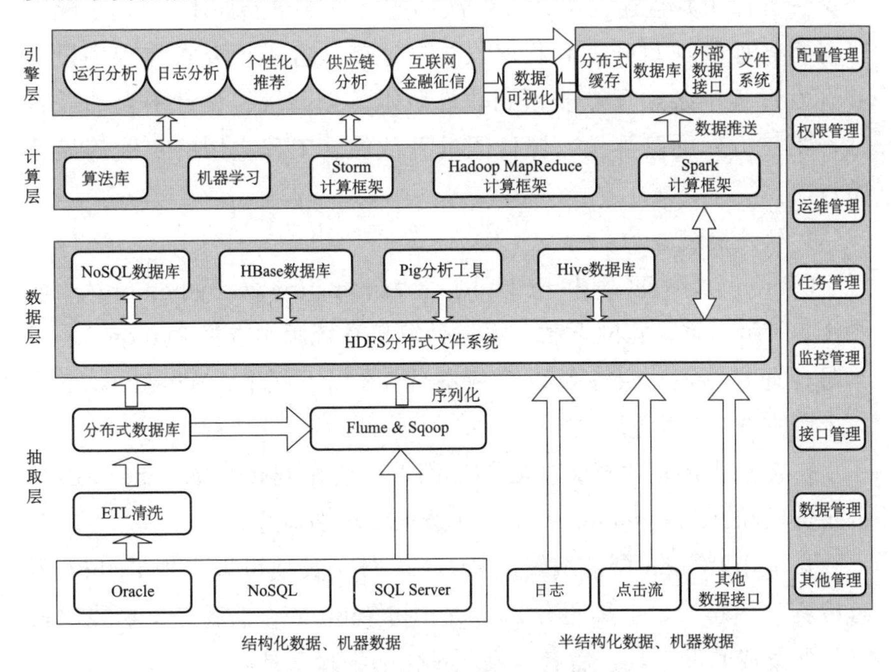

图 3-1　金融科技平台通用技术架构

快速建设落地奠定了金融大数据的应用基础，金融数据与其他跨领域数据的融合应用不断强化，人工智能正在成为金融大数据应用的新方向，金融行业数据的整合、共享和开放正在成为趋势，给金融行业带来了新的发展机遇和巨大的发展动力。

3.1 金融科技基础

3.1.1 Python 语言编程

Python 语言和 Java、C 语言一样，用途十分广泛，已被广泛应用于 Web 开发、网络爬虫、人工智能、数据分析、自动运维及游戏开发等领域，是全世界最流行的编程语言，号称万能语言。因此，Python 语言又是计算机网络技术专业、大数据与应用技术及相关专业重要的平台课程。Python 语言之所以有如此强大的功能和广泛的应用市场，不仅因为其丰富的内置库文件，还因为它能提供超过 15 万个第三方库（并且还在以每月一次的速度不断更新版本），几乎涵盖了各行各业的项目开发和程序设计。这就从客观上要求在程序设计和开发过程中必须重点兼顾到软件版本的创新性、设计平台的兼容性、第三方库的跨界性、源代码的开放性、工程应用的实践等显著特点。

1. 软件安装

Python 软件下载和安装网址为 https://www.python.org/，如图 3-2 所示，登录官网下载，根据计算机系统版本选择 Python 3.x 版本号，通常 Windows 7 及以下版本选 3.8 以下版本；Windows 10 及以上版本选 3.9 以上版本。

安装时要特别注意，在安装界面上，要在 Install launcher for all user 选项和 Add python 3.9 to Path 选项前分别勾选。

除了用 Python 自带编辑工具 IDLE 外，其他可以实现 Python 语言编程的代码编辑工具还有 Pycharm 和 Sublime，前者是个功能比较强大的集成开发工具，后者则是轻量化的编辑工具。

（a）搜索官网　（b）登录官网

（c）选择3.9版本　（d）选择64位机安装

图 3-2　Python 软件安装步骤

2. 知识体系

Python 语言知识体系主要由语法规则、程序结构、函数、文件、标准库和第三方库五大部分组成，如图 3-3 所示。读者可以登录相关

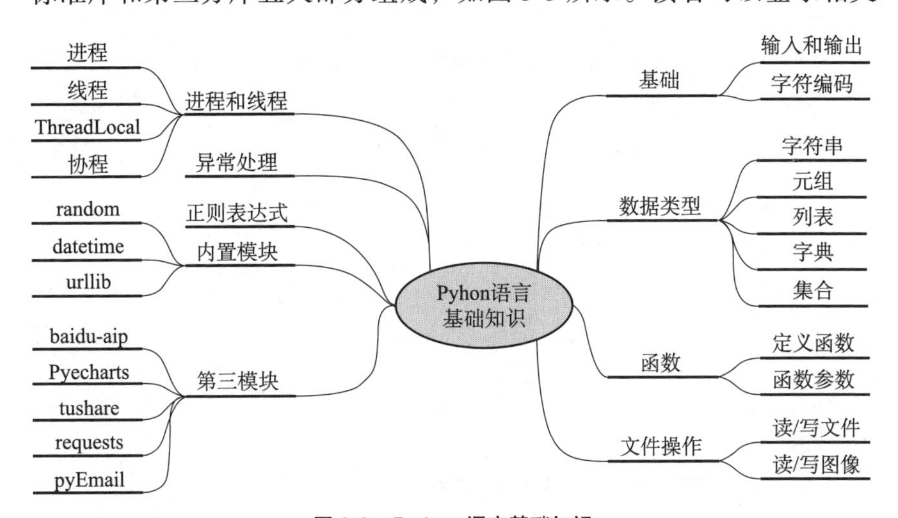

图 3-3　Python 语言基础知识

学习网站了解和学习。在学习了上述基础知识后，可以结合相关学科专业知识，进行应用模块的学习。基于 Python 基础上的应用模块有 Web 开发、网络爬虫、数据科学、人工智能四大板块，如图 3-4 所示。

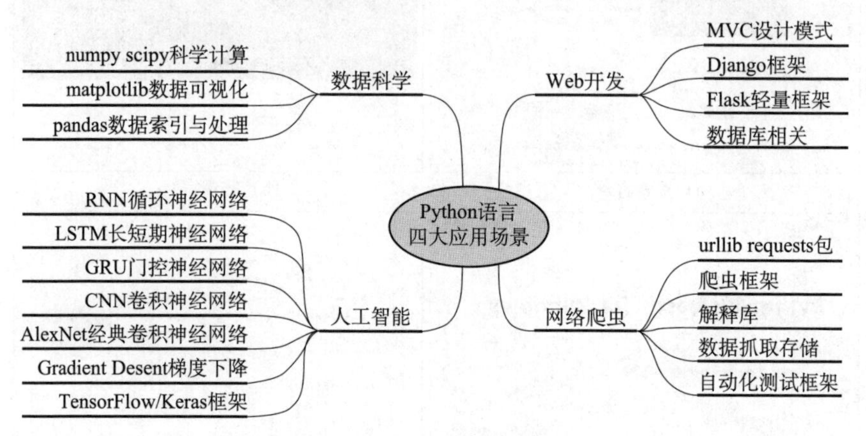

图 3-4 Python 四大应用场景

3. 应用案例

（1）Python 语言的 ATM 自动柜员机简易程序，程序结构如图 3-5 所示。

用 Python 语言编写模拟取款程序，并在 Python 3.10 IDLE 编辑器中调试运行，检测通过，基本程序如下。

```
nb=0   # 其中 nb=1 存款，nb=2 取款，nb=3 退卡
qu=None # 取款金额
cu=None # 存款金额
inp=0   # 输入次数
print(" 欢迎来到 XX 银行 ")
while True:    # 外无限循环
    car=input(" 请输入卡号：")
    pas=input(" 请输入密码 ")
    bal=0
    if car==car1 and pas==pas1:
        bal=bal1
```

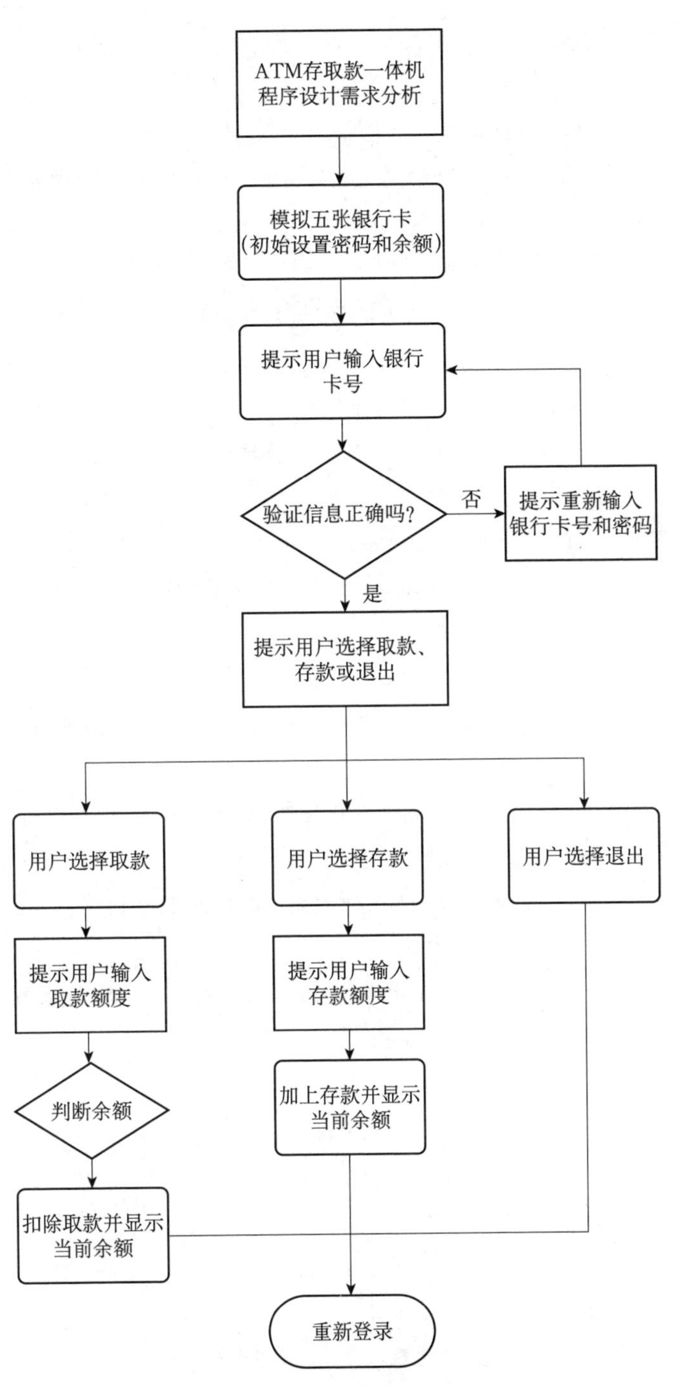

图 3-5　ATM 自动柜员机程序结构

```
    else:
        inp=inp+1
        if inp>=3:
            print(" 您 3 次输入错误，已锁卡，请联系发卡行 ")
            break
        else:
            print(" 输入错误，请重新输入 :")
            continue
while True:  # 内无限循环
    nb=input("请输入需要办理的业务：1-存款；2-取款；3-
       退卡 ")
    if nb=="1":
        cu=int(input(" 请输入存款金额：" ))
        if cu>0:
            bal1=bal1+cu
            print(" 您存入 ",cu," 元 ","，现余额为 :",bal1)
        else:
            print(" 存款金额必须大于 ",1,"，请重新输入 ")
    elif nb=="2":
        qu=int(input(" 请输入取款金额：" ))
        if qu>10000:
            print("您输入的取款金额大于余额，请重新输入：")
            continue
        else:
            bal1=bal1-qu
            print("您取出 ",qu," 元 , 余额还有 ",bal1," 元 ")
    elif nb=="3":
        print(" 感谢您的使用，请拿好卡 ")
    else:
        print(" 您输入有误，请重新输入：")
        continue
```

（2）基于 Python 语言的股票自动监控和预告程序，设置一只股票（以中国银行为例，股票代码为 601988）卖出和买入价格，用程序对价格进行监控，当价格达到预定值时发送邮件提醒看盘。

中国银行股票行情如图 3-6 所示，今天开盘价为 3.28，昨天收盘价为 3.28，涨停 3.61，跌停 2.95。编写监控（看盘）简要程序如下。

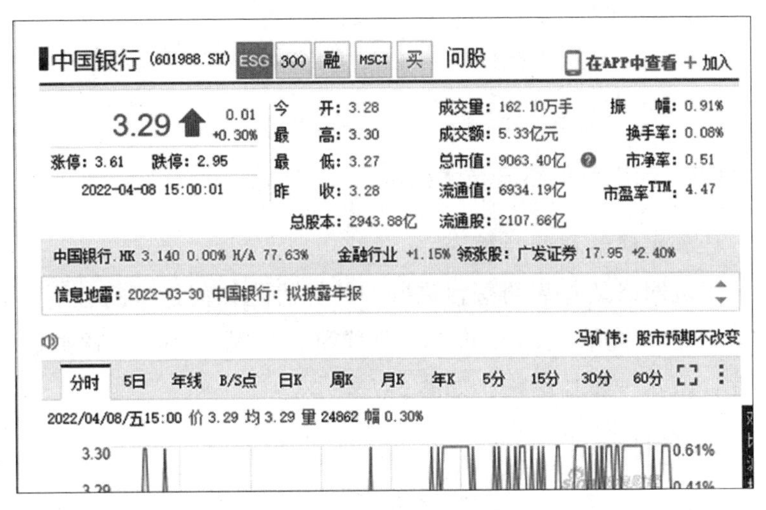

图 3-6　中国银行股票行情

```
import tushare
import time
while 1==1:
    buyPoint=5.2
    salePoint=5.6
    data=tushare.get_realtime_quotes("601998")
    name=data.loc[0][0] # 名称
    pre_close=float(data.loc[0][2]) # 昨收
    price=float(data.loc[0][3])   # 现价
    change=round((price-pre_close)/pre_close,4) # 今日涨幅
    msg="股票名称："+name+"，当前价格："+str(price)+"元，涨幅：
        "+str(change*100)+"%"
    print(msg)
```

```
if price<=buyPoint:
    print("价格达到买点，如果空仓请买进")
    print("邮件发送...")
elif price>=salePoint:
    print("价格达到卖点，如果持仓请卖出")
else:
    print("不要做任何操作")
time.sleep(5)
```

3.1.2 计算机网络与技术架构

1. 计算机网络拓扑结构

计算机网络拓扑表明每台进网的计算机是如何连接的，不同的连接方式，各有优缺点，常见的有总线型、星型、环型、树型、网状型、混合型六种拓扑结构，如图 3-7 所示。

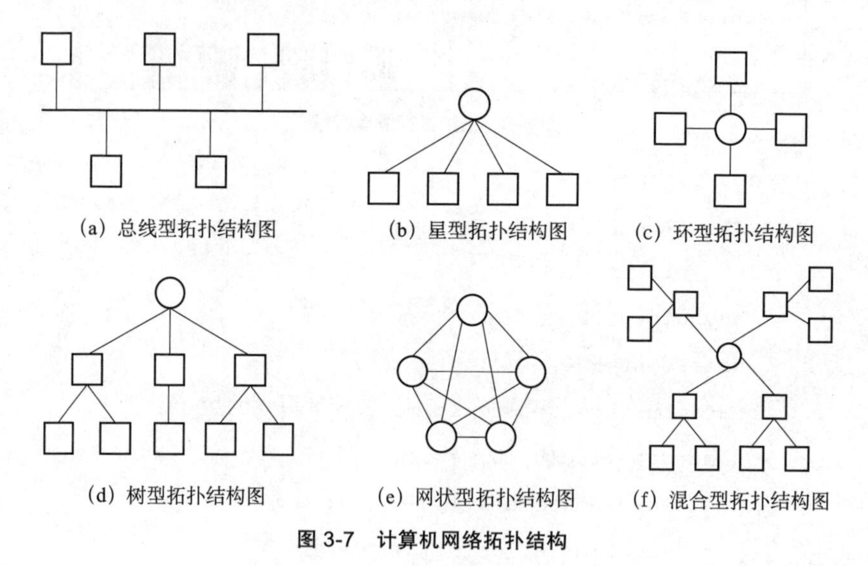

图 3-7 计算机网络拓扑结构

图 3-7（a）所示总线型拓扑结构所有设备连接到一条连接介质上。总线型拓扑结构所需要的电缆数量少，线缆长度短，易于布线和维护。多个节点共用一条传输信道，信道利用率高。缺点是不易诊断故障。

图 3-7（b）所示星型拓扑结构是一个中心，多个分节点。它结构简单，连接方便，管理和维护都相对容易，而且扩展性强。网络延迟时间较少，传输误差低。中心无故障，一般网络就没问题，但如果中心故障，网络就会出问题，同时共享能力差，通信线路利用率不高。

图 3-7（c）所示环型拓扑结构是节点形成一个闭合环。优点是工作站少，节约设备。但如果一个节点出问题，网络就会出问题，而且不好诊断故障。

图 3-7（d）所示树型拓扑结构从总线拓扑结构演变而来，形状像一棵倒置的树，顶端是树根，树根以下带分支，每个分支还可再带子分支，树根接收各站点发送的数据，然后广播发送到全网。优点是好扩展，容易诊断错误，但对根部要求高。

图 3-7（e）所示网状型拓扑结构，应用最为广泛，它的优点是不受瓶颈问题和失效问题的影响，一条线路出问题，可以做其他线路，缺点是太复杂，成本高。

图 3-7（f）所示混合型拓扑结构是将上面两种或多种结构共同使用，如共同使用总线型和星型拓扑结构。

2. 网络机房设备

网络机房通常由网络安全设备、数据交换设备、网关设备、服务器设备和其他一系列硬件设备及其支撑软件组成，如图 3-8 所示。

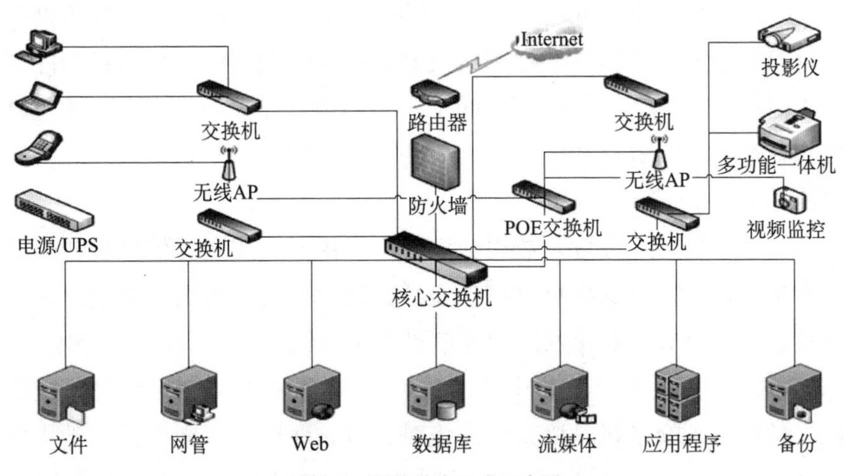

图 3-8　网络机房组成示意图

（1）网络安全设备。网络安全设备一般包括防火墙、入侵检测系统（IDS）和入侵防御系统（IPS）等。

防火墙分软件防火墙和硬件防火墙两种。软件防火墙一般寄生在操作系统平台，通过纯软件的方式实现隔离内外部网络的目的，常用的软件防火墙有诺顿；硬件防火墙系统是嵌入式的系统，一般开源的较多，它通过硬件和软件的组合来达到隔离内外部网络的目的，常用的硬件防火墙有思科、深信服和绿盟科技等。软件防火墙和硬件防火墙的区别在于：软件防火墙是在作为网关的服务器上安装的，利用服务器的 CPU 和内存来实现防攻击的能力，在攻击严重的情况下可能大量占用服务器的资源，但是相对而言便宜得多，设置起来也很方便；硬件防火墙性能上优于软件防火墙，因为它有自己的专用处理器和内存，可以独立完成防范网络攻击的功能，不过价格会贵不少，更改设置也比较麻烦。

入侵检测系统（intrusion detection system，IDS）是一种对网络传输进行即时监视，在发现可疑传输时发出警报或者采取主动反应措施的网络安全设备。它与其他网络安全设备的不同之处在于，入侵检测系统是一种积极主动的安全防护技术。不同于防火墙，入侵检测系统是一个监听设备，没有跨接在任何链路上，无须网络流量流经它便可以工作。

入侵防御系统（intrusion prevention system，IPS）是计算机网络安全设施，是一部能够监视网络或网络设备的网络资料传输行为的计算机网络安全设备，能够即时的中断、调整或隔离一些不正常或是具有伤害性的网络资料传输行为。入侵防御系统是对防病毒软件和防火墙的补充。

（2）数据交换设备。数据交换设备是用于完成数据信息接转的通信设备。通过数据交换机可以连通数据通信网内任意两个数据终端进行通信，以有效地利用网内的通信设备和电话资源。

数据交换机主要分为电路交换、电文交换和分组交换数据交换机。最常见的交换机是以太网交换机，有百兆以太网交换机、千兆以太网交换机、万兆以太网交换机和 POE 交换机四种。百兆以太网交换机是基于以太网传输数据的交换机，以太网是采用共享总线型传输媒体方式的局域网。以太网交换机的结构是每个端口都直接与主机相连，并且一般都以全双工方式工作。交换机能同时连通许多对端口，使每一对相互通信的主机都能像独占通信媒体那样，无冲突地传输数据，传输速率不超过 100MB。千兆以太网交换机定义与以太网交换机大致一致，其传输速率小于 1 000MB。万兆以太网交换机是以上两种交换机的延伸版本，其速率高达 10 000MB。POE（power over ethernet）交换机指的是在现有的以太网布线基础架构不做任何改动的情况下，在为一些基于 IP 的终端（如 IP 电话机、无线局域网接入点 AP、网络摄像机等）传输数据信号的同时，还能为此类设备提供直流电的技术，就是支持以太网供电的交换机。数据交换设备常用品牌有思科、华三、华为和中兴等。

数据交换设备根据其安装位置和用途不同又可分为接入层交换机、汇聚层交换机和核心层交换机三种，如图 3-9 所示。数据交换机的网络拓扑说明了数据交换设备的安装位置包括接入层、汇聚层和核心层，如图 3-10 所示。

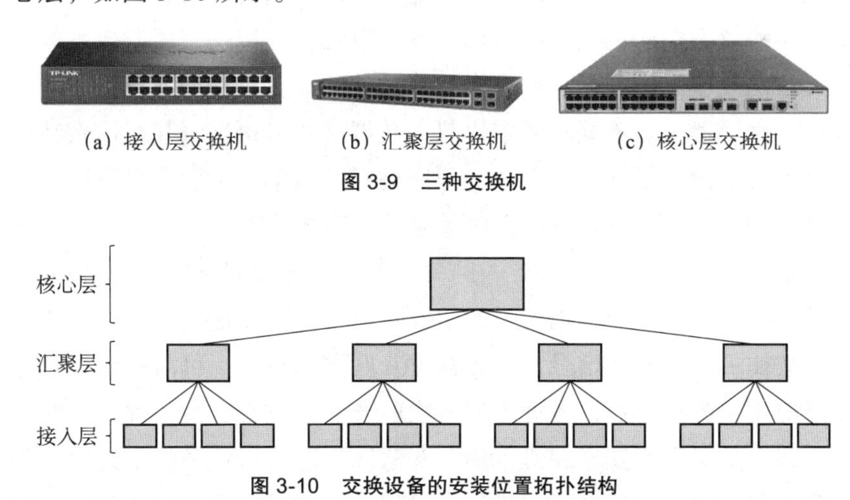

（a）接入层交换机　（b）汇聚层交换机　（c）核心层交换机

图 3-9　三种交换机

图 3-10　交换设备的安装位置拓扑结构

核心层交换机因核心交换机承受、汇聚着所有的流量，所以对核心层交换机有着高可靠性、高效性、高容错性、可管理性、低延时性等要求。虽说核心层是网络接入中不可或缺的一部分，但并不意味所有的网络部署中都需要用到核心层交换机，尤其是小型的局域网中，通常计算机数量低于50台以下的网络部署对核心层交换机和汇聚层交换机没有实际需求，用一台8口的小交换机便可替代核心层交换机。核心层交换机接口带宽较大，并配备光纤接口，可选配其他模块，具有丰富的扩展模块接口，带有网管功能，网络总带宽万兆以上。核心层交换机数据处理能力较强，可处理巨大的数据量。

汇聚层交换机是多台接入层交换机的汇聚点，它需要具备处理接入层信息并将其提交到核心层上行链的能力，同时还要具备网络隔离、分段的作用，因此汇聚层交换机多采用支持三层交换技术和虚拟局域网的交换机。汇聚层交换机具有更多接口，可选配拓展模块（衔接光纤等网络接口），可带有网管功能，可分配虚拟局域网，网络带宽较大，数据处理能力较大，可处理较大的数据量。

接入层交换机结构简单，可选8、16、24、48口等，无网络管理功能，网络带宽相对较低，一般用于接入各个应用终端。

（3）网关设备。网关（gateway）又称网间连接器、协议转换器。网关在网络层以上实现网络互联，是复杂的网络互联设备，仅用于两个高层协议不同的网络互联。网关既可以用于广域网互联，也可以用于局域网互联。网关是一种充当转换重任的计算机系统或设备。网关是一个翻译器。在不同的通信协议、数据格式或语言，甚至体系结构完全不同的两种系统之间使用。与网桥只是简单地传达信息不同，网关对收到的信息要重新打包，以适应目的系统的需求。

路由器（router）是重要的网关设备，是连接因特网中各局域网、广域网的设备，它会根据信道的情况自动选择和设定路由，以最佳路径，按前后顺序发送信号。路由器是互联网的枢纽，目前路由器已经广泛应用于各行各业，各种不同档次的产品已成为实现各种骨干网内部连接、骨干网间互联和骨干网与互联网互联互通业务的主力军。路由和交换机之间的主要区别就是交换机发生在OSI参考模型第二层（数据链路层），而路由发生在第三层，即网络层。这一区别决定了路由和交换机在移动信息的过程中需使用不同的控制信息，所以说两者实现各自功能的方式是不同的。

路由器用于连接多个逻辑网络，所谓逻辑网络是代表一个单独的网络或者一个子网。当数据从一个子网传输到另一个子网时，可通过路由器的路由功能来完成。因此，路由器具有判断网络地址和选择 IP 路径的功能，它能在多网络互联环境中，建立灵活的连接，可用完全不同的数据分组和介质访问方法连接各种子网，路由器只接受源站或其他路由器的信息，属于网络层的一种互联设备。

路由器分为接入路由器、企业路由器和骨干路由器三种，如图 3-11 所示。接入路由器连接家庭或 ISP 内的小型企业客户。接入路由器不只提供 SLIP 或 PPP 连接，如 ADSL等技术将很快提高各家庭的可用带宽，这将进一步增加接入路由器的负担。因此，接入路由器将来会支持许多异构和高速端口，并在各个端口能够运行多种协议。接入路由器相对比较简单，接口功能单一，一般配置 4 个 LAN 接口，1 个 WAN 接口。企业或校园级路由器连接许多终端系统，其主要目标是以尽量便宜的方法实现尽可能多的端点互联，并且进一步要求支持不同的服务质量。许多现有的企业网络都是由交换机起来的以太网段。尽管这些设备价格便宜、易于安装、无须配置，但是它们不支持服务等级。相反，有路由器参与的网络能够将机器分成多个域，并因此能够控制一个网络的大小。此外，路由器还支持一定的服务等级，至少允许分成多个优先级别。但是路由器的每个端口造价要贵些，并且在能够使用之前要进行大量的配置工作。因此，企业路由器的成败就在于能否提供大量端口且每个端口的造价如何，是否容易配置，是否支持 QoS。另外，企业级路由器还要能有效地支持广播和组播，处理历史遗留的各种 LAN 技术问题，支持多种协议，包括 IP、IPX 和 Vine。它们还要支持防火墙、包过滤技术以及大量的管理和安全策略及虚拟局域网。骨干级路由器实现企业级网络的互联。对它的主要要求是速度和可靠性，价格则处于次要地位。通过热备份、双电源、双数据通路等技术来提高稳定性，这些技术对所有骨干路由器来说是必须的。骨干网上的路由器终端系统通常是不能直接访问的，它们连接长距离骨干网上的 ISP 和企业网络。

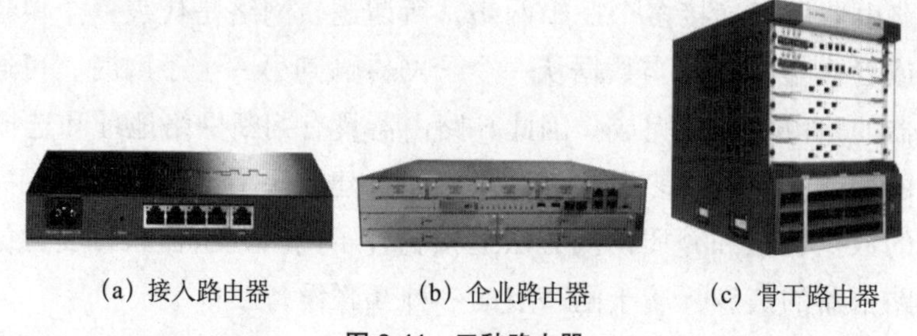

(a) 接入路由器　(b) 企业路由器　(c) 骨干路由器

图 3-11　三种路由器

（4）服务器设备。服务器是提供计算服务的设备。由于服务器需要响应服务请求，并进行处理，因此一般来说服务器应具备承担服务并且保障服务的能力。服务器的构成包括处理器、硬盘、内存、系统总线等，和通用的计算机架构类似，但是由于需要提供更可靠的服务，因此在处理能力、稳定性、可靠性、安全性、可扩展性、可管理性等方面要求较高。在网络环境下，根据服务器提供的服务类型不同，可分为文件服务器、数据库服务器、应用程序服务器、Web 服务器等。根据结构不同，服务器又可分为塔式服务器、机架式服务器、刀片式服务器和机柜式服务器，如图 3-12 所示。

塔式服务器应该是最常见，也最容易理解的一种服务器结构类型，因为它的外形以及结构都跟立式计算机差不多，由于服务器的主板扩展性较强、插槽较多，所以体积比普通主板大一些，因此塔式服务器的主机机箱也比标准的 ATX 机箱大，一般都会预留足够的内部空间以便日后进行硬盘和电源的冗余扩展。

机架式服务器的外形不像计算机，而像交换机，有 1U（1U=1.75 英寸）、2U、4U 等规格。机架式服务器安装在标准的 19 英寸机柜里面。这种结构多为功能型服务器，外部面板支持硬盘热插拔。可以在运行系统不间断的情况下，直接更换硬盘。

刀片式服务器是指在标准高度的机架式机箱内可插装多个卡式的服务器单元，是一种实现高可用高密度的低成本服务器平台，为特殊应用行业和高密度计算环境专门设计。刀片式服务器就像“刀片”一样，每一块“刀片”实际上就是一块系统主板。

(a) 塔式服务器

(b) 机架式服务器

(c) 刀片式服务器

(d) 机柜式服务器

图 3-12　常见服务器种类

机柜式服务器内部结构复杂，内部设备较多，有的还将许多不同的设备单元或几个服务器都放在一个机柜中。对于证券、银行、邮电等重要企业，应采用具有完备的故障自修复能力的系统，关键部件应采用冗余措施，对于关键业务使用的服务器也可以采用双机热备份高可用系统或者是高性能计算机，这样系统可用性就可以得到很好的保证。

（5）其他设备还包括光纤收发器、分光器和 KVM 等，如图 3-13 所示。光纤收发器是一种将短距离的双绞线电信号和长距离的光信号进行互换的以太网传输媒体转换单元，在很多地方也被称为光电转换器（fiber converter）。产品一般应用在以太网电缆无法覆盖、必须使用光纤来延长传输距离的实际网络环境中，且通常定位于宽带城域网的接入层。分光器是一种无源器件，又称光分路器，顾名思义，它是用来分配光纤分路的设备。它们不需要外部能量，只要有输入光即可。分光器由入射和出射狭缝、反射镜和色散元件组成，其作用是将所需要的共振吸收线分离出来。分光器的关键部件是色散元件，现在商品仪器都使用光栅。KVM是Keyboard Video Mouse的缩写，也被称为多计算机控制器，正式的名称为多计算机切换器。简单地说，就是一组键盘、显示器和鼠标，控制2台、4台、8台、16台甚至到4 096台以上的计算机主机。

(a) 光纤收发器　(b) 分光器　(c) KVM

图3-13　机房其他设备

3. 软件架构设计

对于软件架构设计，理论上划分了5种架构视图，分别是逻辑架构、物理架构、开发架构、运行架构、数据架构。最常用两种架构视图——逻辑架构视图和物理架构视图。

逻辑架构。逻辑架构关注的是功能，包含用户直接可见的功能，还有系统中隐含的功能。逻辑架构更偏向"分层"，把一个项目分为"表示层、业务逻辑层、数据访问层"这样经典的"三层架构"，如图3-14所示。

物理架构。物理架构更关注系统、网络、服务器等基础设施。例如，通过服务器部署和配置网络环境，来实现应用程序的"可伸缩性、高可用性"，如图3-15所示。

开发架构。开发架构更关注程序包，不仅包括用户自己写的程序，还包括应用程序依赖的SDK、第三方类库、中间库等。尤其是目前主流的Java、.NET等依靠虚拟机的语言和平台，以及主流的基于数据库的应用，都会比较关注。

运行架构。顾名思义，运行架构关注的是应用程序运行中可能出现的一些问题。例如并发带来的问题，比较常见的"线程同步"问题、死锁问题、对象创建和销毁（生命周期管理）问题等。

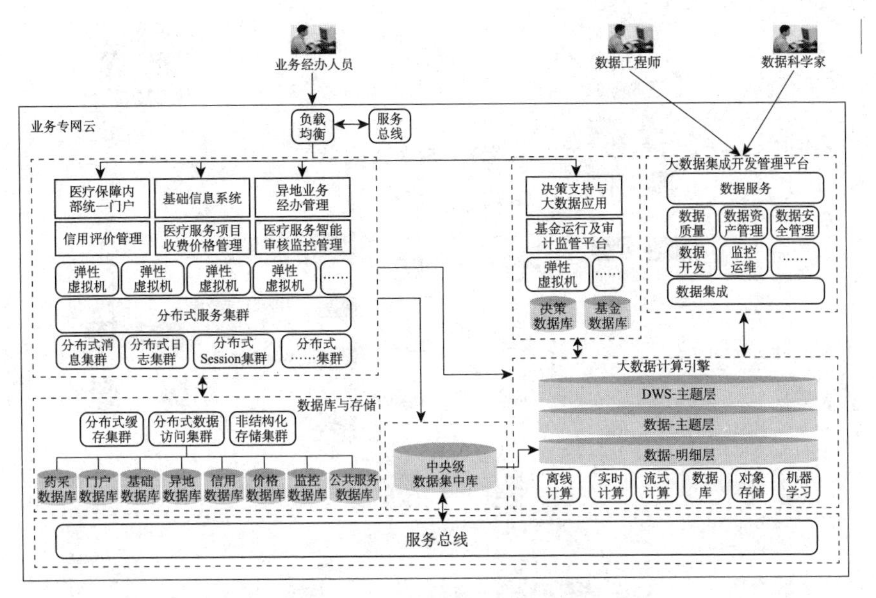

图 3-14　某数据中心逻辑架构

数据架构。数据架构关注的是数据持久化和存储层面的问题，也包括数据的分布、复制、同步等问题。还有如何选择需要的关系型数据库、流行的 NoSQL，如何保障数据存储层面的性能、高可用性、灾备等问题。

区别物理架构和逻辑架构。以办公网络为例，从物理角度看，所有计算机“毫无区别”地连接到路由器上；而从逻辑角度看，会发现这些计算机是有区别的——一台计算机充当文件服务器，而其他计算机是可以访问服务器的客户机。软件的逻辑架构规定了软件系统由哪些逻辑元素组成，以及这些逻辑元素之间的关系。软件的物理架构规定了组成软件系统的物理元素，这些物理元素之间的关系，以及它们部署到硬件上的策略。物理架构可以反映出软件系统动态运行时的组织情况。

3.1.3　5G 通信技术

第 5 代移动通信技术简称 5G。从 1G 到 4G，移动通信的核心是人与人之间的通信，个人的通信是移动通信的核心业务。但是 5G 的

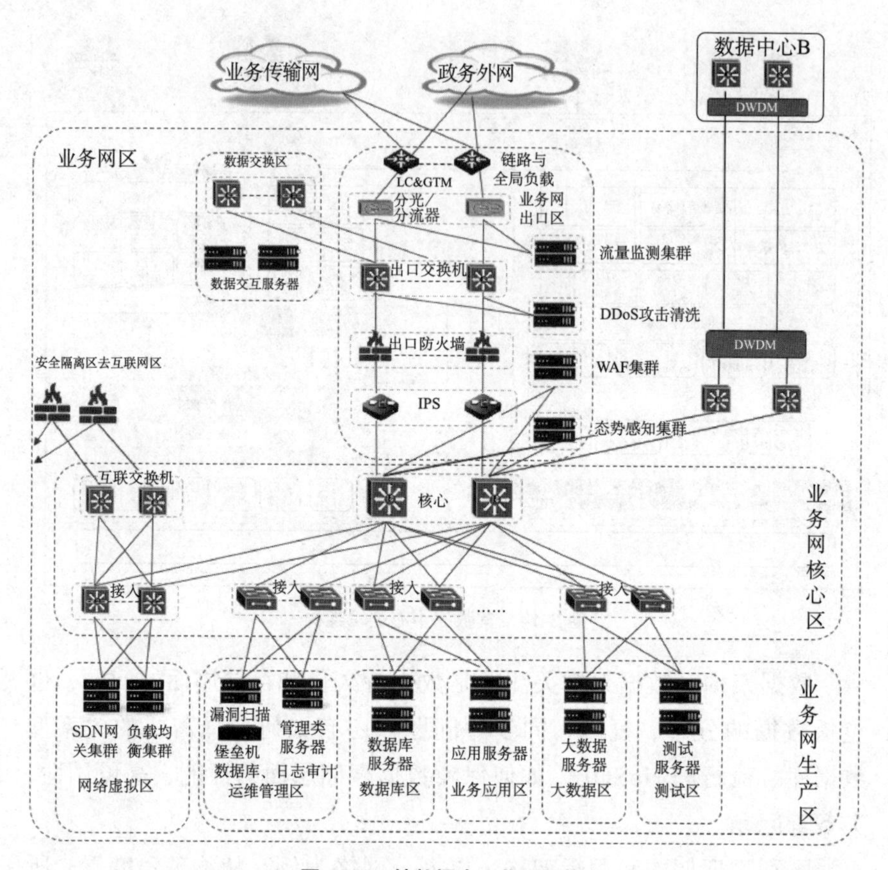

图 3-15　某数据中心物理架构

通信不仅仅是人的通信，还引入了物联网、工业自动化、无人驾驶，通信从人与人之间的通信开始转向人与物的通信，直至机器与机器的通信。

5G 的三大场景包括增强移动宽带 eMBB（enhance mobile broadband）、大规模机器通信 mMTC（massive machine type communication）和高可靠低时延通信 URLLC（ultra reliable low latency communication）。其中，eMBB 指 3D 超高清视频等大流量移动宽带业务；mMTC 指大规模物联网业务；URLLC 指如无人驾驶、工业自动化等需要低时延、高可靠连接的业务。

1. 5G 通信特点

5G 基站具有高速、泛在网、低功耗、低时延、万物互联和重构安全等六大显著特点。

（1）高速。对于 5G 的基站峰值要求不低于 20Gbps，这样一个速度，意味着用户可以每秒钟下载一部高清电影。实际使用中，一个 3GB 左右大小的视频文件，5G 网络下仅需要 33 秒就能完成，每秒的速率达到 726Mbps。

（2）泛在网。泛在网有两个层面的含义。一是广泛覆盖，二是纵深覆盖。5G 的到来，可把以前网络品质不好的卫生间、地下停车库等都用很好的 5G 网络广泛覆盖。

（3）低功耗。5G 要支持大规模物联网应用，就必须有低有功耗的要求。可穿戴产品有一定发展，但最大的瓶颈是体验较差。以智能手表为例，每天充电，甚至不到一天就需要充电。通信过程若消耗大量的能量，就很难让物联网产品被用户广泛接受。NB-IoT 基于 GSM 网络和 UMTS 网络进行部署，它不像 5G 的核心技术，需重新建设网络，因此它能大大降低功耗，满足 5G 对于低功耗物联网应用场景的需要，和 eMTC 一样，NB-IoT 是 5G 网络体系的一个组成部分。

（4）低时延。5G 对于时延的最低要求是 1 毫秒。无人驾驶汽车，需要中央控制中心和汽车互联，车与车之间也进行互联，在高速行动中，一个制动，需要瞬间把信息送到车上做出反应，100 毫秒左右的时间，车就会冲出几十米，这就需最短的时延。

百架无人驾驶飞机编队飞行，极小的偏差就会导致碰撞和事故，这就需要在极小的时延中，把信息传递给飞行中的无人驾驶飞机。工业自动化过程中，一个机械臂的操作，如果要做到极精细化，保证工作的高品质与精准性，也需要极小的时延。

（5）万物互联。通信业对 5G 的愿景是每一平方公里，可以支撑 100 万个移动终端。生活中的眼镜、手机、衣服、腰带、鞋子都有可能接入网络，成为智能产品。家中的门窗、门锁、空气净化器、新风机、加湿器、空调、冰箱、洗衣机都可能进入智能时代，通过 5G 接入网络，使家庭成为智慧家庭。

（6）重构安全。智能互联网的基本精神是安全、管理、高效、方便。如果无人驾驶系统很容易被攻破，就会像电影上展现的那样，道路上汽车被黑客控制。

2. 5G 技术架构

5G 技术架构包括核心网（5GC）和无线接入网（NG-RAN）两个部分。5GC 部分分别有两个功能单元与 NG-RAN 部分对接，一个是接入和移动性功能单元（AMF），另一个是用户面的功能单元（UPF）。AMF 提供控制面的处理功能，UPF 提供用户面的处理功能。NG-RAN 包含 gNB 和 ng-eNB 这些网元，无线接入侧的网元根据无线接入侧组网的方式不同而有差异，如果是独立组网（SA），无线接入侧就只有 gNB 网元，没有 ng-eNB 网元；如果是非独立组网（NSA），无线接入侧包含 gNB 和 ng-eNB 这些网元。与 4G 一样，连接这些网元也有接口，5GC 与 NG-RAN 之间的接口叫 NG 接口，gNB 之间和 gNB 与 ng-eNB 之间都是 Xn 接口。

SK 电信 5G 网路架构如图 3-16 所示。

（1）核心网功能分离。核心网用户面部分功能下沉至 CO（中心主机房，相当于 4G 网络的 eNodeB），从原来的集中式的核心网演变成分布式核心网，这样，核心网功能在地理位置上更靠近终端，减小时延。

（2）分布式应用服务器（AS）。AS 部分功能下沉至 CO，并在 CO 部署 MEC。它将应用、处理和存储推向移动边界，使得海量数据可以得到实时、快速处理，以减少时延、减轻网络负担。

（3）重新定义 BBU 和 RRU 功能。将 PHY、MAC，或者 RLC 层从 BBU 分离下沉到 RRU，以减小前传容量，降低前传成本。

（4）网络功能虚拟化（NFV）。NFV 就是将网络中的专用电信设备的软硬件功能（如核心网中的 MME、S/P-GW 和 PCRF，无线接入网中的数字单元 DU 等）转移到虚拟机（VM）上，在通用的商用服务器上通过软件来实现网元功能。

（5）软件定义网络（SDN）。5G 网络通过 SDN 连接边缘云和核心云里的 VM，SDN 控制器执行映射，建立核心云与边缘云之间的连接。网络切片也由 SDN 集中控制。

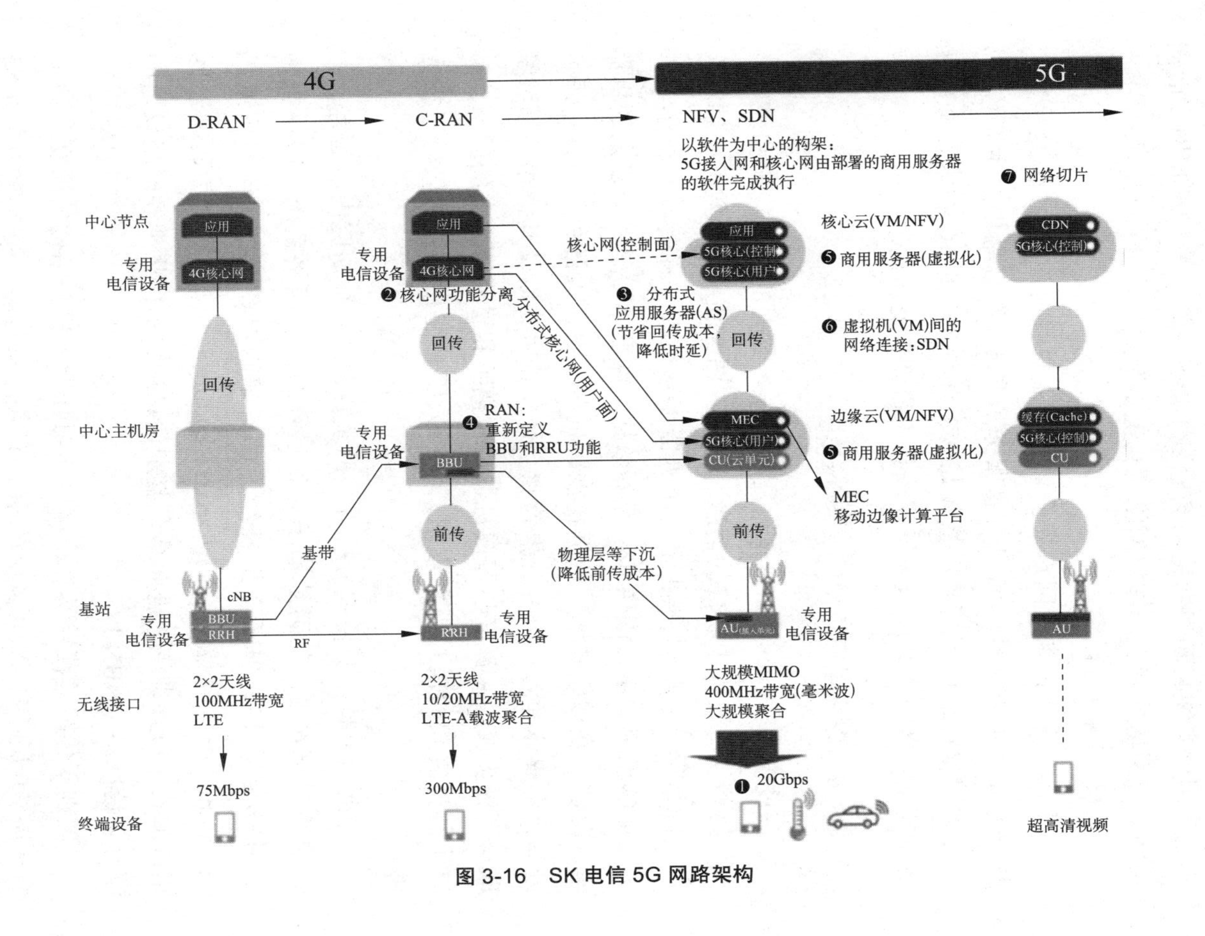

图 3-16　SK 电信 5G 网路架构

（6）网络切片。5G网络需面向不同的应用场景，如超高清视频、虚拟现实、大规模物联网等，不同场景安全性、时延、计费方式等都不同。因此必须将物理网络切割成多个虚拟网络，每个虚拟网络面向不同的应用场景需求，虚拟网络逻辑上是独立的。

3. 5G技术应用

目标与环境识别（网点安全监控、用户身份识别）、信息采集与服务（银行业务管理、储户信息服务）是5G在金融中的主要应用，另外虚拟银行还用到超高清播放与XR直播。因此5G技术在金融领域尤其是智慧网点和虚拟银行等场景中得到广泛应用。

3.1.4 深度学习

深度学习（deep learning）是学习样本数据的内在规律和表示层次，这些学习过程中获得的信息对文字，图像和声音等数据的解释有很大的帮助。它的最终目标是让机器能够像人一样具有分析学习能力，能够识别文字、图像和声音等数据。深度学习是一个复杂的机器学习算法，在搜索技术、数据挖掘、机器学习、机器翻译、自然语言处理、多媒体学习、语音、推荐和个性化技术，以及其他相关领域都取得了很多成果。深度学习使机器模仿视听和思考等人类的活动，解决了很多复杂的模式识别难题，使得人工智能相关技术取得了很大进步。

深度学习是一类模式分析方法的统称，就具体研究内容而言，主要涉及三类方法，分别是基于卷积运算的神经网络系统，即卷积神经网络（CNN）；基于多层神经元的自编码神经网络，包括自编码（auto encoder）和稀疏编码（sparse coding）；以多层自编码神经网络的方式进行预训练，进而结合鉴别信息进一步优化神经网络权值的深度置信网络（DBN）。

区别于传统的浅层学习，深度学习强调了模型结构的深度，通常有5层、6层，甚至10多层的隐层节点，并明确了特征学习的重要性。通过逐层特征变换，将样本在原空间的特征表示变换到一个新特征空间，从而使分类或预测更容易。与人工规则构造特征的方法相比，利用大数据来学习特征，更能够刻画数据丰富的内在信息。通过设计建立适量的神经元计算节点和多层运算层次结构，选择合适的输入层和输出层，通过网络的学习和调优，建立起从输入到输出的函数关系，虽然不能保证一定找到输入与输出的函数关系，但是可以尽可能地逼近现实的关联关系。使用训练成功的网络模型，就可以实现用户对复杂事务处理的自动化要求。

下面将由浅入深地探讨深度学习算法，为后续人工智能的学习打下基础。

1. 神经网络

神经网络（neural networks，NN）如图 3-17 所示。针对机器学习算法需要领域专家进行特征工程，模型泛化性能差的问题，NN 提出了解决办法，它可以根据数据的原始特征进行表示，并且无须进行复杂的特征处理。其原理可以使用线性回归理解：

$$y=W_{x}+b$$

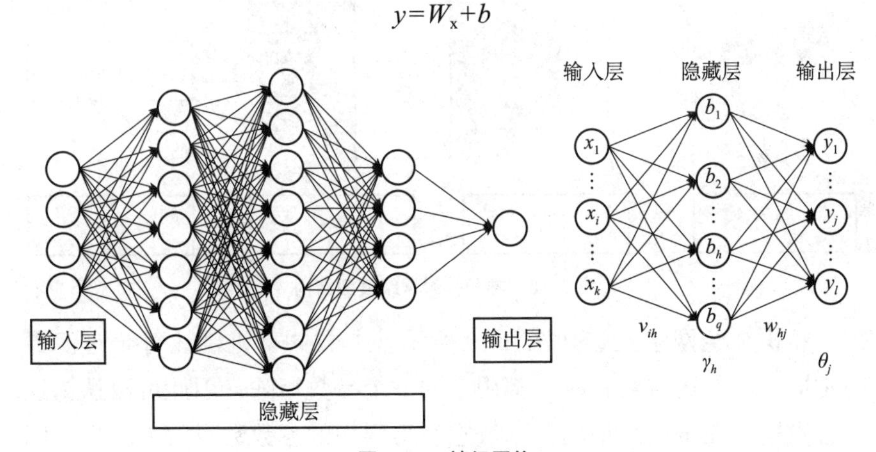

图 3-17　神经网络

神经网络中的每一层都是在维护一个参数矩阵 W 和偏置向量 b。模型首先通过样本每一层的前向过程得到预测值，然后计算预测值与真实值之间的误差，最后将误差进行反向传播来更新每一层的 W 和 b，使之更能拟合数据集的样本分布。NN 相对于机器学习算法的优势在于可以通过多个层叠加来学习更复杂的特征关系，如异或。

2. 卷积神经网络

卷积神经网络（convolutional neural networks，CNN）针对 NN 存在的密集连接和网络参数过多的问题，CNN 提出了优化措施。CNN 首先将参数矩阵按照不同的作用分为卷积层（convolutional layer，CONV）、池化层（pooling layer，POOL）、全连接层（fully connected layer，FC）几个类别。并且 CNN 还引入参数共享机制和连接稀疏性的特性。其中，CONV 用于提取样本中的局部特征；POOL 用于将 CONV 的结果进行再提取，只提取一定区域的主要特征，以减少参数数量，防止模型过拟合，并减少在 CONV 滑动时大量的重叠区域导致卷积值存在的过度冗余；FC 用于将多个 CONV 提取到的局部特征及进行拼接，得到一个全局特征用于分类。卷积神经网络模型结构如图 3-18 所示。

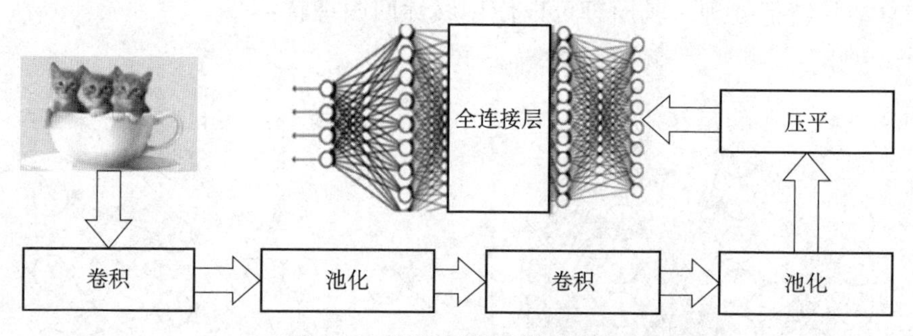

图 3-18　卷积神经网络模型结构

卷积神经网络迁移如图 3-19 所示。参数共享机制让每个过滤器对不同的区域进行卷积时，都用了同一个参数矩阵，因此可以认为这个参数矩阵在全局特征间共享。它使得网络的参数数目大大减少，因而可以使用较少的参数训练出更好的模型，同时还能避免过拟合。平移不变性指由于过滤器的参数共享，当从全局提取了相似的局部特征时，边界就会在图片的上下左右出现多次，通过过滤器的提取，将相似的特征平移到一起，照样能识别出特征。连接稀疏性指每个过滤器的输出只跟输入样本的一部分特征相关，相比于 NN 全连接导致的输出的每个单元都受到输入样本每个特征的影响，这使得识别效果下降。通过过滤器，让每个区域都由专属的过滤器得到专属的特征，而

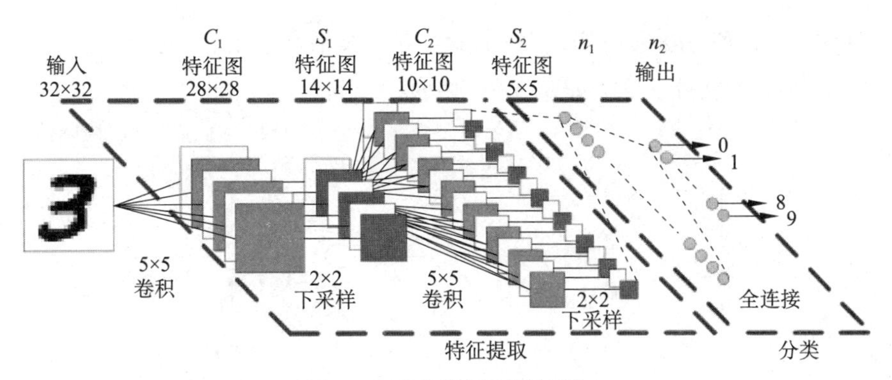

图 3-19　卷积神经网络的迁移

规避了其他区域的影响。

单个卷积核得到的局部特征用式子表示为

$$C_i = W_i x + b_i$$

全局特征通过将多个卷积核的局部特征拼接起来用式子表示为

$$c = [c_1, c_2, c_3, c_4, \cdots, c_n]$$

3. 循环神经网络

针对 NN 没有考虑时序信息的问题，即 NN 对每个样本都是单独处理而没有考虑前后两个样本之间的关系，在具有时序信息的数据中无法捕获到时序信息。在 NLP 任务中，前后两个输入是有顺序关系的，例如理解一句话的意思时，并非将每个词孤立的理解，而是充分考虑每个词之间的关系来理解。处理视频数据的时候，也不会单独处理某一帧，而是分析这些帧连接起来的整个序列。循环神经网络（recurrent neural networks，RNN）通过将上一个训练步的隐藏状态加入到本次的隐藏状态更新中来捕获时序信息，使用公式理解为 RNN 在 t 时刻（训练步）接收到输入 x 后的输出为

$$Q_t = f(v \cdot S_t)$$

其中，S_t 表示 t 时刻隐藏层的值，通过如下方式计算：

$$S_t = g(u \cdot x_t + W \cdot S_{t-1})$$

总的 RNN 公式表示为

$$O_t = f(V \cdot g(U \cdot x_t + W \cdot S_{t-1}))$$

其中，U，V 为参数矩阵；$f(\cdot)$、$g(\cdot)$ 为激活函数。

循环神经网络算法如图 3-20 所示。

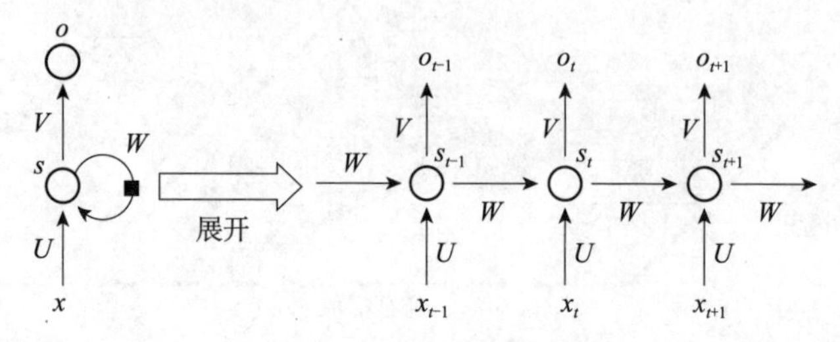

图 3-20　循环神经网络算法

4. 图神经网络

图神经网络（graph neural network，GNN）是指使用神经网络来学习图结构数据，提取和发掘图结构数据中的特征和模式，满足聚类、分类、预测、分割、生成等图学习任务需求的算法总称。GNN 的历史最早可以追溯到 2005 年，Gori 等人第一次提出 GNN 概念，用 RNN 来处理无向图、有向图、标签图和循环图等，GNN 再以 DNN 为主体框架，为每个节点，生成向量式表达，但这不能很好地应对现实中复杂多变的图数据。针对这种情况，Bruna 等人提出将 GNN 应用到图上，通过对卷积算子巧妙的转换，提出了图卷积网络（graph convolutional network，GCN），并衍生了许多变体。除了图卷积网络，GNN 主流算法还包括图注意力网络（graph attention networks）、图自编码器（graph autoencoders）、图生成网络（graph generative networks）和图时空网络（graph spatial-temporal networks）。

近年来图神经网络受到大家越来越多的关注，在文本分类（text classification）、序列标注（sequence labeling）、神经机器翻译（neural machine translation）、关系抽取（relation extraction）、事件抽取（event extraction）、图像分类（image classification）、视觉推理（visual reasoning）、语义分割（semantic segmentation）等领域都有了一些应用。

（1）图卷积网络如图 3-21 所示。

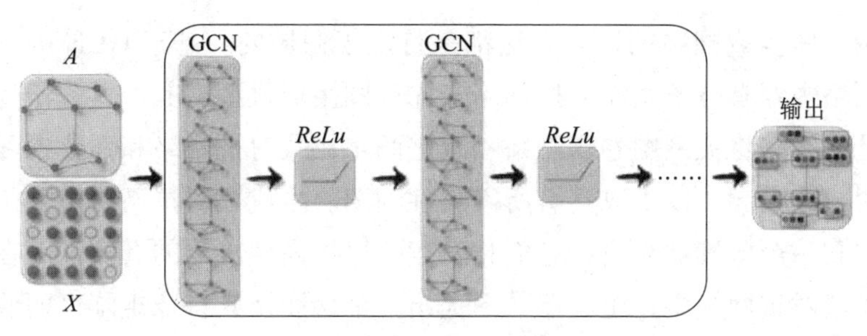

图 3-21　图卷积网络

图卷积网络将卷积运算从传统数据（如图像）推广到图数据。其核心思想是函数映射 $f(\cdot)$，通过该映射，图中的节点 v_i 可以聚合它自己的特征 x_i 与它的邻居特征 $x_j(j\in N(v_i))$ 来生成节点 v_i 的新表示。图卷积网络是许多复杂图神经网络模型的基础，包括基于自动编码器的模型、生成模型和时空网络等。

（2）图注意力网络是一种基于空间的图卷积网络，它的注意机制是在聚合特征信息时，将注意机制用于确定节点邻域的权重。图注意力网络的图卷积运算定义为

$$h_i^t=\sigma\left(\sum_{j\in N_i}\alpha(h_i^{t-1},h_j^{t-1})w^{t-1}h_j^{t-1}\right)$$

其中，$\alpha(\cdot)$ 是一个注意力函数，它自适应地控制相邻节点 j 对节点 i 的贡献。为了学习不同子空间中的注意力权重，图注意力网络还可以使用多注意力：

$$h_i^t=\|_{k=1}^{K}\sigma\left(\sum_{j\in N_i}\alpha_k(h_i^{t-1},h_j^{t-1})w_k^{t-1}h_j^{t-1}\right)$$

（3）图自编码器是一类图嵌入方法，其目的是利用神经网络结构将图的顶点表示为低维向量。典型的解决方案是利用多层感知机作为编码器来获取节点嵌入，其中解码器重建节点的邻域统计信息，如正点互信息或一阶和二阶近似值。研究人员已经探索了图卷积网络作为编码器的用途，将图卷积网络与生成式对抗网络结合起来，或将长短期记忆网络与生成式对抗网络结合起来设计图自编码器。

（4）图生成网络的目标是在给定一组观察到的图的情况下生成新

的图。图生成网络的许多方法都是特定于领域的。基于 GCN 的图生成网络主要有分子生成对抗网络和深度图生成模型。其中，分子生成对抗网络是将关系图卷积网络、改进的生成式对抗网络和强化学习目标集成在一起，以生成具有所需属性的图。生成式对抗网络由一个生成器和一个鉴别器组成，它们相互竞争以提高生成器的真实性。在分子生成对抗网络中，生成器试图提出一个伪图及其特征矩阵，而鉴别器的目标是区分伪样本和经验数据。此外，还引入了一个与鉴别器并行的奖励网络，以鼓励生成的图根据外部评价器具有某些属性。深度图生成模型则是利用基于空间的图卷积网络来获得现有图的隐藏表示。生成节点和边的决策过程是以整个图的表示为基础的。简而言之，深度图生成模型递归地在一个图中产生一个节点，直到达到某个停止条件。在添加新节点后的每一步，深度图生成模型都会反复决定是否向添加的节点添加边，直到决策的判定结果变为假。如果决策为真，则评估将新添加节点连接到所有现有节点的概率分布，并从概率分布中抽取一个节点。将新节点及其边添加到现有图形后，深度图生成模型将更新图的表示。

（5）图时空网络同时捕捉时空图的时空相关性。时空图具有全局图结构，每个节点的输入随时间变化。例如，在交通网络中，每个传感器作为一个节点连续记录某条道路的交通速度，其中交通网络的边由传感器对之间的距离决定。图形时空网络的目标可以是预测未来的节点值或标签，或者预测时空图标签。

目前图时空网络的模型主要有扩散卷积循环神经网络、图卷积网络、时空图卷积网络和结构化循环神经网络等。

图神经网络的最大应用领域之一是计算机视觉。研究人员在场景图生成、点云分类与分割、动作识别等多个方面探索了利用图结构的方法。在场景图生成中，对象之间的语义关系有助于理解视觉场景背后的语义含义。给定一幅图像，场景图生成模型检测和识别对象，并预测对象之间的语义关系。另一个应用程序通过生成给定场景图的真实图像来反转该过程。自然语言可以被解析为语义图，其中每个词代表一个对象，以合成给定的文本描述图像。在点云分类和分割中，点云是激光雷达扫描记录的一组三维点。因为激光雷达设备能够看到周围的环境，这通常有利于无人驾驶车辆。为了识别点云所描绘的物体，将点云转换为 K 最近邻图或叠加图，并利用图论进化网络来探索拓扑结构。在动作识别中，识别视频中包含的人类动作有助于从机器方面更好地理解视频内容。通过检测视频剪辑中人体关节的位置自然形成图表。给定人类关节位置的时间序列，应用时空神经网络来学习人类行为模式。

3.1.5　人机交互

人机交互技术（human-computer interaction techniques，HCIT）是指通过计算机输入、输出设备，以有效的方式实现人与计算机对话的技术。人机交互技术包括机器通过输出或显示设备给人提供大量有关信息及提示请示等，人通过输入设备给机器输入有关信息，回答问题及提示请示等。美国计算机协会人机交互兴趣小组（special interest group on computer-human interaction，SIGCHI）给出了人机交互的定义，人机交互是关于设计、评价和实现供人使用的交互式计算系统，以及围绕这些方法的主要现象进行研究的一门学科。

随着计算机技术、信息技术和工程技术的高速发展，人机交互技术经历了基于键盘和字符显示器的交互阶段、基于鼠标和图形显示器的交互阶段、基于多媒体技术的交互阶段和第四代人机自然交互与通信阶段等四个发展阶段。

1. 人机交互基本功能

第四代人机自然交互与通信阶段具有多模感知功能、智能代理交互功能、知识处理功能和可视化显示等四大功能。第四代人机交互技术是以多模信息交互为输入输出，以代理系统为交互通信界面，具有基于知识对话的网络信息交互和检索能力，并具有二维和三维虚拟交互环境可视化显示的人机交互技术。其中，多模态输入和输出是第四代人机交互与通信的主要标志之一。多模态输入包括键盘、鼠标、文字、语音、手势、表情、注视等多种输入方式；而多模态输出包括文字、图形、语音、手势、表情等多种交互信息。智能接口代理是实现人与计算机交互的媒介。视觉系统主要用于实时获取外部视觉信息。视觉合成使人机交互能够在一个仿真或虚拟的环境中进行，仿佛现实世界中人与人之间的交互。对话系统目前主要有两种研究趋势，一种以语音为主，另一种从某一特定任务域入手，引入对话管理概念，建立类似于人与人对话的人机对话。互联网信息服务则扮演信息交流媒介的角色。知识处理能动地提取有组织的、可为人们利用的知识。

2. 人机交互新技术

近年来，随着机器视觉、人工智能、模式识别技术的发展，以及相应的计算机软硬件技术的进步，以手势识别、动作识别、语音识别等为基础的自然人机交互技术不断涌现。交互的模式，也从单一通道输入向多通道输入改变，最终达到智能和自然的目的。

（1）多点触控。多点触控技术经过了多年的积累和发展。该系统在大屏多点触控系统设计方面成本低、敏感度高，而且使用计算机视觉技术具有较好的扩展性。用户可以通过单手或者多手直接操控计算机。

（2）手势交互。手势交互是指人通过手部动作表达特定的含义和交互意图，通过具有符号功能的手势来进行信息交流和控制计算机的交互技术。手势交互是一种新兴的交互技术，其技术核心是手势识别。根据识别对象可将手势识别技术分为静态手势识别和动态手势识别。数据手套是一种应用较为广泛的手势识别方式。手势识别的另一种方式是通过摄像头采集手势数据。这种方式下，人不需要穿戴额外的手套，裸手即可与计算机互动。

（3）人体动作识别。人体动作是人表达意愿的重要信号，包含了丰富的语义。人体动作是指包括头、四肢、躯干等人的各个身体部分在空间中的姿势或者运动过程。人体动作分析是人机交互系统的重要支撑技术，是一个多学科交叉的研究课题，使用了数学建模、图形图像分析、模式识别、人工智能等知识，具有重要的理论研究价值。一个完整的人体动作分析过程主要包括动作捕捉、动作特征描述和动作分类识别三大部分。与其他交互手段相比，人体动作交互技术无论是硬件还是软件方面都有了较大的提升，交互设备向小型化、便携化、使用方便化等方向发展。

（4）语音交互。语音交互是人以自然语音或机器合成语音同计算机进行交互的综合性技术。机器通过识别和理解把语音信号转变为相应的文本或命令，人通过语音与机器进行对话交流，让机器明白用户的交互意图。语音交互不仅需要对语音识别和语音合成进行研究，还要对人在语音通道下的交互机理、行为方式等进行研究。语音交互过程包括四部分：语音采集、语音识别、语义理解和语音合成。语音采集完成音频的录入、采样及编码；语音识别完成语音信息到机器可识别的文本信息的转化；语义理解根据语音识别转换后的文本字符或命令完成相应的操作；语音合成完成文本信息到声音信息的转换。

3. 交互界面设计原则

为设计出色的、高效的、无挫折的用户界面，美国马里兰大学人机交互实验室的美国计算机科学家和教授本·施耐德曼在《设计用户界面——有效的人机交互策略》中提出了人机交互界面设计的八条黄金法则，即一致性、便捷性、反馈性、告知性、纠错性、可逆性、可控性和轻量化。其中一致性是指在设计类似的情况和操作顺序时，通过利用相似的图标、颜色、菜单层次结构、新手引导、用户流程来争取一致性，统一信息传递的方式，确保用户能够将知识从一次点击迁移到另一次，而无须为同样的行为学习新的操作。通过帮助用户熟悉产品的数字环境，一致性扮演着重要的角色，从而可以更轻松地实现目标。反馈性是指用户应该始终知道他们当前位于哪里以及发生了什么，对于每一个行动，在合理的时间内应该有适当的、人类可读的反馈。一个很好的例子就是用户在回答多页问卷时，向用户表明他们在哪里。一个不好的例子是，一个错误信息的提示显示着错误代码而不是一个可读的、有意义的信息。

4. 人机交互框架模型

该模型是由 Abowd 和 Beale 在 1991 年修正了 Norman 模型后提出来的，这个模型为了同时反映交互系统中用户和系统的特征，将交互分为系统、用户、输入和输出四个部分，一个交互周期中有目标建立与表达、执行、表示和观察四个阶段，如图 3-22 所示，图中每一个有向弧线表示了这四个阶段，每一个阶段对应着一种描述语言到另一种描述语言的翻译过程。一个交互周期以用户的目标建立阶段开始。

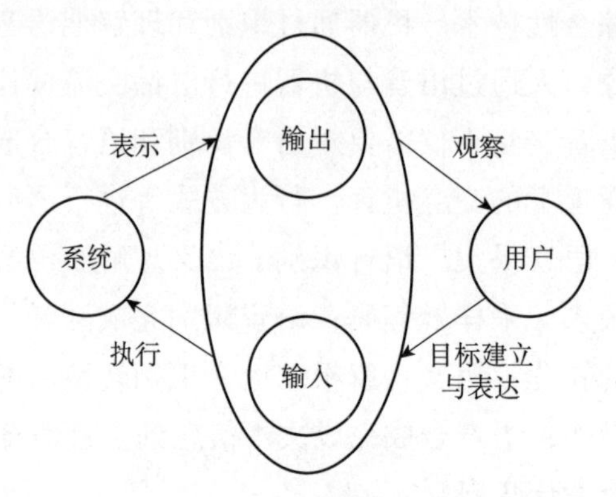

图 3-22　人机交互框架模型

5. 人机界面模型

人机界面模型是人机界面软件的程序框架，它从理论上和总体上描述了用户和计算机的交互活动。随着人机界面功能的增长，人机界面的设计也变得复杂，交互式应用系统中界面代码占 70% 以上。人机界面模型主要任务有任务分析模型、对话控制模型、结构模型和面向对象模型等。任务分析模型基于所要求的系统功能进行用户和系统活动的描述和分析；对话控制模型用于描述人机交互过程的时间和逻辑序列，即描述人机交互过程的动态行为过程；结构模型从交互系统软件结构观点来描述人机界面的构成部件，它把人机交互中的各因素，如提示符、错误信息、光标移动、用户输入、确认、图形、文本等有机地组织起来；面向对象模型是为支持直接操纵的图形用户界面而发展起来的，它可以把人机界面中的显示和交互组合成一体作为一个基本的对象，也可以把显示和交互分离为两类对象，建立起相应的面向对象模型。

（1）结构模型又称 ARCH 模型，是 1992 年在 Seeheim 模型基础上提出来的。由领域特定部件、领域适配器部件、对话部件、表示部件和交互工具箱部件五部分组成，如图 3-23 所示。其中，对话部件负责任务排队，领域适配器部件协调对话部件和领域特定部件之间的通信。交互工具箱部件实现与终端用户的物理交互，表示部件协调对话部件和交互工具箱部件之间的通信。领域特定部件控制、操作及检索与领域有关的数据。

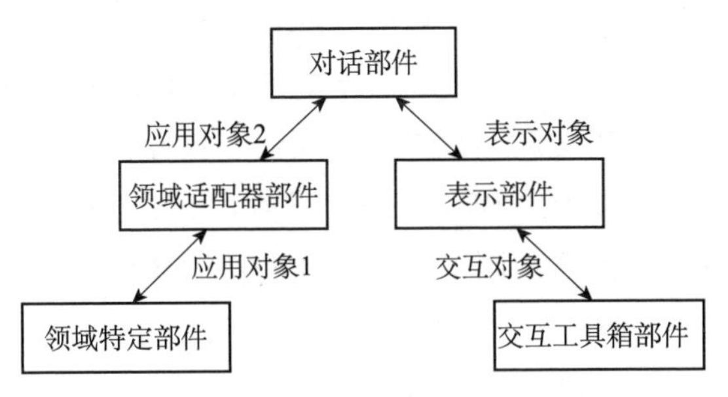

图 3-23　结构模型

（2）面向对象模型。常见的面向对象的用户界面交互模型包括 MVC 模型和 PAC 模型，如图 3-24 所示。MVC 模型是 1983 年提出的面向对象的交互式系统概念模型，该模型是在 Smalltalk 编程语言环境下提出来的。由控制器、视图和模型三类对象组成。模型表示应

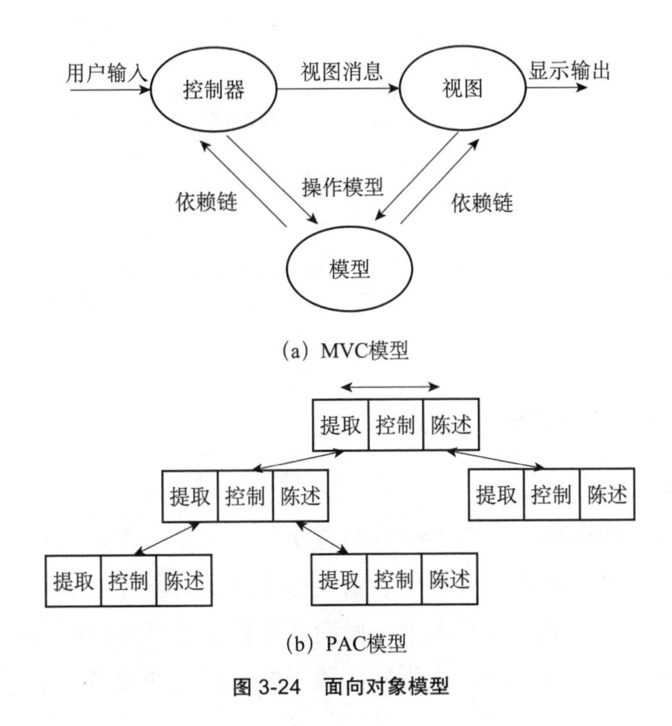

图 3-24　面向对象模型

用对象的状态属性和行为。视图负责对象的可视属性描述。控制器用于处理用户的输入行为并给模型发送数据。PAC 模型是 Coutaz 于 1987 年提出的一种叫作多智能体的交互式系统概念模型。PAC 模型和 MVC 模型之间通过比较可看出：PAC 模型的代理系统将应用功能与陈述、输入和输出行为封装在一个对象中；PAC 模型用一个独立的控制器来保持应用语义和用户界面之间的一致性；PAC 模型没有基于任何一种编程环境；PAC 模型将控制器独立出来，更加符合 UIMS 的设计思想，可以用来表示用户界面不同的功能部分。

6. 典型应用

人机交互技术的典型应用是基于视觉的手势识别系统，其总体结构如图 3-25 所示。首先，通过一个或多个摄像机获取视频数据流。然后，系统根据手势输入的交互模型检测数据流里是否有手势出现。如果有，则把该手势从视频信号中分割出来，根据手势模型进行手势分析。最后，识别阶段根据模型参数对手势进行分类并根据需要生成手势描述。

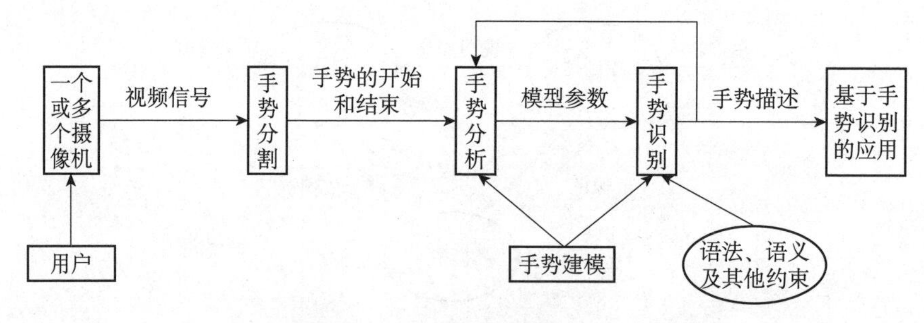

图 3-25　手势识别系统总体结构

3.1.6　区块链技术基础

1. 哈希算法

哈希算法将任意长度的二进制值映射为较短的固定长度的二进制值，这个小的二进制值称为哈希值。哈希值是一段数据唯一且极其紧凑的数值表示形式。如果散列一段明文而且哪怕只更改该段落的一个字母，随后的哈希都将产生不同的值。要找到散列为同一个值的两个不同的输入，在计算上是不可能的，所以数据的哈希值可以检验数据的完整性。一般用于快速查找和加密算法。

（1）哈希算法概念。哈希算法是用来产生一些数据片段（如消息或会话项）的哈希值的算法。使用好的哈希算法，在输入数据中所做的更改就可以更改结果哈希值中的所有位；因此，哈希算法对于检测数据对象（如消息）中的修改很有用。此外，好的哈希算法使得构造两个相互独立且具有相同哈希算法的输入不能通过计算方法实现。哈希表是根据设定的哈希函数和处理冲突方法将一组关键字映射到一个有限的地址区间上，并以关键字在地址区间中的象作为记录在表中的存储位置，这种表称为哈希表或散列，所得的存储位置称为哈希地址或散列地址。作为线性数据结构与表格和队列等相比，哈希表无疑是查找速度比较快的一种。它通过将单向数学函数（有时称为哈希算法）应用到任意数量的数据得到固定大小的结果。如果输入数据中有变化，则哈希值也会发生变化。哈希算法可用于许多操作，包括身份验证和数字签名。

（2）哈希算法种类。哈希算法也称为哈希函数，典型的哈希算法包括 MD2、MD4、MD5 、SHA-1、SHA-2、SHA-3 和 RIPEMD-160 等。常用的哈希算法的过程参数见表 3-1。

表 3-1　哈希算法过程参数

哈希算法种类	MD5	SHA-1	SHA-256
输出值的长度 /bit	128	160	256
内部状态值的长度 /bit	128	160	256
块大小 /bit	512	512	512
计算迭代次数 / 次	64	80	64

其中，MD 系列算法是一个应用非常广泛的算法集，最出名的 MD5 算法由 RSA 公司的罗纳德 · 林 · 李维斯特（Ronald L. Rivest）在 1992 年提出，目前被广泛应用于数据完整性校验、消息摘要、消息认证等。MD2 算法的运算速度较慢但相对安全，MD4 算法的运算速度很快，但安全性下降，MD5 算法比 MD4 算法更安全、运算速度

更快。虽然这些算法的安全性逐渐提高，但均被证明是不够安全的。MD5算法被破解后，罗纳德·林·李维斯特在2008年提出了更完善的MD6算法，但MD6算法并未得到广泛使用。

MD5算法的设计采用了密码学领域的Merkle-Damgard构造法，这是一类采用抗碰撞的单向压缩函数来构造哈希函数的通用方法。MD5算法的基本原理是将数据信息压缩成128比特来作为信息摘要，首先将数据填充至512比特的整数倍，并将填充后的数据进行分组，然后将每一分组划分为16个32比特的子分组，该子分组经过特定算法计算后，输出结果是4个32比特的分组数据，最后将这4个32比特的分组数据级联，生成一个128比特的散列值，即最终计算的结果。

安全哈希算法（secure hash algorithm，SHA）是美国国家标准技术研究所发布的国家标准，规定了SHA-1、SHA-224、SHA-256、SHA-384和SHA-512单向哈希算法。SHA-1、SHA-224和SHA-256算法适用于长度不超过264比特的消息。SHA-384和SHA-512算法适用于长度不超过2 128比特的消息。SHA系列算法主要适用于数字签名标准（digital signature standard，DSS）里面定义的数字签名算法（digital signature algorithm，DSA）。

SHA-1在许多安全协议中被广为使用，包括TLS和SSL。2017年2月，谷歌宣布已攻破了SHA-1，并准备在其浏览器产品中逐渐下降SHA-1证书的安全指数，逐步中止对使用SHA-1哈希算法证书的支持。SHA-2是SHA算法家族的第二代，支持了更长的摘要信息输出，主要有SHA-224、SHA-256、SHA-384和SHA-512，数字后缀表示它们生成的哈希摘要结果长度。SHA-3是SHA算法家族的第三代，以前名为Keccak算法，SHA-3并非要取代SHA-2，因为目前SHA-2并无明显的弱点。RIPEMD-160（RACE integrity primitives evaluation message digest 160）是一个160位加密哈希函数，它旨在替代128位哈希函数MD4、MD5和RIPEMD-128。

在比特币和以太坊的区块链系统中，SHA-256算法是工作量证明算法的基础。在比特币系统中，工作量证明算法只计算一次SHA-256

算法，而在以太坊系统中，工作量证明算法则嵌套计算两次 SHA-256 算法。

（3）哈希算法的应用。哈希算法的意义在于提供了一种快速存取数据的方法，它用一种算法建立键值与真实值之间的对应关系。一致性哈希算法如图 3-26 所示，将 1 条直线的开头和结尾分别定为 1 和 2 的 32 次方减 1，弯过来构成 1 个圆环形成闭环，这样的圆环称为哈希环。如果把服务器的 IP 或者主机名转化为哈希值然后对应到哈希环上，那么针对客户端，按照顺时针方式，就可以访问离自己最近的在哈希环上的服务器。

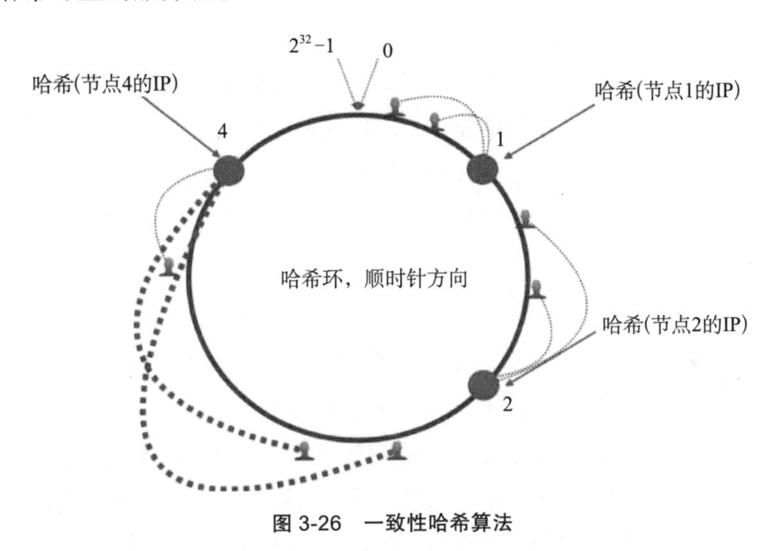

图 3-26　一致性哈希算法

2. 数字签名

数字签名（digital signature 或者 digitally signed）又称公钥数字签名，是只有信息的发送者才能产生的别人无法伪造的一段数字串，这段数字串同时也是对信息的发送者发送信息真实性的一个有效证明。其本质就是附加在数据单元上的一些数据，或是对数据单元所做的密码变换。这种数据或变换允许数据单元的接收者用以确认数据单元的来源和数据单元的完整性并保护数据，防止被人（如接收者）进行伪造。它是对电子形式的消息进行签名的一种方法，一个签名消息能在一个通信网络中传输。基于公钥密码体制和私钥密码体制都可以获得数字签名，主要是基于公钥密码体制的数字签名，包括普通数字签名和特殊数字签名。普通数字签名有RSA、ElGamal、Fiat-Shamir、Guillou-Quisquarter、Schnorr、Ong-Schnorr-Shamir数字签名算法、DES/DSA、椭圆曲线数字签名算法和有限自动机数字签名算法等。特殊数字签名有盲签名、代理签名、群签名、不可否认签名、公平盲签名、门限签名、具有消息恢复功能的签名等，它与具体应用环境密切相关。数字签名的应用涉及法律问题，美国联邦政府基于有限域上的离散对数问题制定了自己的数字签名标准。

在通信中使用数字签名一般具有鉴权、完整性和不可抵赖性等特点。

鉴权是指公钥加密系统允许任何人在发送信息时使用公钥进行加密，接收信息时使用私钥解密。当然，接收者不可能百分之百确信发送者的真实身份，而只能在密码系统未被破译的情况下才有理由确信。鉴权的重要性在财务数据上表现得尤为突出。举个例子，假设一家银行将指令由它的分行传输到它的中央管理系统，指令的格式是（a，b），其中a是账户的账号，而b是账户的现有金额。这时一位远程客户可以先存入100元，观察传输的结果，然后接二连三地发送格式为（a，b）的指令。这种方法被称作重放攻击。

完整性指传输数据的双方都希望确认消息在传输的过程中未被修改。加密使得第三方想要读取数据十分困难，然而第三方仍然能采取可行的方法在传输的过程中修改数据。一个通俗的例子就是同形攻击，假设还是之前的那家银行从它的分行向它的中央管理系统发送格式为（a，b）的指令，其中a是账号，而b是账户中的金额。一个远程客户可以先存100元，然后拦截传输结果，再传输（a，b），这样他就立刻变成百万富翁了。

抵赖这个词指的是不承认与消息有关的举动（即声称消息来自第三方）。不可抵赖性指在密文背景下，消息的接收方可以通过数字签名来防止所有后续的抵赖行为，因为接收方可以出示签名证明信息的来源。

数字签名算法依靠公钥加密技术来实现。在公钥加密技术里，每一个使用者有一对密钥，即一把公钥和一把私钥。公钥可以自由发布，但私钥则需秘密保存；并且无法通过公钥推算出私钥。数字签名技术大多基于哈希摘要和非对称密钥加密体制来实现。如果签名者想要对某个文件进行数字签名，他必须从可信的第三方机构（数字证书认证中心）取得私钥和公钥，这就需要用到PKI技术。

（1）用哈希算法的数字签名与验证。哈希函数是一种“压缩函数”，利用哈希函数可以把任意长度的输入经由散列函数算法变换成固定长度的输出，该输出的哈希值就是消息摘要，也称数字摘要。在正式的数字签名中，发送方首先对发送文件采用哈希算法，得到一个固定长度的消息摘要（message digest）；再用自己的私钥（secret key，SK）对消息摘要进行签名，形成发送方的数字签名。数字签名将作为附件和原文一起发送给接收方；接收方首先用发送方的公钥对数字签名进行解密得到发送方的数字摘要，然后用相同的哈希函数对原文进行哈希计算，得到一个新的消息摘要，最后将新得到的消息摘要与收到的消息摘要进行比较。

（2）基于非对称密钥加密体制的数字签名与验证。发送方首先将原文用自己的私钥加密得到数字签名，然后将原文和数字签名一起发送给接收方。接收方用发送方的公钥对数字签名进行解密，最后与原文进行比较。使用数字签名技术能够验证文件的原文在传输过程中有无变动，确保传输电子文件的完整性、真实性和不可抵赖性。数字签名基于非对称加密，主要用于证实数字内容具有完整性，同时可以保证确认来源。

用户的密钥对为 (d, Q)(d 为私钥，Q 为公钥）；待签名的信息 M 签名为 Signature(M) = (r, s)。

签名过程。根据 ECC 算法随机生成一个密钥对 (k, R)，其中 $R=(x_R, y_R)$；令 $r=x_R \bmod n$，如果 r=0，则返回计算 H=Hash(M)；按照数据类型转换规则，将 H 转化为一个大端模式的整数 e；$s=k^{-1}(e+rd) \bmod n$，若 s=0，则返回计算；输出的 S=(r, s) 即为签名。

验证过程。计算 H=Hash(M)；按照数据类型转换规则，将 H 转化为一个大端模式的整数 e 计算 $u_1=es^{-1} \bmod n$，$u_2=rs^{-1} \bmod n$；计算

$R=(x_R, y_R)=u_1 G+u_2 Q$，如果 $R=0$，则验证该签名无效；令 $v=x_R \bmod n$；若 $v=r$，则签名有效，若 $v\neq r$，则签名无效。

3. 共识算法

区块链系统采用去中心化的设计，网络节点分散且相互独立，所以由不同节点组成的系统之间必须依赖一个制度来维护系统的数据一致性，并奖励提供区块链服务的节点，以及惩罚恶意节点。这个制度的建立需要依赖一套方法和规则，即由谁取得一个区块的打包权（或称记账权）并获取该区块的奖励，或者怎样界定谁是作恶者，让他受到怎样的惩罚，这套方法和规则便是共识机制。共识算法实质是为了实现分布式一致性协议而产生的一系列流程与规则。当分布在不同地域的节点都按照这套规则进行协商交互之后，最终总能就某个或某些问题得到一致的决策，从而实现分布式系统中不同节点的一致性。

区块链中常用共识算法有 PoW 算法、PoS 算法、DPoS 算法、PBFT 算法和 RAFT 算法等五种。

（1）PoW（proof of work）算法，工作量证明算法。PoW 算法是比特币在区块的生成过程中使用的一种共识算法，也是最原始的区块链共识算法。PoW 算法就是通过一份证明来确认做过一定量的工作。在比特币系统中，得到合理的区块哈希需要经过大量尝试计算。当某个节点提供出一个合理的区块哈希值，说明该节点确实经过了大量的尝试计算。

PoW 算法是一种防止分布式服务资源被滥用、拒绝服务攻击的机制。PoW 算法要求节点进行适量消耗时间和资源的复杂运算，并且其运算结果能被其他节点快速验算，以耗用时间、能源做担保，以确保服务与资源被真正的需求所使用。比特币首次利用 PoW 算法来验证交易并向网络广播区块，现在很多区块链也采用 PoW 算法。PoW 算法已经成为广泛使用的共识算法。节点"挖矿"过程如图 3-27 所示，矿工进行哈希运算，此过程消耗算力，算出"正确的结果"，并向全网广播，其他矿工或者普通节点同步区块并校验是否正确。PoW 算法中最基本的技术原理是使用哈希算法。假设求哈希值 Hash（r），若原始数据为 r，则运算结果为 R。

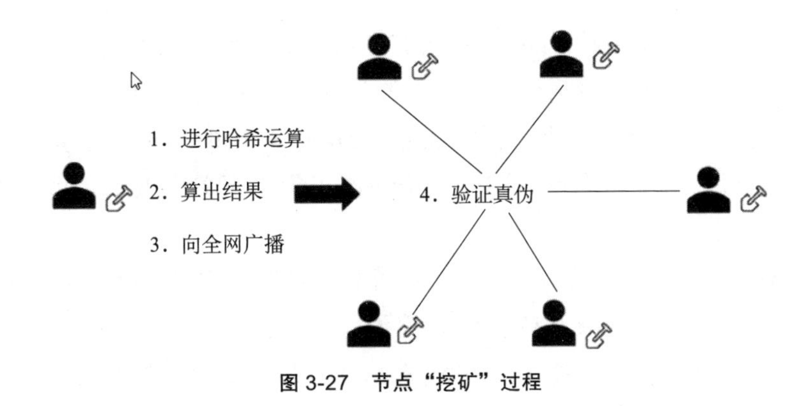

图 3-27　节点“挖矿”过程

（2）PoS（proof of stake）算法，权益证明算法。由于 PoW 机制存在消耗算力巨大、交易确认时间较长、挖矿活动集中容易形成中心化等缺点，便演进出了 PoS 算法。PoS 算法是一个根据持有数字货币数量和时间来分配相应利息的制度，类似在银行存款。基于权益证明共识的区块链系统，参与者的角色是验证者，只需要投资系统的数字货币并在特定时间内验证自己是否为下一区块创造者，即可完成下一区块的创建。下一区块创造者是以某种确定的方式来选择，验证者被选中为下一区块创造者的概率与其所拥有的系统中数字货币的数量成正比例，即拥有 300 个币的验证者被选中的概率是拥有 100 个币的验证者的 3 倍。在 PoS 算法模式下，有一个名词叫币龄，每个币每天产生 1 币龄。假设持有 100 个币，总共持有了 30 天，此时该币龄就为 3 000。而此时若验证了一个 PoS 算法区块，则币龄就会被清空为 0，同时从区块中获得相对应的数字货币利息。

节点通过 PoS 算法出块的过程如下：普通的节点要成为出块节点，首先要进行资产的质押，当轮到自己出块时，打包区块，然后向全网广播，其他验证节点将会校验区块的合法性。

（3）DPoS（delegated proof of stake）算法，授权权益证明算法。DPoS 算法最早出现在比特股中，又称受托人机制，它的原理是让每一个持有比特股的人进行投票，由此产生 101 位代表。101 位代表可以理解为 101 个超级节点或者矿池，并且这 101 个超级节点彼此的权利完全相等。

从某种角度来看，DPoS算法有点像议会制度。如果代表不能履行他们的职责（当轮到他们时，没能生成区块），他们会被除名，网络会选出新的超级节点来取代他们。DPoS算法的出现最主要还是因为矿机的产生，大量的算力集中在不了解也不关心数字货币的人身上。

DPoS算法通过其选择区块生产者和验证节点质量确保了安全性，同时消除了交易需要等待一定数量区块被非信任节点验证的时间消耗。通过减少确认的要求，DPoS算法大大提高了交易的速度。通过信任少量的诚信节点，可以去除区块签名过程中不必要的步骤。

DPoS算法和PoS算法相似，也采用股份和权益质押。所不同的是，DPoS算法采用委托质押的方式，类似于用全民选举代表的方式选出多个超级节点记账出块。

（4）PBFT（practical byzantine fault tolerance）算法，实用拜占庭容错算法。该算法由卡斯特罗和利斯科夫在1999年提出来，解决了原始拜占庭容错算法效率不高的问题，将算法复杂度由指数级降低到多项式级，使得拜占庭容错算法在实际系统应用中变得可行。

PBFT算法是一种状态机副本复制算法，即服务作为状态机进行建模，状态机在分布式系统的不同节点进行副本复制。每个状态机的副本都保存了服务的状态，同时也实现了服务的操作。将所有的副本组成的集合用大写字母R表示，使用0到$|R|-1$的整数表示每一个副本。为了描述方便，假设$|R|=3f+1$，这里f是有可能失效的副本的最大个数。尽管可以存在多于$3f+1$个副本，但是额外的副本除了降低性能之外不能提高可靠性。

PBFT算法的共识过程如下。客户端（client）发起消息请求（request），并广播转发至每一个副本节点（replica），由其中一个主节点（leader）发起提案消息预先准备（pre-prepare），并广播。其他节点获取原始消息，在校验完成后发送准备（prepare）消息。每个节点收到$2f+1$个准备消息，即认为已经准备完毕，并发送提交（commit）消息。当节点收到$2f+1$个提交消息时，就认为该消息已经被确认完成（reply）。

PBFT 算法实现流程总共分为五个阶段，如图 3-28 所示，执行前在全网选举出一个主节点，新区块的生成主要由主节点完成，五个阶段分别是：请求阶段、预先准备阶段、准备阶段、提交阶段、确认完成阶段。每个阶段的具体过程如下。

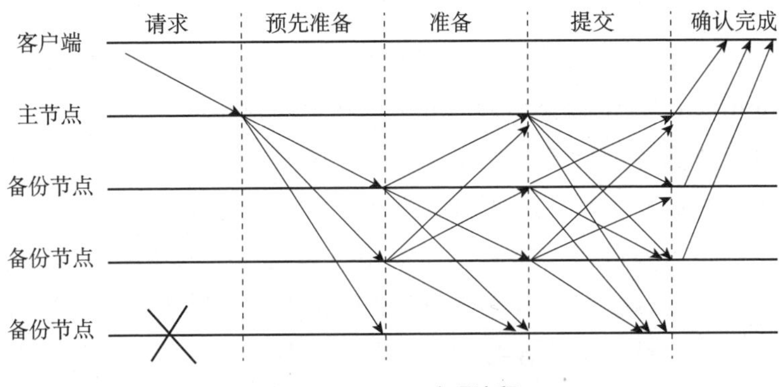

图 3-28　PBFT 实现流程

请求阶段：客户端发起请求，向网络中发送数据包。

预先准备阶段：主节点收到数据包请求后确认请求编号，并向其他节点发送预先准备消息。

准备阶段：节点收到包含预先准备数据的消息，验证通过后广播准备类型消息。

提交阶段：节点如果收到大于 $2f$+1（f 为可以容忍的恶意节点数）条验证通过的准备类型消息，则发送提交类型消息给其他节点。

确认完成阶段：节点如果收到大于 $2f$+1 条验证通过的提交类型消息，则执行区块生成并确认完成生成结果。

（5）RAFT 算法，一致性共识算法。RAFT 算法包含三种角色，分别是跟随者（follower），候选人（candidate）和领导者（leader）。集群中的一个节点在某一时刻只能是这三种状态的其中一种，这三种角色可以随着时间和条件的变化而互相转换。

RAFT 算法主要有两个过程，一个过程是领导者选举，另一个过程是日志复制，其中日志复制过程分为记录日志和提交数据两个阶段。RAFT 算法支持最大的容错故障节点是（n–1）/2，其中 n 为集群中总的节点数量。

4. 智能合约

智能合约（smart contract）是一种旨在以信息化方式传播、验证或执行合同的计算机协议。智能合约允许在没有第三方的情况下进行可信交易，这些交易可追踪且不可逆转。智能合约概念于1995年由尼克·萨博首次提出。他在发表于自己网站的几篇文章中提到了智能合约的理念，定义为一个智能合约是一套以数字形式定义的承诺（commitment），包括合约参与方可以在上面执行这些承诺的协议。

（1）智能合约特点。智能合约具有规范性、不可逆性、不可违约性和匿名性等显著特点。所谓规范性是指智能合约以计算机代码为基础，能够最大限度减少语言的模糊性，通过严密的逻辑结构来呈现。内容及其执行过程对所有节点均是透明可见的，后者能够通过用户界面去观察、记录、验证合约状态。不可逆性是指一旦满足条件，合约便自动执行预期计划，在给定的事实输入下，智能合约必然输出正确的结果，并在显示视界中被具象化。不可违约性指区块链上的交易信息公开透明，每个节点都可以追溯记录在区块链上的交易过程，违约行为发生的概率极低。匿名性要求根据非对称加密的密码学原理，零知识证明、环签名、盲签名等技术，在区块链上，虽然交易过程是公开的，但交易双方却是匿名的。

（2）智能合约架构如图3-29所示，分设施层、合约层、运维层、智能层、表现层和应用层等六层结构。

（3）智能合约应用。近几年随着区块链概念的兴起，智能合约借着区块链之势不断被放大应用，作为一种快速发展的新技术，它的可能性应用将扩大到金融、医疗、物联网等传统领域。

数字票据应用。自2018年8月区块链电子发票开始试点以来，数字票据逐渐映入世人眼中。数字票据是在保持现有票据属性、法律规则与市场运作规则不变的情况下，应用智能合约技术通过预先设置的条件是否满足来触发相应的自动化实现。以前的电子商业汇票虽然可以解决纸质汇票的速度慢、易作假、易丢失的问题，但因为还是中心机构掌握的原因，不能从根本上解决被克隆的问题，或者无法监管被篡改的现象。数字票据运用了智能合约技术，能够简化电子商业汇

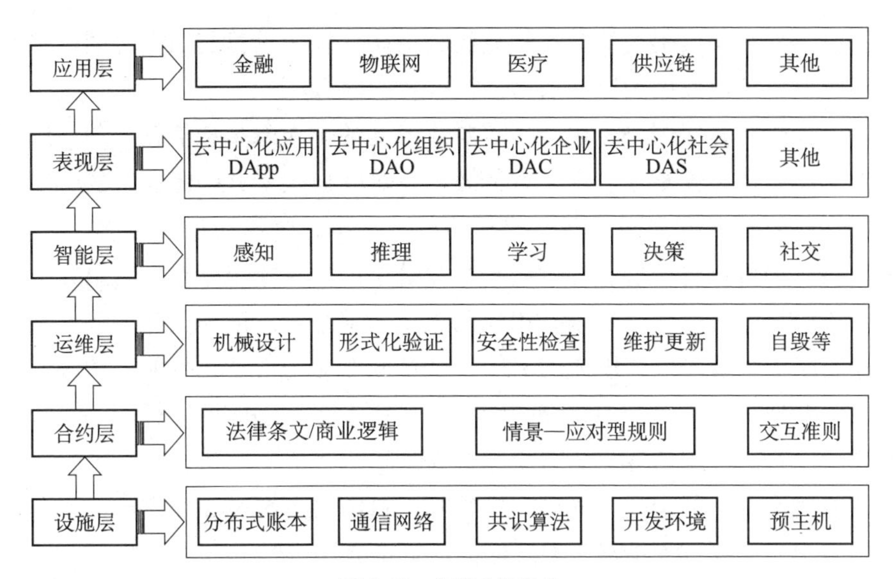

图 3-29 智能合约架构

票的传输路径，降低成本。同时因为时间戳、点对点传输、加密技术的应用，能够追踪票据的整个交易过程，使整个过程变得清晰可见，并且数字票据可以通过智能合约在整个区块链中建立共同的约束代码，实现对数字票据交易智能化和整个流程的监管。

证券应用。信用是证券的根基，而清算与结算是证券的核心。现在，绝大多数国家的证券登记、托管、清算结算业务都是由一家机构承担，导致产生了逐渐走向集中化、效益效率变低、成本和风险增大的问题。2016 年证券行业的“萝卜章”事件给当时证券公司敲响了警钟，原因是国海证券员工私刻印章，触发规模高达 165 亿元的债券，引起当时市场资金链紧张。这件事引发了对证券行业的交易安全性和合规性的担忧，诚信基础受到广泛的质疑。而区块链智能合约技术基于时间戳形成具有不可篡改和不可伪造的数据库，要篡改历史信息，必须控制整个系统 51% 的节点，并且会消耗巨大的计算能力和投入成本。基于区块链技术构建一套通用的分布式券商交易系统，通过引入中心化要素，无须第三方托管机构，以准实时的方式自动建立信任实现价值转移，通过区块链技术将所交易的资产转化为“智能合约”，完成点对点的实时交易、清算与结算，能够显著降低价值转移的成本，大幅度提升清算、结算流程效率，缩短清算与结算时间，并通过效率和透明度的提升来增强投资者的信心。

资产清算应用。金融交易需要高密度的个人隐私和信息安全，以及交易效率和安全性。由于智能合约是由代码定义并强制执行的，所以智能合约双方之间不需要相互信任，它是完全自动且不可中断的。金融机构可以将智能合约应用于区块链中的分布式记账或者股票和金融资产等，通过建立规则并用代码表示代替合约。因为这些优势，高盛、摩根大通等财团组成的 RJ3 区块链联盟率先尝试将智能合约应用于资产清算领域，利用智能合约在区块链平台 Corda 上进行点对点清算，以解决传统清算方式需要涉及大量机构完成复杂审批和对账所导致的效率低下的问题。同时，据估算，目前已有超过 200 家银行、金融机构、证券机构参与了 Corda 的清算结算测试。

3.2 大 数 据

3.2.1 大数据基本概念

大数据的定义是一种规模大到在获取、存储、管理、分析方面大大超出了传统数据库软件工具能力范围的数据集合，具有海量的数据规模、快速的数据流转、多样的数据类型和价值密度低四大特征。

大数据（big data）具有大量（volume）、高速（velocity）、多样（variety）、低价值密度（value）、真实性（veracity）等特点。简称"5V"特点。

大数据包括结构化、半结构化和非结构化数据。对大数据的认识，可以从理论、技术和实践三个维度展开，如图 3-30 所示。

2015 年 9 月，国务院印发《促进大数据发展行动纲要》(以下简称《纲要》),《纲要》明确三方面主要任务，即加快政府数据开放共享，推动资源整合，提升治理能力；推动产业创新发展，培育新兴业态，助力经济转型；强化安全保障，提高管理水平，促进健康发展。贵州省随后启动我国首个大数据综合试验区的建设工作，将贵州大数

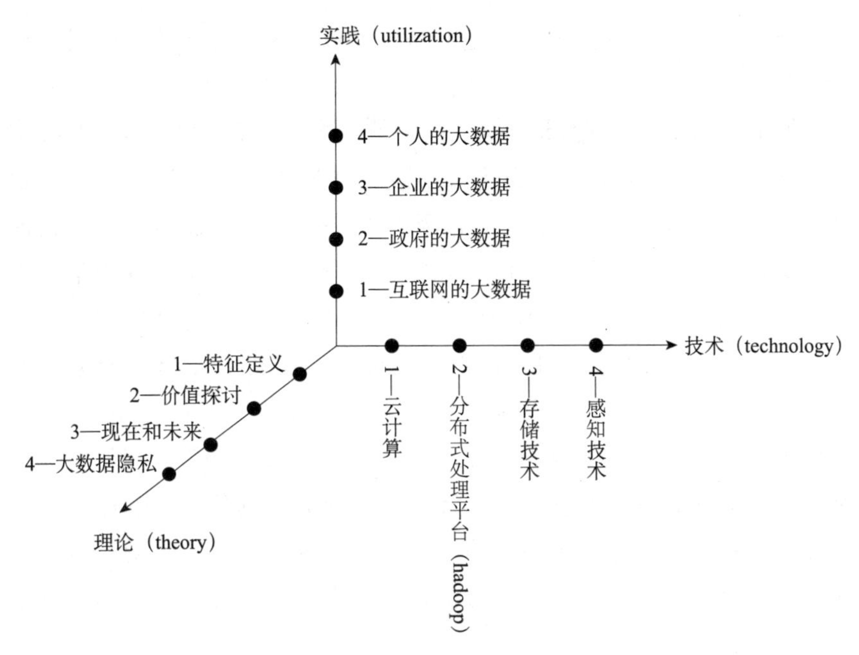

图 3-30 三维大数据框架

据综合试验区建设成为全国数据汇聚应用新高地、综合治理示范区、产业发展聚集区、创业创新首选地、政策创新先行区。“试验区”重点围绕构建“三大体系”，打造“七大平台”，实施“十大工程”。“三大体系”是指构建先行先试的政策法规体系、跨界融合的产业生态体系、防控一体的安全保障体系；“七大平台”则是指打造大数据示范平台、大数据集聚平台、大数据应用平台、大数据交易平台、大数据金融服务平台、大数据交流合作平台和大数据创业创新平台；“十大工程”即实施数据资源汇聚工程、政府数据共享开放工程、综合治理示范提升工程、大数据便民惠民工程、大数据三大业态培育工程、传统产业改造升级工程、信息基础设施提升工程、人才培养引进工程、大数据安全保障工程和大数据区域试点统筹发展工程。

2019 年年底以来，美国、欧盟和英国相继出台数据战略，探索未来的数据发展之路。2019 年 12 月 23 日，美国白宫行政管理和预算办公室发布《联邦数据战略与 2020 年行动计划》，其核心目标是“将数据作为战略资源开发”，并确立了三个层面 40 项数据管理的具体实践目标，如重视数据并促进共享，通过数据指导决策、促进各机构间数据流通等；保护数据资源的真实性、完整性和安全性；有效使用数据资源，增强数据分析能力、促进数据访问形式多样化等。2020 年 2 月 19 日，欧盟委员会公布了《欧盟数据战略》的远景目标，即到 2030 年，欧洲将成为世界上最具吸引力、最安全、最具活力的数据敏捷型经济体。即在保持高度的隐私、安全和道德标准的前提下，充分发掘数据利用的价值造福经济社会，并确保每个人能从数字红利中受益。具体有构建跨部门治理框架、加强数据投入、提升数据素养和构建数据空间四大战略措施。2020 年 9 月 9 日，英国数字、文化、媒体和体育部发布《国家数据战略》，以期帮助经济从疫情中复苏，并确立了五项数据战略任务，具体是：释放数据的价值；确保促进增长和可信的数据体制；转变政府对数据的使用，以提高效率并改善公共服务；确保数据所依赖的基础架构的安全性和韧性；倡导国际数据流动。

智慧金融大数据平台总体架构如图 3-31 所示。

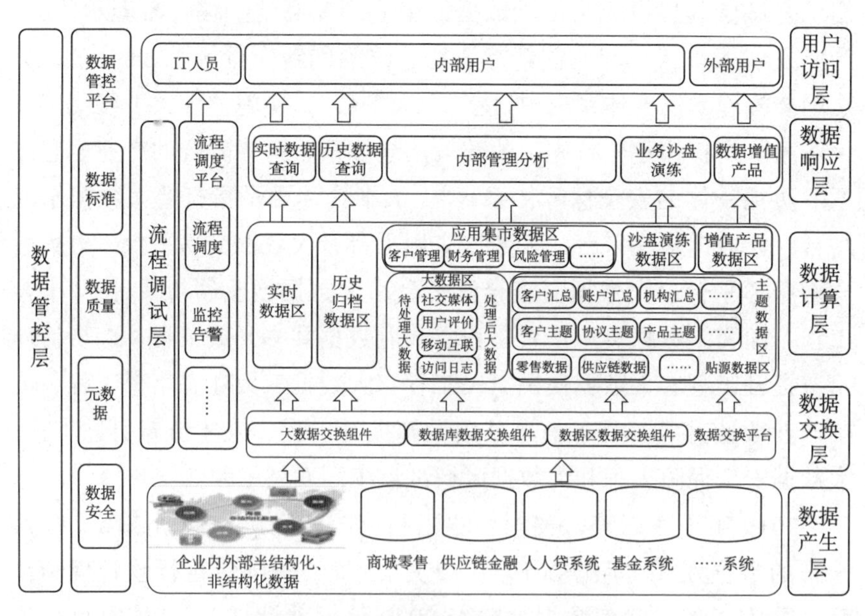

图 3-31 智慧金融大数据平台总体架构

3.2.2 大数据技术架构

大数据技术架构如图 3-32 所示，共由 ETL 模块、数据存储模块等八大模块组成，各功能模块介绍如下。

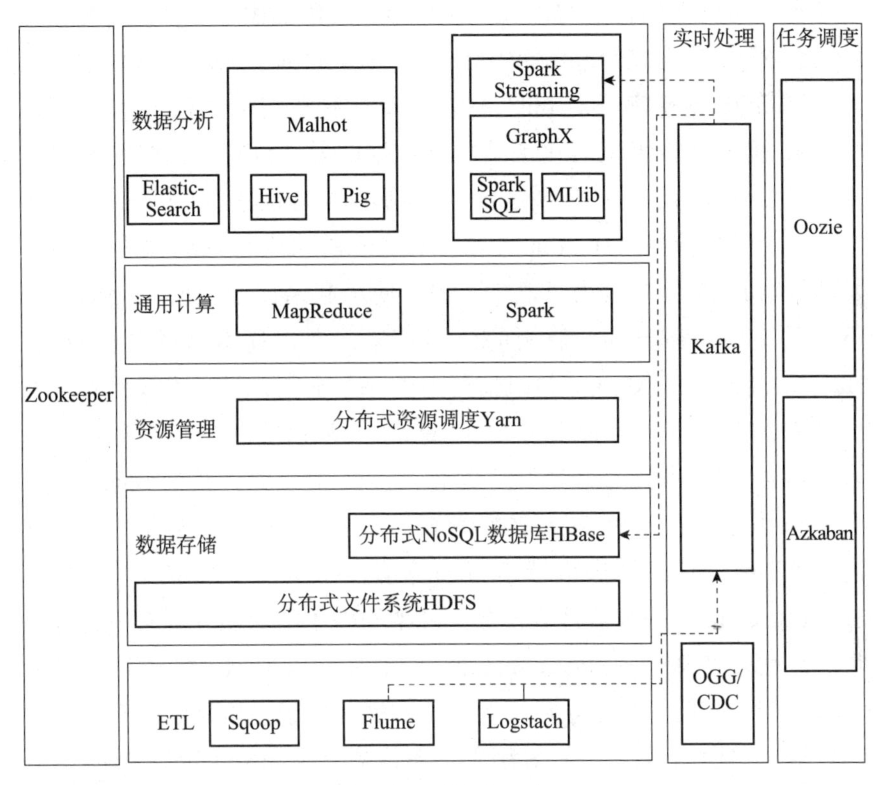

图 3-32 大数据技术架构

（1）ETL 模块。大数据的数据存储是分布式的，而且能够接受任务调度，与传统的数据存储存在差异。所以离线方式处理的数据，需要通过 ETL 模块，导入到大数据的数据存储系统进行存储；其中 Sqoop 是常见的抽取结构化数据工具；而 Flume 和 Logstach 是用于抽取非结构化、半结构化数据工具。

（2）数据存储。大数据的数据存储系统，最常见的就是分布式文件系统 HDFS；如果需要使用 NoSQL 数据库功能，则 HBase 是基于 HDFS 实现的一个分布式 NoSQL 数据库。

（3）资源管理。存储起来的数据，使用大数据的通用计算引擎 MapReduce 或 Spark 进行计算，这些计算任务会由资源管理框架——Yarn 进行调度。将任务分发到数据的存储位置——HDFS 中。

（4）通用计算。使用通用计算引擎 MapReduce 或 Spark 编写处理任务，需要使用特定的语法。在 Hadoop 生态圈的 Hive，它的作用就是将 SQL 转化成 MapReduce 任务，减少数据仓库的迁移成本，虽然它的 SQL 支持率只有 60% 左右，而且有特定的语法 HQL（Hive SQL），但已经极大地简化了结构化数据的处理过程。当然它现在也支持底层计算引擎转换为 Spark，以便提升处理性能。

（5）数据分析。Hadoop 生态圈的 Pig 的功能和 Hive 类似，但它是将 MapReduce 封装为自己的 API，使用起来比原生的 MapReduce 更容易一些；在早期，使用的公司较多，现在基本已很少被使用。Hadoop 生态圈的 Malhot 是机器学习的一个框架，可以完成机器学习的任务，底层将任务转换为 MapReduce，从而实现分布式运算。除了 Hadoop 生态圈，Spark 引擎也有自己的生态圈，其中 Spark SQL 和 Hive 功能类似，将 SQL 转换为 Spark 任务，提升结构化数据处理的易用性。MLlib 提供机器学习的功能，GraphX 完成图计算功能，Spark Streaming 完成流计算任务。在架构图中的数据分析层中，有一个产品比较特殊——ElasticSearch，它是用于大数据下的搜索与检索场景的产品，但它是独立运行的，将数据存储于本地磁盘，不依赖于 HDFS；而且它有自己的计算引擎，不依赖于 MapReduce、Spark。

（6）实时处理。实时抽取的数据，首先会进入到消息队列中，完成削弱峰值和解耦合的功能，之后便交于流处理引擎进行处理。常见的流处理引擎有 Spark Streaming、Flink。其中 Spark Streaming 是将实时处理任务转换为 Spark 这种离线批处理任务进行处理，它的原理是将一定时间间隔内的数据，转换为离线批处理任务，只要时间间隔足够短，它就可以近似实时处理。所以 Spark Streaming 的处理方式也被称为微批处理模式。而 Flink，它有自己的运算引擎，所以是真正意义上的实时计算，而不需要转换为批处理任务。数据经过处理之后，最终的结果会被存储到数据库集群中，企业常用的选型是

HBase，因为它有一个较好的特性，即可以高并发读取数据，能够满足前端系统结果的实时查询。此外，Druid、Clickhouse 也是常用的选型产品。

（7）协调服务，即 Zookeeper。Zookeeper 本质上是一个特殊的文件系统，加上消息通知机制，来完成分布式协调。例如，节点间的发现，当某个集群在第一次启动时，假设为 Kafka，它会在 Zookeeper 上的文件系统中创建自己的目录——Kafka；其中 Kafka 每个节点启动成功后，假设为 Node01，会在 Zookeeper 上的 Kafka 目录中注册，即创建自己的节点文件——Node01，Zookeeper 检测到 Kafka 目录创建了 Node01，便会通知 Kafka 中的所有节点，Node01 就加入到集群中了；而 Node01 超过一定时间没有向 Zookeeper 进行通信，Kafka 目录下的 Node01 文件便会被删除，于是 Zookeeper 便又会通知所有 Kafka 节点，Node01 节点被移除了。

（8）任务调度。大数据分析任务，一般都会有多个产品协同完成，并且存在严格的先后顺序。例如，要完成对当天数据的处理，首先需要通过 ETL 组件，将数据抽取到 HDFS 中进行存储，之后再由 Hive 或 Spark SQL 将数据接入进行处理，处理完成之后，为了保证前端的查询效率，可能再通过 ETL 组件将结果表存储到其他数据库中。其次，大数据任务的执行，如离线数据仓库，一般会选择定时执行，如子夜，对昨天的数据统一进行抽取，并处理计算。大数据的分布式任务调度组件 Azkaban、Oozie 就是来完成这些任务的，它们可以完成控制任务的执行顺序、定时执行等功能。Azkaban 相对 Oozie 来说，它的功能相对丰富，Web 界面也较为美观，在企业选型中比较常见。

3.2.3　大数据技术体系

中国信息通信研究院《大数据白皮书》（2020 年）展示了大数据技术体系图谱及相关代表性的开源软件。大数据时代，数据量大、数据源异构多样、数据实效性高等特征催生了高效完成海量异构数据存储与计算的技术需求，出现了规模并行化处理（massively parallel processing，MPP）的分布式计算架构；面向海量网页内容及日志等非结构化数据，出现了基于 Apache Hadoop 和 Spark 生态体系的分布式批处理计算框架；面向对于时效性数据进行实时计算反馈的需求，出现了 Apache Storm、Flink 和 Spark Streaming 等分布式流处理计算框架。技术体系各组成模块及典型开源软件应用说明见表 3-2。

表 3-2　大数据技术体系及开源软件代表

大数据技术体系	大数据技术子模块	软件名称	应用简介
模块一、数据分析应用技术	BI 工具	FineBI	国产商业智能软件。FineBI 是帆软软件有限公司推出的一款商业智能（business intelligence）产品，它可以通过最终业务用户自主分析企业已有的信息化数据，帮助企业发现并解决存在的问题，协助企业及时调整策略做出更好的决策，增强企业的可持续竞争性
		Tableau	国外商业智能软件。Tableau 帮助个人和组织提高数据驱动水平
		SpagoBI	传统商业智能产品使用 Java 开发，不依赖具体的操作系统，有很强的扩展能力
		Oracle BIEE	
		Cognos	
	数据可视化	AntV	AntV 是蚂蚁金服数据可视化解决方案
		DataEase	DataEase 支持丰富的数据源连接，能够通过拖拉拽方式快速制作图表，并可以方便地与他人分享
		Apache ECharts	基于 JavaScript 的数据可视化库
	数据挖掘平台	Angel	腾讯与高校联合研发的机器学习平台 Angel，专攻复杂计算场景，可进行大规模的数据训练，支撑内容推荐、广告推荐等 AI 应用场景
		KNIME	KNIME 大数据是高度评价的数据分析平台，具有广泛的适用性，并且与其他产品（如与数据库、语言、机器学习框架和深度学习框架）进行了许多集成
	深度学习	TensorFlow	一个基于数据流编程（dataflow programming）的符号数学系统，开发者为谷歌大脑
		PyTorch	PyTorch 是一个开源的 Python 机器学习库，基于 Torch，用于自然语言处理等应用程序

续表

大数据技术体系	大数据技术子模块	软件名称	应 用 简 介
模块一、数据分析应用技术	深度学习	Paddle Paddle	集深度学习、核心训练和推理框架、基础模型库、端到端开发套件、丰富的工具组件于一体，是中国首个自主研发、功能丰富、开源开放的产业级深度学习平台
	图分析	Gephi	Gephi 是一款开源免费跨平台、基于 JVM 复杂网络的分析软件其主要用于各种网络和复杂系统，动态和分层图的交互可视化与探测开源工具
		NodeXL	NodeXL 是一款易于使用的交互式网络可视化和分析工具，它利用 MS Excel 作为数据展示和分析平台
模块二、数据管理技术	元数据管理	Apache Atlas	Apache Atlas 是托管于 Apache 旗下的一款元数据管理和治理的产品
		MetaOne	MetaOne 具有完善的元数据管理、强大的应用分析和多种接口，支持 DB、OLAP、ETL、建模工具等主流商业智能工具的元数据自动获取，以及非结构化元数据的接口
	数据集成	DataX	DataX 实现包括关系型数据库（MySQL、Oracle 等）、HDFS、Hive、ODPS、HBase、FTP 等各种异构数据源（即不同的数据库）间稳定高效的数据同步功能
		Kettle	Kettle 是一个开源的 ETL 工具，也称为 Pentaho Data Integration，基于 Java 开发，支持跨平台运行，支持 100% 无编码、以拖曳方式开发 ETL 数据管道；可对接包括传统数据库、文件、大数据平台、接口、流数据等数据源；支持 ETL 数据管道加入机器学习算法
	数据建模	erwin	erwin 的全称是 erwin Data Modeler，是 erwin 公司的数据建模工具。支持各主流数据库系统
		Power Designer	设计人员不仅可以创建和管理数据的结构，而且开发和利用的数据结构能针对领先的开发工具环境快速地生成应用对象和数据敏感的组件

续表

大数据技术体系	大数据技术子模块	软件名称	应用简介
模块三、数据安全流通技术	隐私计算	Private Join and Compute	一款谷歌开源多方安全计算工具
		CrypTen	基于 Secure Machine Learning 框架
		FedAI	基于人工智能的联邦学习技术
		FedLearner	字节跳动联邦学习平台
	数据脱敏	DATPROF	
		TDMP	TDMP（tara data masking platform，测试数据管理平台）是神州数码集团独立设计、开发的一款经典的静态脱敏产品
		DBMasker	安华金和数据库脱敏系统是一款面向生产数据进行数据抽取、数据漂白和动态掩码的专业数据脱敏产品
	身份认证	Keycloak	Keycloak 是一个开源的进行身份认证和访问控制的软件，由 Red Hat 基金会开发
模块四、基础技术	流计算	Storm	Storm 是一个免费、开源的分布式实时计算系统，可以简单、高效、可靠地处理流数据，并支持多种编程语言
		Flink	Flink 是一个面向数据流处理和批量数据处理的可分布式的开源计算框架，能够支持流处理和批处理两种应用类型。Flink 中可以将本地文件、Hadoop 的 HDFS、Kafka 等作为数据源
	批量计算	Hadoop	专用于批处理的处理框架
		Spark	专用于批处理的处理框架
	图计算	GraphX	GraphX 是 Spark 生态的一个分布式图计算引擎，提供了许多的图计算接口，方便进行图的各项操作
	分布式协调系统	Eureka	Eureka 是 Netflix 系列最重要的组件之一，用来解决服务之间通信和管理服务的问题
		Consul	Consul 是 HashiCorp 公司推出的开源工具，用于实现分布式系统的服务发现与配置

续表

大数据技术体系	大数据技术子模块	软件名称	应 用 简 介
模块四、基础技术	集群管理及调度	Mesos	Mesos 是一个在多个集群计算框架中共享集群资源的管理系统，它提高了集群资源利用率，避免了每个计算框架数据复制
	工作流管理	Airflow	Airflow 是 Airbnb 开源的一个用 Python 写就的工作流管理平台（workflow management platform）
		Apache NiFi	Apache NiFi 是一个易于使用、功能强大而且可靠的数据拉取、数据处理和分发系统，用于自动化管理系统间的数据流
	图数据库	ArangoDB	ArangoDB 是一个本地多模型数据库，具有针对文档、图形和键值的灵活数据模型，使用方便，类似 SQL 的查询语言或 JavaScript 扩展构建高性能应用程序
		Neo4j	Neo4j 是一个高性能的 NoSQL 图形数据库，它将结构化数据存储在网络上而不是表中
		OrientDB	OrientDB 是指兼具文档数据库的灵活性和图形数据库管理链接能力的可深层次扩展的文档 - 图形数据库管理系统
	文档数据库	MongoDB	MongoDB 是一个基于分布式文件存储的数据库。由 C++ 语言编写，旨在为 Web 应用提供可扩展的高性能数据存储解决方案
		CouchDB	CouchDB 是一个开源的面向文档的数据库管理系统，可以通过 JSON 的 API 接口访问
		MarkLogic	MarkLogic 是唯一具有通用评估准则认证的 NoSQL 数据库
	时序数据库	InfluxDB	按时间记录一些数据（常用的监控数据、埋点统计数据等），然后制作图表做统计。
		TimescaleDB	TimescaleDB 是基于 PostgreSQL 数据库打造的一款时序数据库
	关系型数据库	MySQL	MySQL 是一款轻量级关系型数据库管理系统，它免费、开源，适用于中大型网站，MySQL 默认端口号为 3306

续表

大数据技术体系	大数据技术子模块	软件名称	应用简介
模块四、基础技术	关系型数据库	Oracle	Oracle 数据库是数据的物理存储，包括数据文件 ORA 或者 DBF、控制文件、联机日志、参数文件等
	分析型数据库	Vertica	Vertica 是专为大数据分析构建的 MPP 架构、列式存储和计算的关系数据库；Vertica 基于 X86 无共享的 MPP 架构，没有共享资源，没有主节点，也没有单点故障和瓶颈
	K-V 数据库	Redis	Redis 是一个非关系型键值对数据库
		Tair	Tair 是淘宝自己开发的一个分布式 key-value 存储引擎，Tair 分为持久化和非持久化两种使用方式
	文件存储	Hadoop	Hadoop 是 Apache 软件基金会旗下的一个开源分布式计算平台，它在可用的计算机集簇间分配数据并完成计算任务
		Ceph	Ceph 是一种统一的分布式文件系统。可以提供文件系统、块存储和对象存储，分布式体现在可以动态扩展
		GlusterFS	GlusterFS 是 scale-out 存储解决方案 Gluster 的核心，它是一个开源的分布式文件系统
	对象存储	OpenIO	OpenIO 是一个开源的对象存储解决方案，用于大规模面向性能要求的低延迟的存储架构
		MinIO	MinIO 是一款开源的对象存储服务器，兼容亚马逊的 S3 协议，能够友好支持 Kubernetes，专为 AI 等云原生工作负载而设计
		Cloudreve	Cloudreve 可快速构建出兼备自用或公用的网盘服务，通过多种存储策略的支持、虚拟文件系统等特性实现灵活的文件管理体验

大数据技术体系可以归纳总结为基础技术、数据管理技术、数据分析应用技术和数据安全流通技术四大方向。

（1）基础技术。基础技术主要为应对大数据时代的多种数据特征而产生。大数据时代数据量大，数据源异构、数据时效性高等特征催生了高效完成海量异构数据存储与计算的技术需求。面对迅速而庞大的数据量，传统集中式计算架构出现难以逾越的瓶颈，传统关系型数据库单机的存储及计算性能有限，出现了规模并行化处理的分布式计算架构，如分析型数据库 Greenplum。面对分布式架构带来的海量分布式系统间信息协同的问题，出现了以 Zookeeper 为代表的分布式协调系统；为了将分布式集群中的硬件资源以一定的策略分配给不同的计算引擎和计算任务，出现了 Yarn 等集群管理及调度引擎；面对海量计算任务带来的管理复杂度大幅提升问题，出现了面向数据任务的灵活调度工作流平台。面向海量网页内容及日志等非结构化数据，出现了基于 Apache Hadoop 和 Spark 生态体系的分布式批处理计算框架；面向对于时效性数据进行实时计算反馈的需求，出现了 Apache Storm、Flink 等分布式流处理计算框架。面对大型社交网络、知识图谱的应用要求出现了以对象及关系存储和处理为核心的分布式图计算引擎和图数据库，如 GraphX、Neo4j 等；面对海量网页、视频等非结构化的文件存储需求，出现了 MongoDB 等分布式文档数据库；面向海量设备、系统和数据运行产生的海量日志进行高效分析的需求，出现了 InfluxDB 等时序数据库；面对海量的大数据高效开放查询的要求，出现了以 Redis 为代表的 K-V 数据库。面向大规模数据集的高效、可靠及低成本的存取问题，出现了 HDFS、OpenIO 等分布式文件存储和对象存储解决方案。

（2）数据管理技术。数据管理技术助力提升数据质量与可用性。技术总是随着需求的变化而不断发展提升，在较为基本和急迫的数据存储、计算需求已经在一定程度满足后，如何将数据转化为价值成了下一个主要需求。最初，企业与组织内部的大量数据因缺乏有效的管理，普遍存在着数据质量低、获取难、整合不易、标准混乱等问题，使数据后续的使用存在众多障碍，在此情况下，用于数据整合的数据集成技术，如 DataX，用于数据架构管理的数据建模技术，如 erwin，用于数据资产管理的元数据技术，如 Apache Atlas，纷纷出现。

（3）数据分析应用技术。数据分析应用技术发掘数据资源的内蕴价值。在拥有充足的产出计算能力以及高质量可用数据的情况下，如何将数据中蕴含的价值充分挖掘并同相关的具体业务结合以实现数据的增值成了关键。各种用以发掘数据价值的数据分析技术纷纷出现，包括 ECharts、BI 工具为代表的简单统计分析与可视化展现技术，以传统机器学习、基于深度神经网络的深度学习、图分析引擎为基础的挖掘分析建模技术等。

（4）数据安全流通技术。数据安全流通技术助力安全合规的数据使用及共享。在数据价值释放初现曙光的同时，数据安全问题也越加凸显，数据泄露、数据丢失、数据滥用等安全事件层出不穷，对国家、企业和个人用户造成了恶劣影响，如何应对大数据时代下严峻的数据安全威胁，在安全合规的前提下共享及使用数据成了备受瞩目的问题，访问控制、身份识别、数据加密、数据脱敏等传统数据保护手段正积极向更加适应大数据场景的方向不断发展，同时，侧重于实现安全数据流通的隐私计算技术也成了热点发展方向。

3.2.4 大数据技术应用

下面从上述技术体系的四个方面分别阐述支撑技术的概念和典型应用。

1. 基础技术应用

（1）流计算。通过一个低延时、可扩展、高可靠的处理引擎，实时获取并分析海量数据。流计算的过程包括数据实时产生、数据实时传输、数据实时计算、实时展示等。

从数据的角度看，流计算的处理方法主要有无状态和有状态两种。无状态（stateless）指每一个进入的记录独立于其他记录。不同记录之间没有任何关系，它们可以被独立处理和持久化，如 Map、Fliter、静态数据 Join 等操作。有状态（stateful）指处理进入的记录依赖于之前记录处理的结果。因此，需要维护不同数据处理之间的中间信息。每一个进入的记录都可以读取和更新该信息，这个中间信息被称作状态（state）。例如，独立键的聚合计数、去重等。

对应地，状态处理也分为过程状态和数据状态两种。过程状态是流计算的元数据（metadata），用于追踪和记录至今已经被处理的数据偏移量及流处理系统当前的状态。在流的世界中，这些元数据包括检查点和保存点以及保存已经处理数据的偏移量（offset）等。这些信息是任何高可靠流处理的基本，同时被无状态和有状态处理需要。数据状态指这些中间数据来自于数据（目前为止处理过的），它需要在记录之间维护（只在有状态模式下需要维护）。

流计算的典型应用有以下几种。

① Storm 是 Twitter 开源的分布式实时大数据处理框架，它为实时计算提供了一些简单高效的原语，而且 Storm 的 Trident 是基于 Storm 原语更高级的抽象框架，类似于基于 Hadoop 的 Pig 框架，让开发更加便利和高效。Storm 进程常驻内存，永久运行，Storm 数据不经过磁盘，在内存中流转，通过网络直接发送给下游。

Hadoop 是磁盘级计算，进行计算时，数据在磁盘上，需要读写磁盘；与 Hadoop 相比，Storm 是内存级计算，数据直接通过网络导入内存。读写内存比读写磁盘速度快 n 个数量级，磁盘访问延迟约为内存访问延迟的 75 000 倍。Storm 的网络直传、内存计算，其时延比 Hadoop 通过 HDFS 传输低得多；当计算模型比较适合流式时，Storm 的流式处理，省去了批处理收集数据的时间；因为 Storm 是服务型的作业，也省去了作业调度的时延。所以从时延上来看，Storm 要快于 Hadoop。

其应用场景包括推荐系统（实时推荐，根据下单或加入购物车推荐相关商品）、金融系统、预警系统、网站统计（实时销量、流量统计）、交通路况实时系统等。

② Spark 是伯克利大学 AMP 实验室于 2009 年开发的，它继承了 MapReduce 分布式计算的优点并改进了 MapReduce 明显的缺陷。

由于 Spark 的中间数据存放于内存中，有更高的迭代运算效率，而 Hadoop 每次迭代的中间数据存放在 HDFS 中，设计硬盘的读写，明显降低了运算效率。一般情况下，对于迭代次数较多的应用程序，Spark 程序在内存中的运行速度是 Hadoop MapReduce 运行速度的 100 多倍，在磁盘上的运行速度是 Hadoop MapReduce 运行速度的 10 多倍，如图 3-33 所示。

此外，Spark 还具有易用、通用、简洁等特点。Spark 提供了

Spark RDD、Spark SQL、Spark Streaming、Spark MLlib、Spark GraphX 等技术组件，可以一站式地完成大数据领域的离线批处理、交互式查询、流计算、机器学习、图计算等常见的任务。MapReduce 十几行的代码用 Scala 写的程序在 Spark 上仅需要一行就能解决，代码如下。

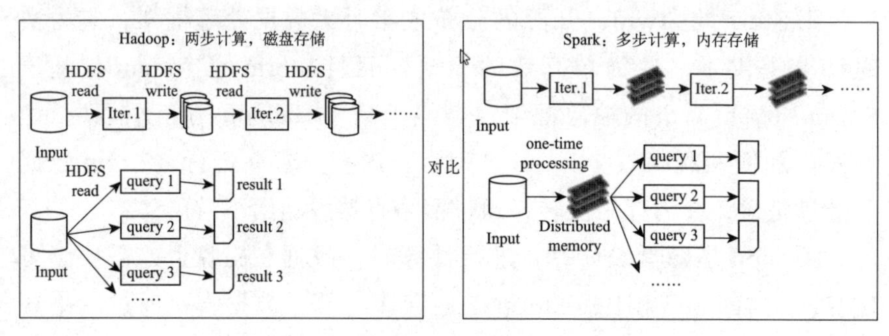

图 3-33　Hadoop 和 Spark 计算比较

```
sc.textFile("/user/root/a.txt").flatMap(_.split("")).
map((_, 1)).reduceByKey(_+_).saveAsTextFile("/user/
root/output")
```

Spark 生态系统如图 3-34 所示。

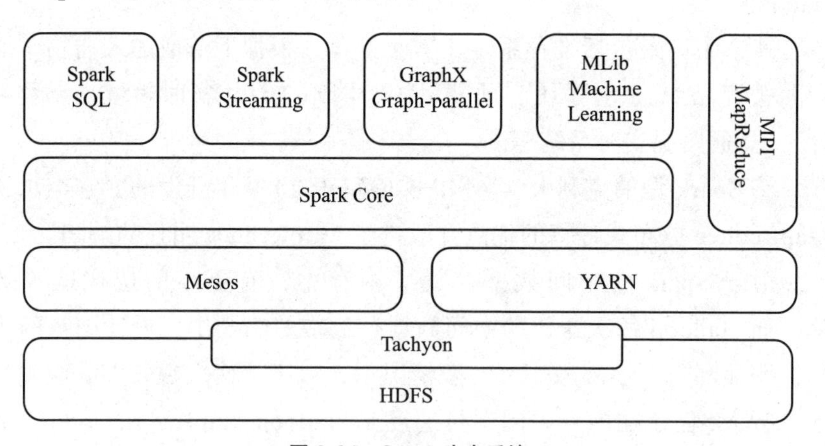

图 3-34　Spark 生态系统

③ Apache Flink 是由 Apache 软件基金会开发的开源流处理框架，其核心是用 Java 和 Scala 编写的分布式流数据引擎。Flink 以数据并

行（分布式）和流水线方式执行任意流数据程序，Flink 的流水线运行时系统可以执行批处理和流处理程序，可以说是“流批一体”的大数据计算引擎。阿里巴巴所有的实时业务都采用基于 Flink 搭建的实时计算平台。

Flink 程序在执行后被映射到流数据流，每个 Flink 数据流以一个或多个源（数据输入，如消息队列或文件系统）开始，并以一个或多个接收器（数据输出，如消息队列、文件系统或数据库等）结束。Flink 可以对流执行任意数量的变换，这些流可以被编排为有向无环数据流图，允许应用程序分支和合并数据流。

Flink 还提供了不同级别的 API 来进行应用开发，抽象级别由低到高，依次为底层 Stateful Stream Processing、中间层 Data Stream API、上层 Table API 和 SQL。

Flink 流批一体系统架构如图 3-35 所示。

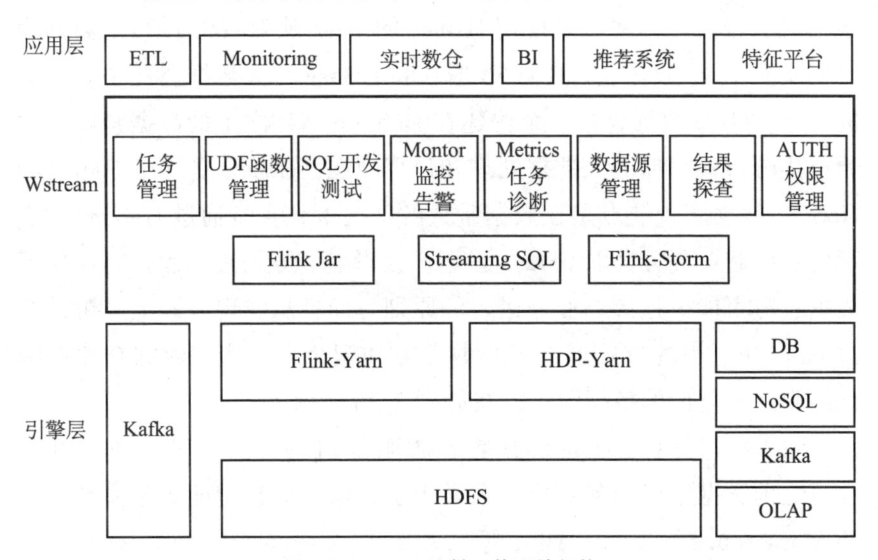

图 3-35　Flink 流批一体系统架构

在执行引擎层时，流处理系统与批处理系统最大的不同在于节点间的数据传输方式。对于一个流处理系统，其节点间数据传输的标准模型是，当一条数据被处理完成后，序列化到缓存中，然后立刻通过网络传输到下一个节点，由下一个节点继续处理。而对于一个批处理系统，其节点间数据传输的标准模型是，当一条数据被处理完成后，序列化到缓存中，并不会立刻通过网络传输到下一个节点，当缓存写满，就持久化到本地硬盘上，当所有数据都被处理完成后，才开始将处理后的数据通过网络传输到下一个节点。这两种数据传输模式是两个极端，对应的是流处理系统对低延迟的要求和批处理系统对高吞吐量的要求。

随着大数据技术的发展，越来越多的企业开始构建大数据平台进行数据处理。HBase 数据库（Hadoop database）是一个高可靠性、高性能、面向列、可伸缩的分布式存储系统。现有技术采用以下两种方案将 HBase 数据增量同步到 Hive 数据仓。方案一是根据业务表中的字段抓取增量数据，由于 HBase 是基于 RowKey 的 NoSQL 数据库，所以需要通过扫描全表，再根据字段关键信息和时间过滤出当天的增量，当数据量达到千万甚至亿级时，这种方案的执行效率就会很低，运行时长很长。方案二是使用 HBase 的 Hive 映射表将 HBase 数据增量同步到 Hive 数据仓，Hive 数据仓和 HBase 在大数据架构中处在不同位置，Hive 数据仓是一个构建在 Hadoop 基础之上的数据仓库，主要解决分布式存储的大数据处理和计算问题，HBase 是基于 HDFS 的 NoSQL 数据库。缺点是在数据量大的情况下，直接通过 Hive 映射表读取会引起业务方读取 HBase 阻塞，会影响业务的正常运行，违反了数据仓尽可能少地影响业务运行的原则。而且从实现方式上来讲，通过 Hive 映射表的方式增加了与业务方的耦合度，违反数据仓建设解耦原则。优化后的数据同步方案如图 3-36 所示。

（2）批量计算。批量计算是指对静态数据的批量处理，即当开始计算之前数据已经准备到位，主要用于数据挖掘和验证业务模型，包括 MapReduce、Spark、Hive 等。

批量计算的典型应用有以下几种。Hadoop MapReduce 是一种编程模型，用于大规模数据集（大于 1TB）的并行运算，map（映射）和 reduce（归约）是它们的主要思想，极大地方便了编程人员在不会分布式并行编程的情况下，将自己的程序运行在分布式系统上。Spark 拥有 Hadoop MapReduce 所具有的优点，但不同于 MapReduce

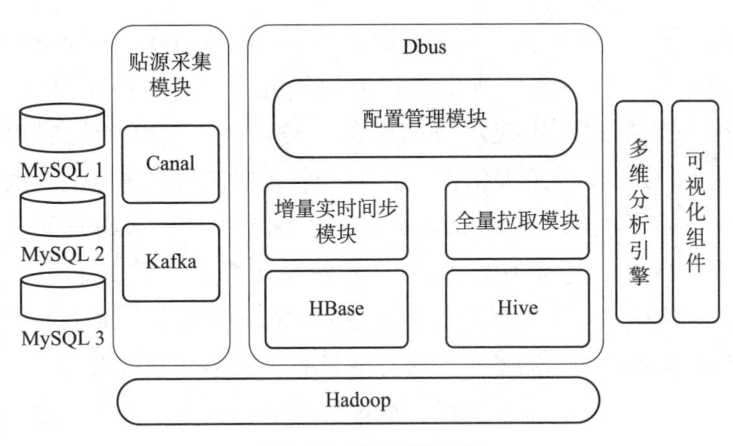

图 3-36 数据同步方案

的是 Spark 中间输出的结果可以保存在内存中，从而不再需要读写 HDFS，因此 Spark 能更好地适用于数据挖掘与机器学习等需要迭代的场景。Hive 是基于 Hadoop 的一个数据仓库工具，用来进行数据的提取、转化、加载，这是一种可以存储、查询和分析存储在 Hadoop 中的大规模数据的机制。

（3）图计算。以图作为数据模型来表达问题并予以解决的过程，包括 GraphLab、GraphX、Giraph 及 Gelly 等。

图计算的典型应用有以下几种：GraphLab 是由卡内基－梅隆大学的 Select 实验室在 2010 年提出的一个基于图像处理模型的开源图计算框架，框架使用 C++ 语言开发实现。该框架是面向机器学习的流处理并行计算框架，可以运行在多处理机的单机系统、集群或是亚马逊的 EC2 等多种环境下。框架的设计目标是像 MapReduce 一样高度抽象，可以高效执行与机器学习相关的、具有稀疏的计算依赖特性的迭代性算法，并且保证计算过程中数据的高度一致性和高效的并行计算性能。GraphX 是一个分布式图处理框架，它是基于 Spark 平台提供对图计算和图挖掘简洁易用且丰富的接口，极大地方便了对分布式图处理的需求。Giraph 是图计算引擎，基于 Hadoop，编程模型接近于 Pregel，主要特点是支持大图。

（4）分布式协调系统。分布式协调技术主要用来解决分布式环境当中多个进程之间的同步控制，让它们有序地去访问某种临界资源，防止造成脏数据的后果，主要包括 Zookeeper、Eureka、Consul 等。

分布式协调系统的典型应用有以下几种。Zookeeper 是一个开放源码的分布式应用程序协调服务，是谷歌一个开源的实现，是 Hadoop 和 HBase 的重要组件。它是一个为分布式应用提供一致性服务的软件，提供的功能包括配置维护、域名服务、分布式同步、组服务等。Eureka 是 Netflix 开发的服务发现框架，本身是一个基于 REST 的服务，主要用于定位运行在 AWS 域中的中间层服务，以达到负载均衡和中间层服务故障转移的目的。Consul 是谷歌开源的一个使用 Go 语言开发的服务发现、配置管理中心服务。内置了服务注册与发现框架、分布一致性协议实现、健康检查、Key-Value 存储、多数据中心方案，不再需要依赖其他工具。

（5）集群管理及调度。集群管理及调度主要负责将集群中的硬件资源以一定的策略分配给不同的计算任务，主要包括 Ambori、Mesos、Yarn 等。

集群管理及调度的典型应用有以下几种。Ambori 是一种基于 Web 的工具，支持 Apache Hadoop 集群的供应、管理和监控。Ambari 支持大多数 Hadoop 组件，包括 HDFS、MapReduce、Hive、Pig、HBase、Zookeeper、Sqoop 和 HCatalog 等。Mesos 可以将整个数据中心的资源（包括中央处理器、内存、存储、网络等）进行抽象和调度，让应用共享集群资源，并无须关心资源的分布情况。Yarn 是一种新的 Hadoop 资源管理器，它是一个通用资源管理系统，可为上层应用提供统一的资源管理和调度，它的引入为集群在利用率、资源统一管理和数据共享等方面带来了巨大好处。

（6）工作流管理。工作流含义很广，这里指能对各种数据任务进行灵活编排和调度的工具，包括 Airflow、Apache NiFi、Oozie 等，很多企业大数据工作流管理都跟自身的数据开发管理平台紧耦合。

工作流管理的典型应用有以下几种。Airflow 是 Airbnb 开源的一个用 Python 编写的工作流管理平台，用于编排复杂计算工作流和数据处理流水线。如果用户发现自己运行的是执行时间长的计划脚本任务，或者是大数据的批处理任务，Airflow 就是负责解决这种问题的平台。Apache NiFi 是 Apache 支持下基于可视化流程设计的数据分发平台，是大数据的搬运、提取、推送、转换、聚合、分发的开源软件工具，能够与 Hadoop 生态系统的大数据存储和各种文件、REST 服务、SOAP 服务、消息服务等联合使用，构成一体化的数据流服务。Oozie 起源于雅虎，主要用于管理与组织 Hadoop 工作流。Oozie 的工作流必须是一个有向无环图，实际上 Oozie 就相当于 Hadoop 的一个客户端，当用户需要执行多个关联的 MR 任务时，只需要将 MR 执行顺序写入 workflow.xml，然后使用 Oozie 提交本次任务，Oozie 就会托管此任务流。

（7）图数据库。NoSQL 数据库的一种类型，它应用图形理论存储实体之间的关系信息。最常见例子就是社会网络中人与人之间的关系。关系型数据库用于存储“关系型”数据的效果并不好，其查询复杂、缓慢、超出预期，而图形数据库的独特设计恰恰弥补了这个缺陷，主要包括 ArangoDB、Neo4j、OrientDB 等。

图数据库的典型应用有以下几种。ArangoDB 是一个原生多模型数据库，兼有键值对、图和文档数据模型，提供了涵盖三种数据模型的统一的数据库查询语言，并允许在单个查询中混合使用三种模型。Neo4j 是一个高性能的 NoSQL 图形数据库，它将结构化数据存储在网络上而不是表中。它是一个嵌入式的、基于磁盘的、具备完全的事务特性的 Java 持久化引擎，Neo4j 也可以被看作是一个高性能的图引擎，该引擎具有成熟数据库的所有特性。OrientDB 是一个开源的多模型 NoSQL 数据库，支持原生图形、文档全文、响应性、地理空间和面向对象等概念。它使用 Java 编写，速度非常快，在普通硬件上，每秒可存储 220 000 条记录。对于文档数据库，它还支持 ACID 事务处理。

（8）文档数据库。文档数据库被用来管理文档，在传统的数据库中，信息被分割成离散的数据段，而在文档数据库中，文档是处理信息的基本单位，包括 MongoDB、CouchDB、MarkLogic 等。

文档数据库的典型应用有以下几种。MongoDB 是一个基于分布式文件存储的数据库。由 C++ 语言编写。旨在为 Web 应用提供可扩展的高性能数据存储解决方案，它支持的数据结构非常松散，是类似JSON的BSON格式，因此可以存储比较复杂的数据类型。MongoDB最大的特点是它支持的查询语言非常强大。CouchDB是一个开源的面向文档的数据库管理系统，可以通过JSON的API接口访问。Couch是cluster of unreliable commodity hardware的首字母缩写，它反映了CouchDB的目标具有高度可伸缩性，提供了高可用性和高可靠性，即使运行在容易出现故障的硬件上也是如此。MarkLogic是一种NoSQL数据库，能同时储存结构化和非结构化数据解决方案，包括JSON、XML、RDF、坐标、二进制数据（PDF、图片、视频）等，而不仅仅是结构化的数据存储。

（9）时序数据库。主要用于指处理带时间标签（按照时间的顺序变化，即时间序列化）的数据，带时间标签的数据也称为时间序列数据，主要包括InfluxDB、TimescaleDB等。

时序数据库的典型应用有以下几种。InfluxDB是一个由InfluxData开发的开源时序型数据库。它由Go写成，着力于高性能地查询与存储时序型数据。TimescaleDB是唯一支持完整SQL的开放源代码时间序列数据库。它易于使用，如传统的关系数据库，并按以前为NoSQL数据库保留的方式进行缩放。

（10）分析型数据库。面向分析应用的数据库，与传统的数据库不同，它可以对数据进行在线统计、数据在线分析、随即查询等操作，是数据库产品一个重要的分支，主要包括Greenplum、Vertica、ClickHouse等。

分析型数据库的典型应用有以下几种。Greenplum DW/BI软件可以在虚拟化X86服务器上运行无分享（shared-nothing）的大规模并行处理MPP架构。Vertica是一款基于列存储的MPP（massively parallel processing）架构的数据库。ClickHouse是一款MPP架构的列式存储数据库，其从OLAP场景需求出发，定制开发了一套全新的高效列式存储引擎，并且实现了数据有序存储、主键索引、稀疏索引、数据分片、数据划分、TTL、主备复制等丰富功能。以上功能共同为ClickHouse极速的分析性能奠定了基础。

（11）K-V数据库。是一种以键值对存储数据的数据库，类似Java中的Map。可以将整个数据库理解为一个大的Map，每个键都会对应一个唯一的值。Key-Value分布式存储系统查询速度快、存放数据量大、支持高并发，非常适合通过主键进行查询，但不能进行复杂的条件查询，主要包括Redis、Tair及Memcached等。

K-V数据库的典型应用有以下几种。Redis是一个使用ANSI C语言编写、遵守BSD协议、支持网络、可基于内存、分布式、可选持久性的键值对的开源存储数据库，Redis还提供多种语言的API接口。Tair是阿里云数据库Redis的企业版，是基于阿里集团内部使用的Tair产品研发的云上托管键值对缓存服务。Tair作为一个高可用、高性能的分布式NoSQL数据库，专注于多数据结构的缓存与高速存储场景，完全兼容Redis协议。Memcached是一个自由开源的、高性能、分布式内存对象缓存系统。

（12）文件存储。文件存储的数据是以一个个文件的形式来管理，操作对象是文件和文件夹，存储协议是NFS、SAMBA（SMB）、POSIX等，它跟传统的文件系统如Ext4是一个类型的，但区别在于分布式文件存储提供了并行化的能力，主要包括HDFS、Ceph、GlusterFS等。

文件存储的典型应用有以下几种。HDFS指被设计成适合运行在通用硬件（commodity hardware）上的分布式文件系统（distributed file system），它是一个高度容错性的系统，适合部署在廉价的机器上，能提供高吞吐量的数据访问，非常适合大规模数据集上的应用。Ceph是一个统一的分布式存储系统，设计初衷是提供较好的性能、可靠性和可扩展性。GlusterFS是一个可扩展的网络文件系统，相比其他分布式文件系统，GlusterFS具有高扩展性、高可用性、高性能、可横向扩展等特点，并且它没有元数据服务器的设计，让整个服务没有单点故障的隐患。

（13）对象存储。也称为基于对象的存储，是一种数据存储，其中每个数据单元存储被称为对象的离散单元。对象可以是离散单元，类似于PDF，音频，图像或视频文件。这些对象实际上可以是任何类型的数据和任何大小的数据。对象存储中的所有对象都存储在单个平面地址空间中，而没有文件夹层次结构。一个对象通常包含三个部分，即对象的数据、对象的元数据以及一个全局唯一的标识符（即对象的 ID）。对象存储采用分布式架构，容量和处理能力弹性扩展，存储协议是 S3、Swift 等，主要包括 OpenIO、MinIO 及 Cloudreve 等。

对象存储的典型应用有以下几种。OpenIO 是一个开源的对象存储解决方案，用于大规模面向性能要求的低延迟的存储架构，特别为体积小量大的存储对象，发布容易，添加存储设备无须对数据进行重新分配。MinIO 兼容亚马逊的 S3 分布式对象存储项目，采用 Golang 实现，客户端支持 Java、Python、JavaScript、Golang 语言。MinIO 可以作为云存储的解决方案用来保存海量的图片、视频、文档。由于采用 Golang 语言，服务端可以在 Windows、Linux、OS X 和 FreeBSD 上工作。Cloudreve 是一款国人开发的开源免费的网盘系统，借助 Cloudreve 能够快速搭建起公私兼备的网盘。Cloudreve 支持使用七牛云存储、阿里云 OSS、又拍云、亚马逊 S3 等对象作为存储后端，也支持本地服务器、远程服务器和 OneDrive 等作为存储后端，另外也支持 aria 2 离线下载。

2. 数据管理技术应用

（1）元数据管理。元数据管理统一管控业务元数据、技术元数据、管理元数据等，并面向开发人员、最终用户提供元数据服务，对业务系统和数据分析平台的开发、维护过程提供支持，元数据管理软件包括 Apache Atlas 等，各个行业大多有自己独特的元数据管理软件。

元数据管理的典型应用有以下几种。Apache Atlas 为组织提供开放式元数据管理和治理功能，用以构建其数据资产目录，对这些资产进行分类和管理，并为数据分析师和数据治理团队提供围绕这些数据资产的协作功能。MetaCube 是普元发布的全面支撑自服务的大数据治理平台。

（2）数据集成。数据集成是把不同来源、格式、特点性质的数据在逻辑上或物理上有机集中，从而为企业提供全面的数据共享。

数据集成的典型应用有以下几种。DataX 是阿里开源的一个异构数据源离线同步工具，致力于实现包括关系型数据库（MySQL、Oracle 等）、HDFS、Hive、ODPS、HBase、FTP 等各种异构数据源之间稳定高效的数据同步功能。Kettle 是一款国外开源的 ETL 工具，Java 编写，绿色无须安装，数据抽取高效稳定（数据迁移工具）。

（3）数据建模。数据建模指的是对现实世界各类数据的抽象，包括建立数据库实体以及各实体之间的关系等，主要包括的产品为 erwin、PowerDesigner 等。

数据建模的典型应用有以下几种。erwin 是业界领先的数据建模解决方案，它提供了一个简单的，可视化界面来管理复杂的数据环境。PowerDesigner 是美国 Sybase 的企业建模和设计解决方案，采用模型驱动方法，将业务与 IT 结合起来，可帮助部署有效的企业体系架构，并为研发生命周期管理提供强大的分析与设计技术。

3. 数据分析技术应用

（1）BI 工具。BI 即商业智能，无须编程的数据可视化工具，是一套完整的解决方案，用来将企业中现有的数据进行有效的整合，快速准确地提供报表并提出决策依据，帮助企业做出明智的业务经营决策，包括 Tableau、FineBI、Power BI、Spago BI、Quick BI、QlikView、iCharts、Grow、Visme、Datawrapper 等。

BI 工具的典型应用有以下几种。Tableau 是人人可用的数据可视化分析工具。FineBI 是帆软新一代自助大数据分析 BI 工具。Power BI 是微软用于分析数据和共享见解的一套可视化业务分析工具。Spago BI 是开源商业智能套件。Quick BI 是阿里轻量级自助 BI 工具服务平台。

（2）数据可视化开发工具。这是一种更为灵活的可视化编程开发工具，包括 ECharts、D3.js、Plotly、Chart.js、Google Charts、Ember Charts、Chartist.js、AntV 等。

数据可视化开发工具的典型应用有以下几种。ECharts 最初由百度团队开源，基于 JavaScript 的数据可视化图表库，提供直观、生动、可交互、可个性化定制的数据可视化图表。D3.js 用于数据可视化的开源的 JavaScript 函数库，被认为是很好的 JavaScript 可视化框架之一。Plotly 是一个知名的、功能强大的数据可视化框架，可以构建交互式图形和创建丰富多样的图表和地图。AntV 是蚂蚁金服全新一代数据可视化解决方案，致力于提供一套简单方便、专业可靠、无限可能的数据可视化最佳实践。

（3）数据挖掘平台。这是一种提供机器学习训练和发布的平台，使数据挖掘可视化成为一种趋势，包括 Angel、KNIME、Rapid Miner、IBM SPSS Modeler、Oracle Data Mining、SAS Data Mining、Apache Mahout、Spark MLlib、Python/R、PAI 等。

数据挖掘平台的典型应用有以下几种。Angel 是腾讯、香港科技大学等联合研发，使用 Java 和 Scala 语言开发，面向机器学习的高性能分布式计算框架。KNIME 是一个用户友好、可理解、全面的开源数据集成、处理、分析和探索平台，它有一个图形用户界面，帮助用户方便地连接节点进行数据处理。Rapid Miner 是一款不需要编程就可以进行数据分析和数据挖掘的软件，简单易学，人机界面也十分友好。IBM SPSS Modeler 以图形化的界面、简单的拖曳方式来快速构建数据挖掘分析模型著称，它允许在不编程的情况下生成各种数据挖掘算法。Oracle Data Mining 是 Oracle SQL Developer 的一个扩展，数据分析师通过它能够查看数据、构建和评估多个机器学习模型、数据挖掘模型以及加速模型部署。SAS Data Mining 提供了一个易于使用的 GUI，其描述性和预测性建模提供了更好的理解数据的见解，还包括可升级处理、自动化、强化算法、建模、数据可视化和勘探等先进工具。Apache Mahout 是 ASF 旗下的一个开源项目，提供一些可扩展的机器学习领域经典算法的实现，旨在帮助开发人员更加方便快捷地创建智能应用程序。Spark MLlib 是 Spark 对常用的机器学习算法的实现库，同时包括相关的测试和数据生成器。

（4）深度学习引擎。提供深度学习训练和发布的平台，包括 TensorFlow、Paddle Paddle、Caffe 2、Theano、Keras、MXNet 等。

深度学习引擎算法的典型应用有以下几种。TensorFlow 是一个使用数据流图（data flow graphs）进行数值计算的开源软件库，可以看成是一个嵌入Python的编程语言，TensorFlow代码会被Python编译成一张图，然后由TensorFlow执行引擎运行。Theano是一个比较低层的库，它支持自动的函数梯度计算，带有Python接口并集成了NumPy，这使它从一开始就成了通用深度学习领域最常使用的库之一，由于它不支持多GPU和水平扩展，已经开始被遗忘。PyTorch是一个开源的Python机器学习库，本质上是NumPy的替代者，支持GPU，带有高级功能，可以用来搭建和训练深度神经网络。Caffe 2有优秀的后端，PyTorch有优秀的前端，整合起来以后可以最大化开发者的效率。Keras是一个由Python编写的开源人工神经网络库，是一个非常高层的库，可以作为TensorFlow、Microsoft-CNTK和Theano的高阶应用程序接口，进行深度学习模型的设计、调试、评估、应用和可视化，Keras强调极简主义——只需几行代码就能构建一个神经网络。Deeplearning4j是为Java和Java虚拟机编写的开源深度学习库，是广泛支持各种深度学习算法的运算框架。Paddle Paddle是一个集深度学习核心框架、工具组件和服务平台为一体的技术先进、功能完备的开源深度学习平台。MXNet是亚马逊的一款为提高效率和灵活性的深度学习框架。它允许混合符号编程和命令式编程，从而最大限度提高效率和生产力。CNTK是微软出品的一个开源的深度学习工具包，可以运行在CPU上，也可以运行在GPU上。CNTK的所有API接口均基于C++设计，因此在速度和可用性上具有很好表现。

（5）图分析。图分析使用基于图的方法来分析连接的数据，可以查询图数据，使用基本统计信息，可视化地探索图、展示图，或者将图信息预处理后合并到机器学习任务中，图分析引擎包括Gephi、NodeXL等。

图分析的典型应用有以下几种。Gephi是开源免费跨平台基于JVM的复杂网络分析软件，其主要用于各种网络和复杂系统，因它简单、易学、出图美观而备受青睐。NodeXL是一个功能强大且易于使用的交互式网络可视化和分析工具，它以MS Excel（Excel 2007或者Excel 2010）模板的形式，利用MS Excel作为数据展示和分析平台。Palantir是一种人和机器的高效结合的平台，它是一个数据分析平台，通过图（graphs）、地图（maps）、统计（statistics）、集合（set theory）论分析结构或非结构化数据。

4. 数据安全流通技术应用

（1）隐私计算。指在保证数据提供方不泄露敏感数据的前提下，对数据进行分析计算并能验证计算结果的信息技术。广义上是指面向隐私保护的计算系统与技术，涵盖数据的产生、存储、计算、应用、销毁等信息流程全过程，想要达成的效果是使数据在各个环节中"可用不可见"，包括Private Join and Compute、CrypTen、FedAI及FedLearner等。

隐私计算的典型应用有以下几种。Private Join and Compute是谷歌开源的多方计算（MPC）工具，以帮助组织机构更好地处理机密数据集，Private Join and Compute是一种密码协议，可供双方联合用于研究工作，在相互共享数据之前对数据进行加密。该系统确保每一方都不会暴露自己的原始数据，而且所有的标识符以及相关数据仍然是完全加密的而且无法在共享进程中读取。解密和共享的唯一内容以汇总统计信息的形式呈现，然后组织机构可以使用它来发现共性并收集情报。CrypTen是Facebook开源的多方安全计算（MPC）的框架，其底层依赖于深度学习框架PyTorch。FedAI是联邦学习生态，同时也是一个促进AI多方建模的技术社区，使用联邦学习技术能够满足用户隐私保护、数据安全、数据保密和政府法规的要求。FedLearner是字节跳动开源的联邦机器学习平台。

（2）数据脱敏。指对某些敏感信息通过脱敏规则进行数据的变形，实现敏感隐私数据的可靠保护。在涉及客户安全数据或者一些商业性敏感数据的情况下，在不违反系统规则的条件下，对真实数据进行改造并提供测试使用，如身份证号、手机号、卡号、客户号等个人信息都需要进行数据脱敏，主要包括DATPROF、IRI、ShardingSphere等。

数据脱敏的典型应用有以下几种。DATPROF提供了一种掩盖和生成用于测试数据库的数据的智能方法，它以一种非常简单且经过验证的方式为子集数据库提供了获得专利的算法。IRI是一家成立于1978年的美国ISV，以CoSort快速数据转换，FieldShield数据屏蔽和RowGen测试数据产品而闻名。IRI还将这些捆绑在一起，并将数据发现、集成、迁移、治理和分析整合到一个称为Voracity的大数据管理平台中。ShardingSphere是一套开源的分布式数据库中间件解决方案组成的生态圈，数据脱敏模块属于ShardingSphere分布式治理这一核心功能下的子功能模块。它通过对用户输入的SQL进行解析，并依据用户提供的脱敏配置对SQL进行改写，从而实现对原文数据进行加密，并将原文数据（可选）及密文数据同时存储到底层数据库。在用户查询数据时，它又从数据库中取出密文数据，并对其解密，最终将解密后的原始数据返回给用户。

（3）身份认证。指通过一定的手段，完成对用户身份的确认，身份验证的方法有很多，基本上可分为基于共享密钥的身份验证、基于生物学特征的身份验证和基于公开密钥加密算法的身份验证，主要包括CAS、Keycloak、Kerberos等。

身份认证的典型应用有以下几种。CAS（central authentication service）指统一身份认证。SSO（single sign on，单点登录）指在多个应用系统中，只需登录一次，即可在多个应用系统之间共享登录，利用CAS实现SSO可以很大程度地降低开发和维护的成本。Keycloak能为浏览器和RESTful Web服务提供SSO的集成。Kerberos是一种计算机网络授权协议，用来在非安全网络中，对个人通信以安全的手段进行身份认证。

3.3 云 计 算

3.3.1 基本概念

2006年8月9日，谷歌首席执行官埃里克·施密特（Eric Schmidt）在搜索引擎大会上，首次提出“云计算”（cloud computing）的概念。这是第一次正式地提出云计算这一概念，有着里程碑式的意义，通常也被称为互联网的第三次革命。2008年，微软发布其公共云计算平台，即 Windows Azure Platform，由此拉开了微软的云计算大幕。2009年1月，阿里软件在江苏南京建立了首个"电子商务云计算中心"，同年8月，北京互联网法院发布《互联网技术司法应用白皮书》。可见，"云"实质上就是一个能够提供可无限扩展资源的网络节点，云计算是与信息技术、软件、互联网相关的一种服务，它包括云计算软件、云计算方案、云计算服务、云计算资源等方面。

与传统的网络应用模式相比，云计算具有技术虚拟化（包括应用虚拟和资源虚拟）、动态可扩展、按需部署、高灵活性、高性比等显著特点。

云计算的服务类型分为三类，即基础设施即服务（IaaS）、平台即服务（PaaS）和软件即服务（SaaS）。这3种云计算服务有时被称为云计算堆栈。其中基础设施即服务（IaaS）是主要的服务类别之一，它向云计算提供商的个人或组织提供虚拟化计算资源，如虚拟机、存储、网络和操作系统。基础设施即服务（IaaS）是一种服务类别，为开发人员提供通过全球互联网构建应用程序和服务的平台。平台即服务（PaaS）为开发、测试和管理软件应用程序提供按需开发环境。软件即服务（SaaS）也是服务的一类，通过互联网提供按需软件付费应用程序，云计算提供商托管和管理软件应用程序，并允许其用户连接到应用程序并通过全球互联网访问应用程序。在云计算中，根据其服务类型不同，可划分为应用层、平台层、设施层和虚拟层四个层次，对应的服务类型如图3-37所示。

云计算涉及虚拟化技术（如 VMware）、并行编程模型（如 Map Reduce）、海量数据分布存储（包括 GFS 和 Hadoop）和海量数据管理技术（如 BigTable）等关键技术。

截止2021年年末，我国云计算市场规模达到3 229亿元，增速为54.4%。其中，公有云市场规模达到2 181亿元，同比增长70.8%，私有云市场规模达1 048亿元，同比增长28.7%。

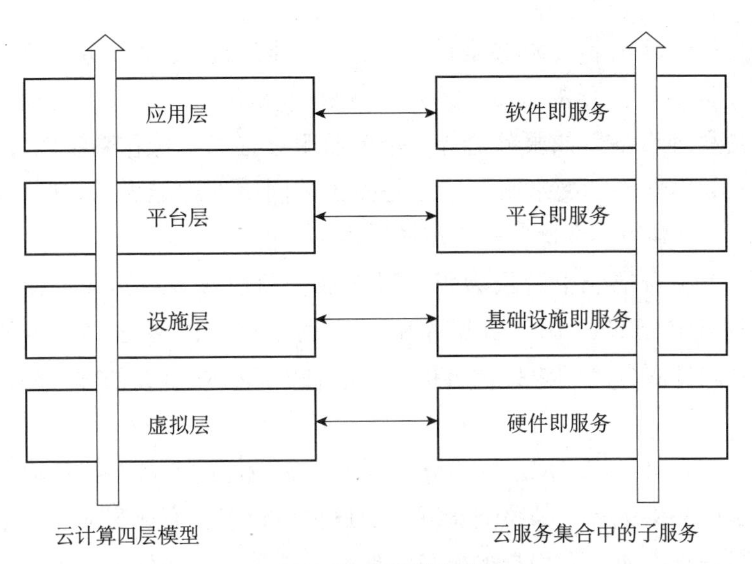

图 3-37　四种服务类型

3.3.2　云计算技术架构

云计算体系结构包括资源层、平台层、应用层、访问层和管理层五部分，如图 3-38 所示。

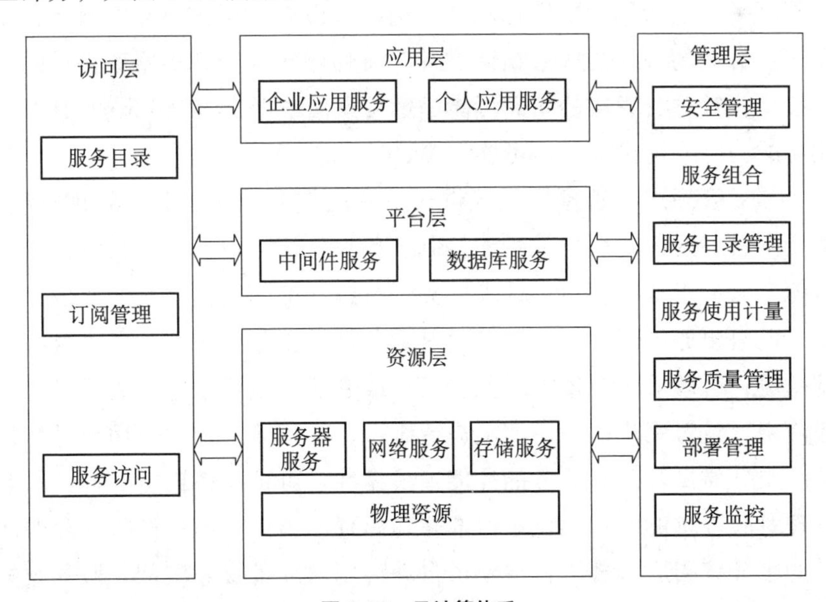

图 3-38　云计算体系

（1）资源层。资源层是指基础架构层面的云计算服务，这些服务可以提供虚拟化的资源，从而隐藏物理资源的复杂性。物理资源指的是物理设备，如服务器等。服务器服务指的是操作系统的环境，如 Linux 集群等。网络服务指的是提供的网络处理能力，如防火墙、VLAN、负载等。存储服务为用户提供存储能力。

（2）平台层。平台层为用户提供对资源层服务的封装，使用户可以构建自己的应用。数据库服务提供可扩展的数据库处理的能力。中间件服务为用户提供可扩展的消息中间件或事务处理中间件等服务。

（3）应用层。应用层提供软件服务。企业应用服务是指为面向企业的用户提供服务，如财务管理、客户关系管理、商业智能等。个人应用服务指面向个人用户的服务，如电子邮件、文本处理、个人信息存储等。

（4）访问层。访问层是方便用户使用云计算服务所需的各种支撑服务，针对每个层次的云计算服务都需要提供相应的访问接口。服务目录是一个服务列表，用户可以从中选择需要使用的云计算服务。订阅管理是提供给用户的管理功能，用户可以查阅自己订阅的服务，或者终止订阅的服务。服务访问是针对每种层次的云计算服务提供的访问接口，针对资源层的访问可能是远程桌面或者 X Windows，针对应用层的访问，提供的接口可能是 Web。

（5）管理层。管理层是提供对所有层次云计算服务的管理功能，如安全管理提供对服务的授权控制、用户认证、审计、一致性检查等功能。服务组合提供对云计算服务进行组合的功能，使新的服务可以基于已有服务创建时间。服务目录管理提供服务目录和服务本身的管理功能，管理员可以增加新的服务，或者从服务目录中除去服务。服务使用计量对用户的使用情况进行统计，并以此为依据对用户进行计费。服务质量管理对服务的性能、可靠性、可扩展性进行管理。部署管理对服务实例的自动化进行部署和配置，当用户通过订阅管理增加新的服务订阅后，部署管理模块自动为用户准备服务实例。服务监控提供对服务的健康状态的记录。

3.3.3　云计算应用与实践

云计算技术可广泛应用于医疗、教育、金融、农业、智慧城市管理等各个领域。

（1）医疗云。指在云计算、移动技术、多媒体、4G通信、大数据，以及物联网等新技术基础上，结合医疗技术，使用云计算来创建医疗健康服务云平台，实现医疗资源的共享和医疗范围的扩大。因为云计算技术的运用与结合，医疗云提高了医疗机构的效率，方便居民就医。例如，医院的预约挂号、电子病历、医保等都是云计算与医疗领域结合的产物，医疗云还具有数据安全、信息共享、动态扩展、布局全国的优势。

（2）金融云。指利用云计算的模型，将信息、金融和服务等功能分散到庞大分支机构构成的互联网云中，旨在为银行、保险和基金等金融机构提供互联网处理和运行服务，同时共享互联网资源，从而解决现有问题并且达到高效、低成本的目标。在2013年11月27日，阿里云整合阿里巴巴旗下资源并推出阿里金融云服务。其实，这就是现在基本普及了的快捷支付，因为金融与云计算的结合，现在只需要在手机上简单操作，就可以完成银行存款、购买保险和基金买卖。现在，不仅阿里巴巴推出了金融云服务，苏宁金融、腾讯等企业也推出了自己的金融云服务。

（3）教育云。实质上是指教育信息化的一种发展。具体的，教育云可以将所需要的任何教育硬件资源虚拟化，然后将其传入互联网中，以向教育机构和学生老师提供一个方便快捷的平台。现在流行的慕课就是教育云的一种应用。慕课指的是大规模开放的在线课程。现阶段慕课的三大优秀平台为Coursera、edX以及Udacity，在国内，中国大学慕课也是非常好的平台。2013年10月10日，清华大学推出慕课平台——学堂在线，许多大学现已使用学堂在线开设了一些课程的慕课。

3.4 人工智能

3.4.1 基本概念

人工智能（artificial intelligence，AI）是研究、开发用于模拟、延伸和扩展人的智能的理论、方法、技术及应用系统的一门新的技术科学，与基因工程、纳米科学并称21世纪三大尖端技术。人工智能是计算机科学的一个分枝，该领域的研究包括机器人、语言识别、图像识别、自然语言处理和专家系统等，它涉及哲学、认知科学、数学、神经生理学、心理学、计算机科学、信息论、控制论等学科。

2021年7月13日，中国互联网协会发布了《中国互联网发展报告（2021)》。《报告》显示，2020年，人工智能产业规模达到了3 031亿元，同比增长15%，增速略高于全球的平均增速。产业主要集中在北京、上海、广东、浙江等省份，我国在人工智能芯片领域、深度学习软件架构领域、中文自然语言处理领域进展显著。2021年9月25日，中关村论坛在中关村国家自主创新示范区展示中心举行的全体会议上发布了《新一代人工智能伦理规范》，旨在将伦理融入人工智能全生命周期，为从事人工智能相关活动的自然人、法人和其他相关机构等提供伦理指引，促进人工智能健康发展。

根据中国新一代人工智能发展战略研究院数据显示，2020年人工智能企业核心技术分布中，大数据和云计算占比最高，达到41.13%；其次是硬件、机器学习和推荐、服务机器人，占比分别为7.64%、6.81%和5.64%；物联网、工业机器人、语音识别和自然语言处理分别占比5.55%、5.47%、4.76%。2020年度中国人工智能企业产业核心技术分布如图3-39所示。

关于人工智能的发展方向，《重大领域交叉前沿方向2021》（2021年9月13日由浙江大学中国科教战略研究院发布）认为当前以大数据、

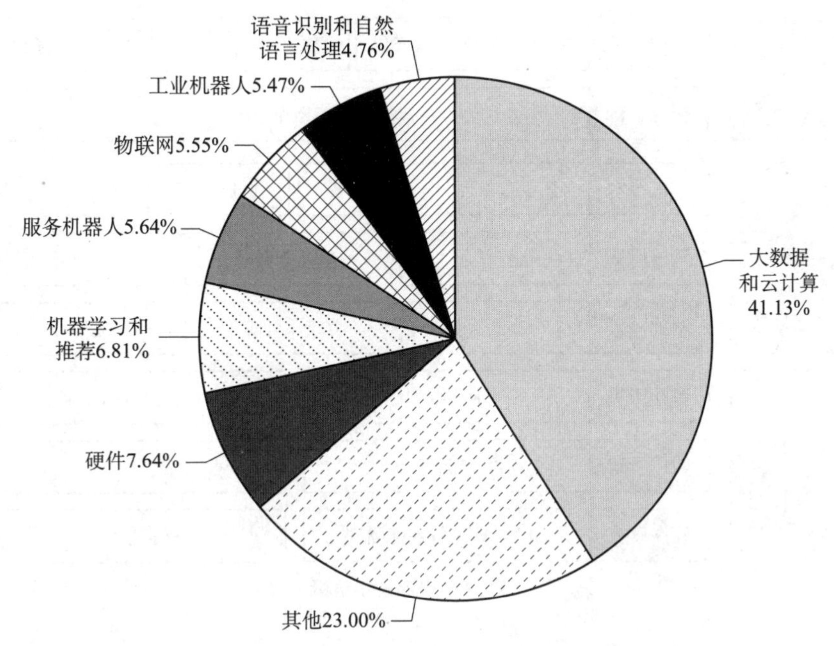

图 3-39　2020 年度中国人工智能企业产业核心技术分布

深度学习和算力为基础的人工智能在语音识别、人脸识别等以模式识别为特点的技术应用上已较为成熟，但对于需要专家知识、逻辑推理或领域迁移的复杂性任务，人工智能系统的能力还远远不足。基于统计的深度学习注重关联关系，缺少因果分析，使人工智能系统的可解释性差，处理动态性和不确定性能力弱，难以与人类自然交互，在一些敏感应用中容易带来安全和伦理风险。类脑智能、认知智能、混合增强智能是重要发展方向。随着云计算、大数据、机器学习等技术的发展和成熟，人工智能的数字化落地场景正不断拓展，给企业带来的实际业务价值正日益凸显。根据普华永道预测，中国 2030 年 GDP 将达到 38 万亿美元，其中 7 万亿美元为 AI 驱动。

3.4.2　人工智能技术架构

人工智能技术架构和应用场景同样也分为基础层、技术层和应用层，人工智能技术架构与应用场景，如图 3-40 所示。

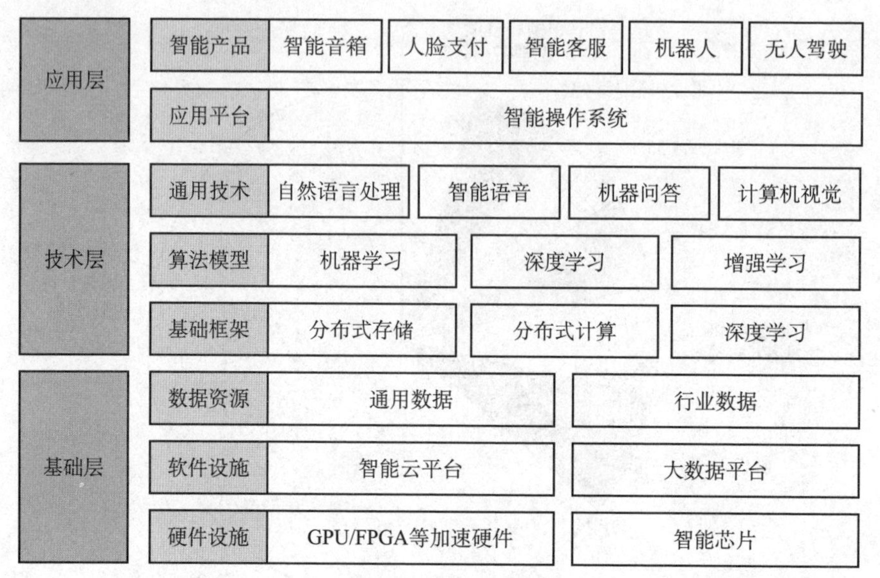

(a) 人工私服技术架构

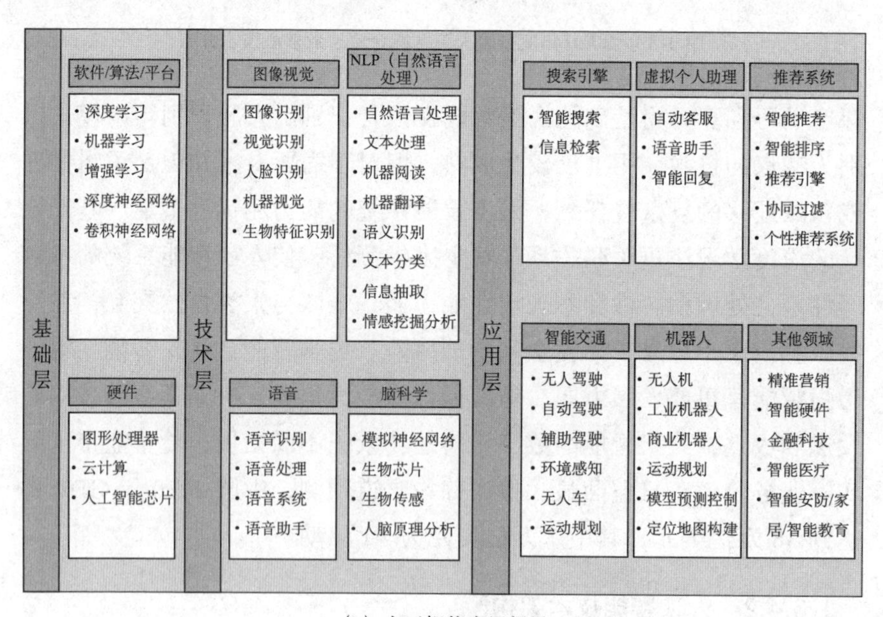

(b) 人工智能应用场景

图 3-40　人工智能技术架构与应用场景

3.4.3　人工智能应用与实践

人工智能的实现方法主要有两种不同的方法。一种是采用传统的编程技术，使系统呈现出智能效果，而不考虑所用方法是否与人类或动物机体所用的方法相同。这种方法叫工程学方法（engineering approach），它已在一些领域内做出了成果，如文字识别、计算机下棋等。另一种是模拟法（modeling approach），它不仅要看效果，还要求实现方法也和人类或动物机体所用的方法相同或相类似。遗传算法（generic algorithm，GA）和人工神经网络（artificial neural network，ANN）均属后一类型。遗传算法模拟人类或动物的遗传—进化机制，人工神经网络则是模拟人类或动物大脑中神经细胞的活动方式。为了得到相同智能效果，两种方式通常都可使用。采用前一种方法，需要编程者详细规定程序逻辑，如果游戏简单，还是方便的；如果游戏复杂，角色数量和活动空间增加，相应的逻辑就会很复杂（按指数式增长），人工编程就非常烦琐，容易出错。而一旦出错，就必须修改原程序，重新编译、调试，最后为用户提供一个新的版本或提供一个新补丁，非常麻烦。采用后一种方法时，编程者要为每一个角色设计一个智能系统（一个模块）进行控制，这个智能系统（模块）开始什么也不懂，就像初生婴儿那样，但它能够学习，能渐渐地适应环境，应对各种复杂情况。这种系统开始也常犯错误，但它能吸取教训，下一次运行时就可能改正，至少不会永远错下去，不需要发布新版本或打补丁。利用这种方法来实现人工智能，要求编程者使用生物学的思考方式，入门难度大一点。但一旦入了门，就能得到广泛应用。由于这种方法在编程时无须对角色的活动规律做详细规定，所以用于复杂问题时通常会比前一种方法更省力。纵观人工智能所涉及的核心技术、应用技术和典型应用场景，可以大致勾勒出目前人工智能技术与应用体系图，如图3-41所示。

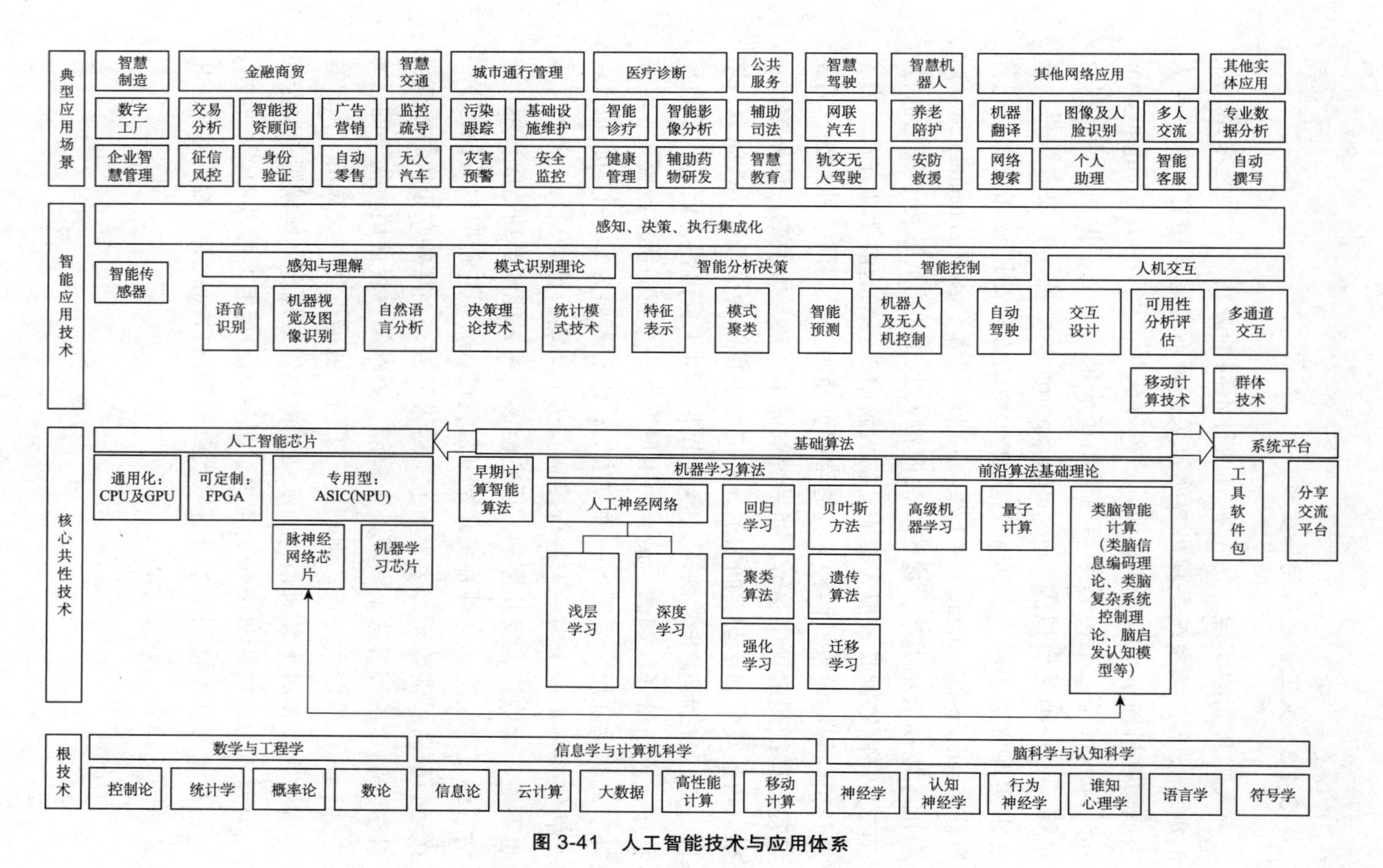

图 3-41 人工智能技术与应用体系

3.5　金融科技应用场景

3.5.1　大数据赋能金融应用

金融行业一直较为重视大数据技术的发展。相比常规商业分析手段，大数据可以使业务决策具有前瞻性，让企业战略的制定过程更加理性化，实现生产资源优化分配，依据市场变化迅速调整业务策略，提高用户体验以及资金周转率，降低库存积压的风险，从而获取更高的利润。

当前，大数据在金融行业典型的应用场景有以下方面。

1. 大数据在银行业应用

在银行业的应用主要表现在两个方面。

一是信贷风险评估。以往银行对企业客户的违约风险评估多基于过往的信贷数据和交易数据等静态数据，内外部数据资源整合后的大数据可提供前瞻性预测。

二是供应链金融。利用大数据技术，银行可以根据企业之间的投资、控股、借贷、担保及股东和法人之间的关系，形成企业之间的关系图谱，利于企业分析及风险控制。

2. 大数据在证券业应用

在证券行业的应用主要表现在三个方面。

一是股市行情预测。大数据可以有效拓宽证券企业量化投资数据维度，帮助企业更精准地了解市场行情，通过构建更多元的量化因子，投研模型会更加完善。证券企业应用大数据对海量数据进行持续性跟踪监测，对账本投资收益率、持仓率、资金流动情况等一系列指标进行统计分析，拓宽证券企业量化投资数据维度，构建投研模型，对股票市场行情进行预测。

二是股价预测。大数据技术通过收集并分析社交网络，如微博、朋友圈、专业论坛等渠道上的结构化和非结构化数据，形成市场主观判断因素和投资者情绪打分，从而量化股价中人为因素的变化预期。

证券行业投资模型中主要参考三个变量：投资项目计划的现金流、公司资本的估算成本、股票市场对投资的反应（市场情绪）。

三是智能投资顾问。智能投资顾问业务提供线上投资顾问服务，基于客户的风险偏好、交易行为等个性化数据，依靠大数据量化模型，为客户提供低门槛、低费率的个性化财富管理方案。

3. 大数据在保险业应用

在保险行业的应用主要表现为大数据在互联网金融行业中的应用。在移动互联网时代，客户在消费需求和消费行为上快速转变。在消费需求上，客户需求出现细化；在消费行为上，客户消费渠道呈多样化。因此，互联网金融企业急需一种更为精准的营销解决方案。具体来讲，互联网金融行业精准营销的主要应用目标分为三点：一是精准定位营销对象；二是精准提供智能决策方案；三是精准业务流程。从而实现精准营销的"一站式"操作。

由上述分析可知，大数据与金融的关系涉及两个绕不开的概念，就是大数据金融和金融大数据。

金融大数据和大数据金融是两个具有不同内涵的概念，有必要在区分各自内涵的基础上，通过分析金融大数据构成来说明用于金融决策的信息来源，通过分析大数据金融这一动态过程来论证大数据、互联网和人工智能等的融合对金融决策行为的重塑。

因此，相对于工业大数据、农业大数据、消费大数据、投资大数据、社交媒体大数据以及人们衣食住行各种分类的大数据，金融大数据具体可指由金融机构、厂商、个人和政府当局在投资、储蓄、利率、股票、期货、债券、资金拆借、货币发行量、期票贴现和再贴现等方面涉及的数据集合。金融大数据结构形式可用下面一组连等公式表示。

金融大数据 = 行为数据流（既成事实的数据）+ 想法数据流（预测性质的数据）。也可更直观地等于"历史数据"加"现期数据"再加"未来数据"。

具备了这些思维习惯，再来理解大数据金融就显而易见了，大数据金融主要是指运用大数据分析方法从事金融活动的方法和过程，即厂商、个人和政府通过云计算、机器学习、物联网、区块链等人工智能技术来匹配金融大数据的方法和过程。大数据金融更多地体现了运用大数据工具进行金融业务的决策过程，它强调金融活动主体在互联网扩张过程中掌握和运用云平台、云计算、机器学习、物联网、区块链等人工智能技术手段对金融行为和金融决策的效能。也因此，可以推理出大数据金融的结构形式：

大数据金融 = 大数据（及其云平台）+ 人工智能计算方法（工具）+ 金融决策（行为）

3.5.2 云计算赋能金融应用

金融云计算指利用云计算模型构成原理，将各金融机构及相关机构的数据中心互联互通，构成云网络，以提高金融机构迅速发现并解决问题的能力，提升整体工作效率，改善流程，降低运营成本，为客户提供更便捷的金融服务和金融信息服务。云计算基本架构如图 3-42 所示，主要由云基础设施、云平台、云应用三部分组成。

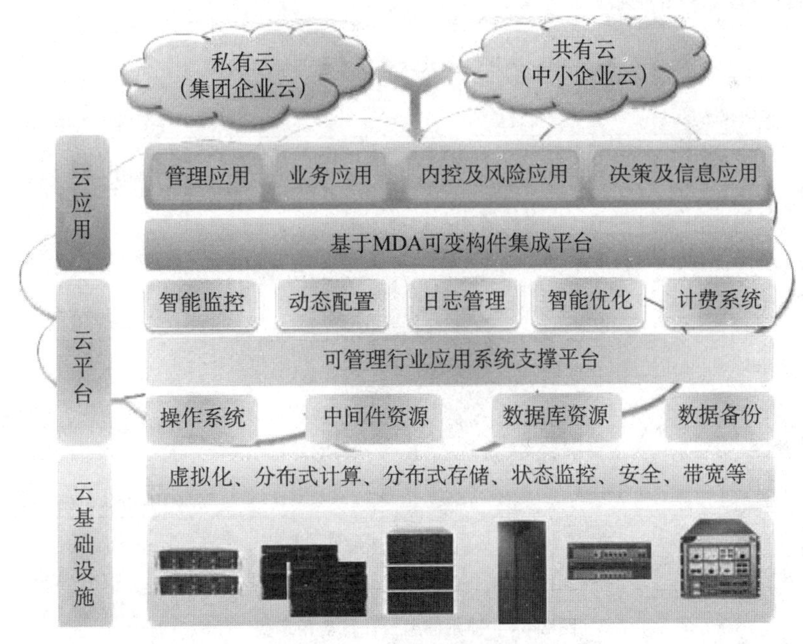

图 3-42 云计算机构架构

云化是行业信息化发展的刚需，混合 IT 是未来企业 IT 的标准环境。神州信息面向混合 IT 环境，可为行业客户提供行业私有云、混合云及公有云服务，并以咨询先导、服务跟进的方式，加强云技术产品的研发，提升云服务能力，创新云业务模式。神州信息云计算技术服务整体架构如图 3-43 所示，神州信息的云计算应用场景如图 3-44 所示。

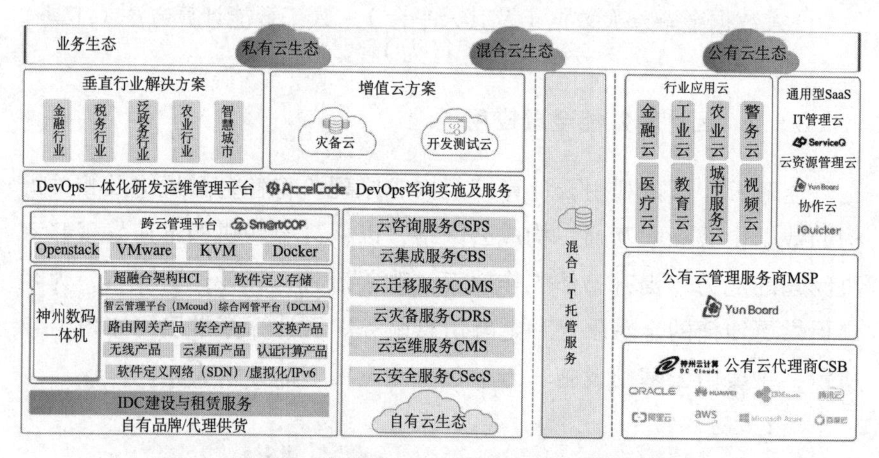

图 3-43 神州信息云计算技术服务整体架构

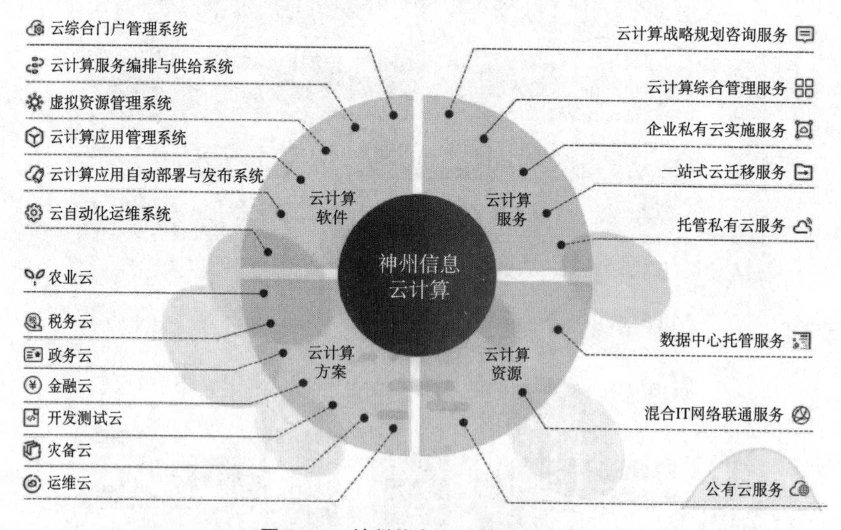

图 3-44 神州信息云计算应用场景

云计算能够为金融机构存储和处理海量增长的数据，省去机构在建立和管理内部架构上花费的成本，帮助机构能够快速构建云上业务体系。以下是云计算为更快推动金融技术进入未来的 4 种方式。

（1）金融数据的存储及管理。对于金融科技公司而言，从身份验证流程到账户管理、余额、分析支出习惯等数据的获取、存储、计算都是重中之重。公司可以使用云计算来安全地收集和存储大量数据，并使其随时可访问。这意味着，只要员工具有正确的凭据，就可以随时随地自动完成此操作。有孚网络凭借着以北京、上海、深圳为中心，涵盖京津冀、长三角、粤港澳大湾区等重要热点区域的数据中心布局，针对金融行业数据存储的诸多需求，构建的全分布式架构能够海量扩展存储空间，满足金融行业数据存储需要的快速扩容、高安全性和高可用性等要求。

（2）架构的可扩展性和灵活性。金融技术作为快速增长的平台，意味着需要一个可以持续扩增的基础架构，云计算提供了相对容易扩展的敏捷性，节省了本地技术基础架构，即使对于传统的银行结构，云平台也提供了适应分支机构的能力，将基础架构迁移到云平台中可增强业务的可访问性，灵活性和可扩展性。

有孚云存储分布式结构自带良好的扩展性，能够轻松处理 PB 级存储，横向扩展存储架构能够对整体性能进行提高，实现高效扩容，有效解决海量数据的存储和高速计算的问题。

（3）客户数据资料安全保障。尽管大众早期就对云计算技术的安全性和数据保护有所关注，但事实证明，云计算技术是相当安全的。毫无疑问，对于金融科技企业来说，采用新技术时，安全性是他们的首要考虑因素。

有孚网络提供的两地三中心金融级数据中心，打造业务流量跨数据中心实时同步的异构双活模式。数据中心全部为高等级并通过等保三级认证，物理分散逻辑统一，节点可保证用户数据就近接入，确保金融业务系统的可靠性、连续性。同时提供多云纳管，可对金融机构内现有的公有云、私有云、IT 存储等进行统一纳管，有效利用并治理机构内现有数据中心、私有云等资源。该架构具备更低的延迟，并可降低网络中断的风险。

（4）分支机构自动化运维。当新冠疫情在 2020 年年初全面爆发时，远程自助服务技术成为一种趋势和强需求。随着全球疫情的持续，实体银行分支机构的线下应用自助化的态势将持续延续。基于云计算的自助服务应用程序，可帮助金融科技企业以相对较快的速度交付该技术。

有孚网络的自动化运维品牌——有孚蓝鲸，是结合企业管理流程、面向企业运维，提供标准化、平台化、场景化的一站式运维解决方案，打破运维管理中的烟囱式管理僵局，帮助实现长期持续的自主云上运维。打通部门之间的沟通壁垒，建立起高效的联动机制，从而建立高效、快速的工作机制。

云计算是一种敏捷技术，如果没有这种敏捷性，金融行业的一些最新进展将不可能实现。在新基建政策的推动下，产业信息化将不断升级，云计算作为新基建的重要阵地之一，将为金融机构实现业务创新改革提供有力支持，为金融行业的快速升级之路助力赋能。其中比较典型的金融云蚂蚁金融云、腾讯金融云。

蚂蚁金服通过过去十五年的沉淀，已经能够向行业提供完整的数字金融解决方案。包括构建千亿级复杂关系网络实时决策能力的图计算平台 GeaBase、金融级分布式架构 SOFAStack、金融级分布式数据库 OceanBase、移动端技术平台 mPaaS、智能风控引擎 AlphaRisk、智能营销平台、新一代智能客服、金融级生物识别、蚂蚁风险大脑等产品和解决方案。以 OceanBase 为例，早在十多年前，蚂蚁金服就自主研发了这套面向金融级分布式的关系数据库，这是一个专长于高可用、一致性的分布式数据库，结合蚂蚁自研的金融级分布式中间件，整个系统具备百万级每秒的伸缩支付能力，成功经受住了"双十一"交易量每年翻三倍的考验。从生态层面看，蚂蚁金服旗下有支付宝、余额宝、招财宝、蚂蚁聚宝、网商银行、蚂蚁花呗、芝麻信用、蚂蚁金融云、蚂蚁达客等子业务板块。其中支付业务服务目前已覆盖 13 种不同的消费场景，包括网购、零售店、游戏、日常缴费、餐饮、汇款、公益、信贷、金融服务、充值、校园服务、交通和医疗服务，未来通过对云计算技术的应用，蚂蚁金服在场景创新应用方面也会加速向金融客户与合作伙伴开放，由此起到更多的作用和价值。

蚂蚁金融云架构如图 3-45 所示。

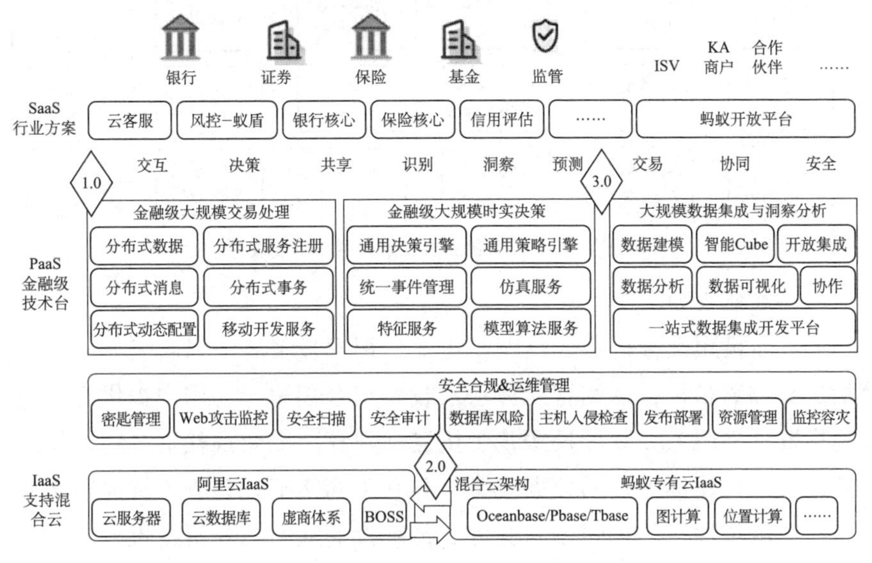

图 3-45　蚂蚁金融云架构

3.5.3　人工智能赋能金融应用

现代科技赋能金融业的发展，经历了 IT 金融阶段、互联网金融阶段和现在的人工智能金融（也有学者称之为智慧金融）阶段，各阶段有自己的典型特征。在 IT 金融阶段，金融行业通过信息系统实现办公业务的电子化与自动化，增强数据交互能力，提升服务效率；在互联网金融阶段，利用互联网平台与移动智能终端汇集海量用户数据，打通各参与方信息交互驱动，变革金融服务方式；人工智能金融阶段则是基于新一代人工智能技术助力金融行业转型，最大限度地减少信息不对称带来的风险，降低交易决策的成本，充分发掘客户信息需求与潜在价值。

根据艾瑞咨询发布的《中国人工智能＋金融行业研究报告（2018）》显示，在智能支付、智能客服、智能风控、智能投顾等多个场景中，人工智能技术都有了成熟的应用，如图 3-46 所示。

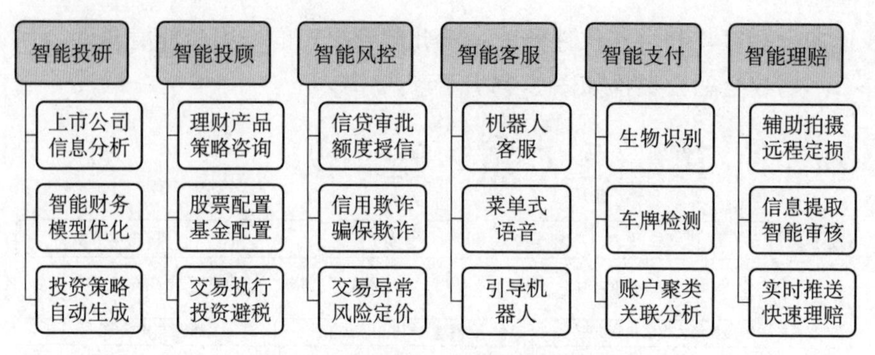

图 3-46　人工智能 + 金融典型应用场景

1. 智能投顾

智能投顾又称机器人投顾，主要是根据投资者的风险偏好、财务状况与理财目标，运用智能算法及投资组合理论，为用户提供智能化的投资管理服务。智能投顾基于机器学习算法以及现代资产组合优化理论，来构建标准化的数据模型，并利用网络平台和人工智能技术对客户提供个性化的理财顾问服务。传统投资顾问需要站在投资者的角度，帮助投资者进行符合其风险偏好特征、适应某一特定时期市场表现的投资组合管理。智能投顾的应用价值在于可代替或部分替代昂贵的财务顾问人工服务，将投资顾问服务标准化、批量化，降低服务成本，降低财富管理的费率和投资门槛，实现更加普遍的投顾服务。智能投顾技术架构如图 3-47 所示。

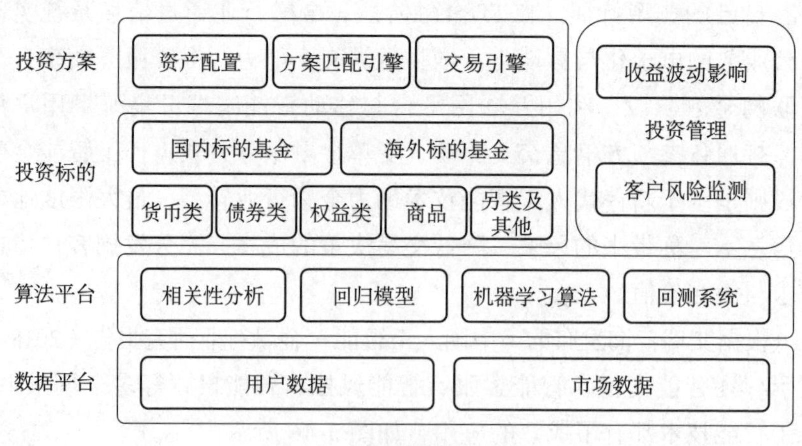

图 3-47　智能投顾技术架构

2. 智能风控

知识图谱、深度学习等技术应用于征信反欺诈领域，其模式是将不同来源的结构化和非结构化大数据整合在一起，分析如企业上下游、合作对手、竞争对手、母子公司、投资等关系数据，使用知识图谱等技术大规模监测其中存在的不一致性，发现可能存在的欺诈疑点。在信用风险管理方面，关联知识图谱可以利用“大数据 + 人工智能技术”建立的信用评估模型，刻画精准的用户画像，对用户进行综合评定，提高风险管控能力。

3. 智能投研

传统投研业务需要收集大量的资料，进行数据分析和报告撰写，投研人员每天需要耗费大量时间进行数据的收集与处理。智能投研基于大数据、机器学习和知识图谱技术，将数据、信息、决策进行智能整合，并实现数据之间的智能化关联，形成文档供分析师、投资者使用，辅助决策，甚至自动生成投研报告。智能投研技术架构如图 3-48 所示。

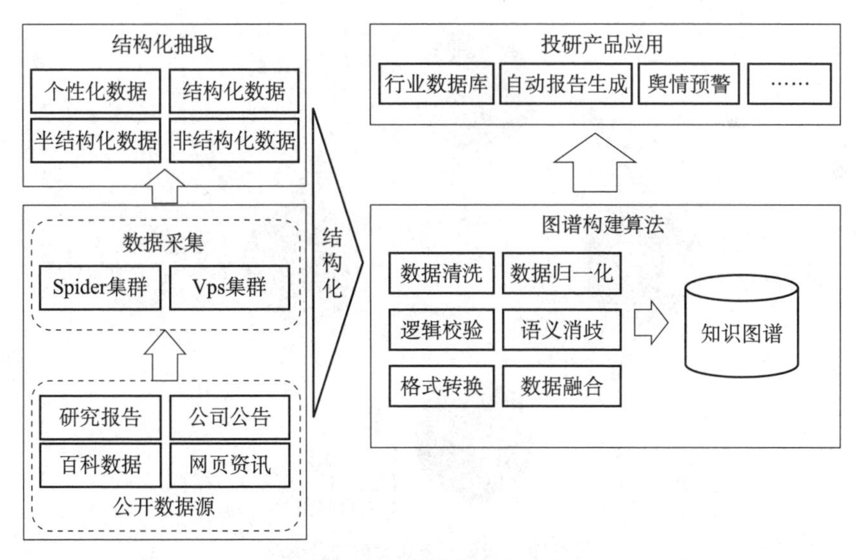

图 3-48 智能投研技术架构

3.5.4 ABC 一体化金融应用

云计算、大数据、人工智能和区块链等新兴技术并非彼此孤立，而是相互关联、相辅相成、相互促进的。大数据是基础资源，云计算是基础设施，人工智能依托于云计算和大数据，推动金融科技发展走向智能化时代。区块链为金融业务基础架构和交易机制的变革创造了条件，它的实现离不开数据资源和计算分析能力的支撑。从未来发展趋势看，云计算、大数据、人工智能和区块链等新兴技术，在实际应用过程中会变得越来越紧密，彼此的技术边界在不断削弱，未来的技术创新将越来越多地集中在技术交叉和融合区域。尤其是在金融行业的具体应用落地方面，金融云和金融大数据平台一般都是集中一体化建设，人工智能的相关应用也会依托集中化平台来部署实现。新一代信息技术的发展正在形成融合生态，并推动金融科技发展进入新阶段。

创新奇智采用一体化运营模式，提出 ABC 一体机概念，全维度为金融机构赋能，如图 3-49 所示。其中，A 指的是人工智能，B 指的是大数据，C 指的是多云管理。

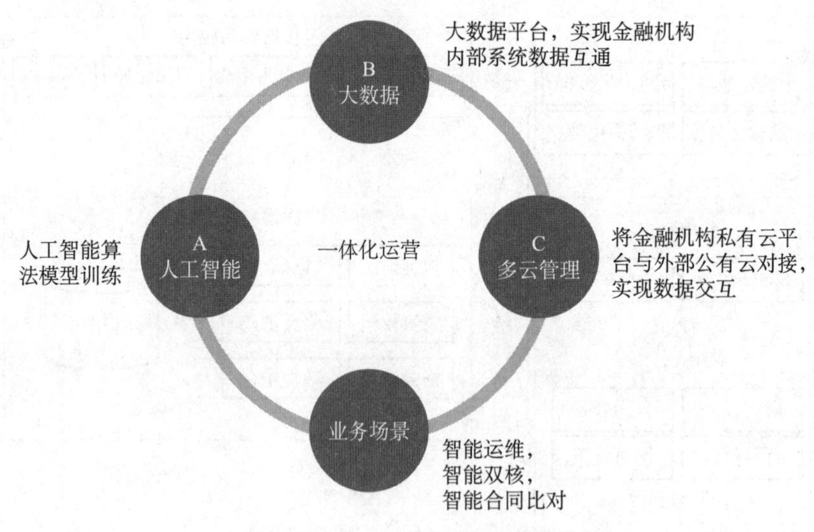

图 3-49　ABC 一体化金融运营模式

第 4 章　金融安全

4.1　金融安全现状

金融活动的内容包括：货币的发行与回笼；存款的吸收与付出、贷款的发放与回收；金银、外汇的买卖；有价证券的发行与转让；保险、信托、国内、国际的货币结算等。参与金融活动的机构（主体）主要有银行、信托投资公司、保险公司、证券公司、投资基金，还有信用合作社、财务公司、金融资产管理公司、邮政储蓄机构、金融租赁公司以及证券、金银、外汇交易所等。其中既有个体的行为，也有企业的利益，更有国家的意志。追求企业资本利益的最大化，保障国家金融体系的稳健运行是金融安全最根本的问题。

《中国经济周刊》首席评论员钮文新揭示了不同历史时期金融行为的本质。作者认为，在殖民主义时代，列强明火执仗，金融是战争、海盗行为的支持者，也是掠夺利益的分享者；在产业资本主义时代，为追求贸易带来的超额利润，货币、金融是输出商品的工具，列强之间的货币地位、金融地位争夺，也是为了获得商品利益；在金融资本主义时代，追求贸易利益转变为追求“超额铸币税”利益，强权货币利用绝对优势地位，不仅从占有他国资源、商品、劳动中获利，同时还在左右全球金融价格的涨跌中获利，更从动辄就击垮一个国家经济的过程中获利。作者从另外一个角度阐述了金融安全的思想，即“追求利润”和“保护收益”是金融安全追求的两个目标。

2021 年 5 月 27 日，工业和信息化部、中央网络安全和信息化委员会办公室联合发布《关于加快推动区块链技术应用和产业发展的指导意见》。明确到2025年，区块链产业综合实力达到世界先进水平，产业初具规模。到2030年，区块链产业综合实力持续提升，产业规模进一步扩大。区块链与互联网、大数据、人工智能等新一代信息技术深度融合，成为建设制造强国和网络强国，发展数字经济，实现国家治理体系和治理能力现代化的重要支撑。因此，使用分布式存储和密码学技术保证用户的数据安全，致力于打造安全、可信、高效的助贷应用环境，保证更透明、可追溯的贷款全流程服务，以减少借贷环节中引起的纠纷就显得必不可少。

4.1.1 国际市场金融安全

1. 新加坡金融安全

新加坡是一个拥有550多万人口的岛国，其金融发展一直走在世界前列。美国金融杂志《环球金融》公布的2021年度全球最安全的50家商业银行中，排在前四位的分别是新加坡星展银行、瑞典商业银行、加拿大道明银行和德国的中央合作银行。

2. 瑞士银行金融安全

瑞士银行为了保护客户财产安全，使用了以下保护措施。

第一道保护设施是瑞士银行拥有大量独特的金库。当时受到美苏冷战的影响，瑞士无比担心有大国会动用核武器，因此该国就像世界上其他国家一样，修建了大量的防空洞。这些防空洞的安全系数非常高，并且其中的保障设施非常完善。美苏冷战结束之后，瑞士所挖出来的这些防空洞就变成废置物。瑞士银行是在这种状态下，开始大肆收购没有人要的防空洞，然后将这些防空洞改造成了安全系数更高的金库。

第二道保护设施是瑞士银行所建立的强大的客户身份信息保密系统。进入瑞士银行工作的人需要严格遵守保密合同，并且在接待客户的时候，将"顾客就是上帝"这一准则践行到了极致。不管对方是十恶不赦的凶犯，还是高高在上的政要首脑，他们都一视同仁，任何人来存钱他们都很欢迎。而客户在这里存储自己的资产时，也可以直接使用化名，因为有着非常完善的客户身份信息保密系统，所以客户完全不担心自己的身份会被泄露，或者遭遇财产损失。

第三道保护设施是瑞士银行有潜在的保护者关系网。因为瑞士银行拥有强大完善的客户身份信息保密系统，这就吸引了很多在各自领域内话语权极重的人到银行保存资产。倘若有人想要破坏瑞士银行，无异于向这些将财产存放进银行里位高权重的大客户挑衅。

3. 日本金融安全

日本金融监管体系如图4-1所示，是以金融厅为核心，独立的中央银行和存款保险机构共同参与，地方财务局受托参与监管的模式。其金融体系的稳定性依赖于微观审慎和宏观审慎监管、支付清算系统等金融基础设施监管以及中央银行最后贷款人等功能。其中，金融厅作为日本唯一的金融监管机构，全面负责银行、证券、保险和非银行金融机构的监管，承担保护存款人、投资人、保险合同人利益，保证金融系统运行顺畅的职责。金融厅负责机构监管的部门主要是检查局和监督局，其通过协作开展现场检查和非现场监测，实现对金融机构微观监管的一体化，确保金融机构的稳健运营，保证市场功能正常运转。

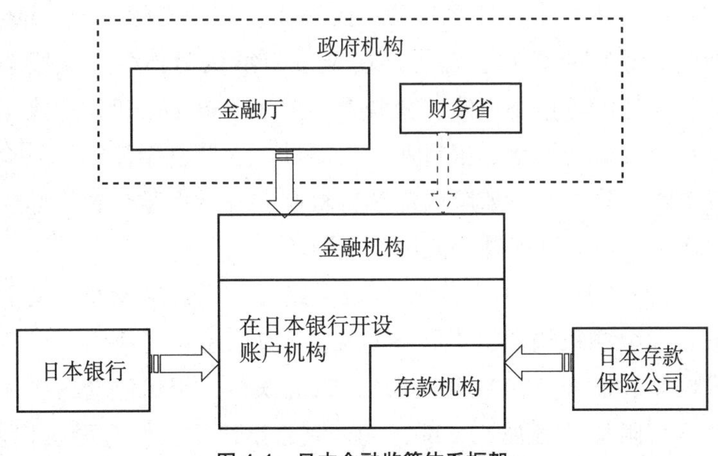

图4-1　日本金融监管体系框架

日本银行作为日本的中央银行，是日本政府特别核准设立的“认可法人”。作为特殊法人，日本银行独立于政府，直接对国会负责。其职责主要是发行货币、实施货币金融管理、保障银行及其他金融机构间资金的顺利清偿，从而维护金融体系的稳定。日本银行在法律上并不肩负银行监管职责，但其会对在该行开设有账户的金融机构开展现场检查和非现场监测。日本存款保险公司（DICJ）成立于1971年，作为半官方、半民间性质的机构，负责日本存款保险制度重要事项的决策和执行。DICJ在存款类金融机构出现危机时，对存款者提供事后保障以及对问题金融机构进行处置等。20世纪90年代日本泡沫经济破灭后，DICJ还涉足向濒临倒闭的金融机构注入政府资金、回收坏账等领域。

4.1.2 我国金融安全

《金融安全知识科普》一书指出，中国人民银行不断完善系统性金融风险监测、评估和预警体系，探索从多个层面分析系统性金融风险的来源与可能传递渠道，以及如何运用指标表征相关风险。我国定期发布《中国金融稳定报告》，全面评估金融体系稳健性状况，提升金融风险防控的前瞻性和有效性。宏观上，关注宏观杠杆率和偿债能力风险、外部冲击风险等，建立健全相关监测指标体系。中观上，关注金融业自身运行中可能产生的风险积累，持续对银行业、证券业、保险业进行稳健性评估，综合运用金融市场压力指数监测股票、债券、货币和外汇等市场风险。微观上，关注单体金融机构风险，稳步推进央行金融机构评级、银行业压力测试、公募基金流动性风险压力测试等工作，建立银行风险监测预警机制，开展保险公司稳健性现场评估，持续进行大型问题企业风险监测。

2018年11月，人民银行联合银保监会、证监会发布《关于完善系统重要性金融机构监管的指导意见》，初步建立起我国系统重要性金融机构监管框架。2021年10月，人民银行、银保监会发布《系统重要性银行附加监管规定（试行）》，完善系统重要性金融机构监管。这样做出于三个目的，一是对系统重要性银行提出更高的资本和杠杆率要求，推动其提高损失吸收能力，降低发生重大风险的可能性。二是要求系统重要性银行制订并更新恢复处置计划，预先筹划重大风险情形下的应急预案，明确股东和债权人的风险化解与损失承担责任，提高风险可处置性。三是从宏观审慎管理角度出发，强化事前风险预警，与微观审慎监管加强统筹，形成合力。

此外，我国还在金融基础设施上统筹监管。2020 年，人民银行联合五部门印发《统筹监管金融基础设施工作方案》，统一监管标准，健全准入管理，优化设施布局，健全治理结构，推动形成布局合理、治理有效、先进可靠、富有弹性的金融基础设施体系。目前，金融基础设施统筹监管范围包括金融资产登记托管系统、清算结算系统（包括开展集中清算业务的中央对手方）、交易设施、交易报告库、重要支付系统、基础征信系统六类设施及其运营机构。

由于金融控股公司具有规模大、业务多元化、关联度较高、风险外溢性强等特点，为加强对金融控股公司的监管，2020 年 9 月，《国务院关于实施金融控股公司准入管理的决定》和《金融控股公司监督管理试行办法》发布，我国金融控股公司监管框架建立。监管框架主要有以下几个要点。一是实施市场准入管理。非金融企业投资控股两类或两类以上的金融机构、所控股金融机构的类型和资产规模具备规定情形的，应当设立金融控股公司，纳入监管范畴。二是坚持总体分业经营。金融控股公司开展股权投资与管理，自身不直接从事商业性金融活动，由控股的金融机构来开展具体金融业务，分业经营，相互独立，建立风险防火墙。三是围绕系统性风险的防范，落实重点监管内容。主要包括隔离实业板块和金融板块，规范股东资质和股权管理，实施对金融控股公司整体的资本监管、公司治理和关联交易的监管，建立金融控股公司统一全面的风险管理体系，防范风险交叉传染。

对于银行等金融机构的安全防范等方面，中华人民共和国行业标准《银行安全防范要求》（GA38—2021），规定了银行业金融机构的总体安全防范要求和营业场所、自助设备、自助银行、业务库、保管箱库、联网监控中心、数据中心、数据机房、设备间等重点防范场所和部位的安全防范要求。《银行安全防范要求》（GA38—2021）代替《银行营业场所安全防范要求》（GA38—2015）、《银行自助设备、自助银行安全防范要求》（GA745—2017）、《银行业务库安全防范的要求》(GA858—2010),部分代替《银行自助服务亭安全防范要求》(GA1003—2012)、《自动柜员机安全防范要求》(GA1280—2015)。

在确保货币安全和居民存款安全方面,中国人民央行先后提出了一揽子计划和具体有效的举措。货币安全是指一国货币运行不受内外部因素的根本性威胁,政府能够很好地控制汇率波动幅度和外汇储备水平。

货币分纸质货币(或等价存款)与数字货币(digital currency)(或比特币)两种形式。目前,我国由央行主导的货币形态仍以人民币为主要形式。中国并不是不允许数字货币的存在,央行在2019年下半年工作电视会议中,要求加快推进我国法定数字货币(DC/EP)的研发步伐。这是2018年3月28日央行在2018年全国货币金银工作电视电话会议后第二次提及央行数字货币的研发进程。

目前数字货币仍不具备市场发行的充分条件。主要有以下两点考虑。

一是比特币无法发挥货币的基本职能。用它在国内无法买到东西,也无法放在银行卡里,超市也没有用比特币标价的商品,最重要的是,其价格波动非常大,根本无法满足成为法定货币的条件,容易造成经济动荡,更别说上市流通了。

二是盲目放开数字货币,会导致央行失去"监管和控制"。例如,用花呗买东西,授信额度都是由蚂蚁金服提供的,而这都是没经过央行批准而发行的"贷款"。如果商家收到钱后,用支付宝给员工发工资,然后员工再用支付宝去消费,基本就形成了一个流通闭环,绕开了央行,而支付宝也相当于在变相地发行货币,这在中国,在央行眼里是完全不允许的,这也是央行要求互联网平台要接入央行系统的根本原因。

存款保险制度在保护存款人权益、及时防范和化解金融风险、维护金融稳定中有重要作用,已成为各国普遍实施的一项金融业基础性制度。

存款保险制度中与公众关系最密切的指标就是最高偿付限额。央行公布的《存款保险条例(征求意见稿)》第五条明确规定:"存款保险实行限额偿付，最高偿付限额为人民币 50 万元。央行会同国务院有关部门可以根据经济发展、存款结构变化、金融风险状况等因素调整最高偿付限额，报国务院批准后公布执行。同一存款人在同一家投保机构所有被保险存款账户的存款本金和利息合并计算的资金数额在最高偿付限额以内的，实行全额偿付；超出最高偿付限额的部分，依法从投保机构清算财产中受偿。”

对于 50 万元的最高偿付限额，央行根据 2013 年年底的存款情况进行测算的结果显示，该限额可覆盖 99.63% 的存款人的全部存款。这意味着，绝大多数存款人的存款能够得到全额保障，不会受到损失。但这个限额并非固定不变，而是根据经济发展等因素进行调整。如果存款超过 50 万元，则可在多家银行分别开立账户，从而实现存款的全额保护。

4.2　金融安全概念及性质

国家金融安全通常指一国（或地区）的金融业在其发展过程中，对来自国内外不利因素的干扰和冲击具有足够的抵御和抗衡能力，能够成功化解各种金融风险，并保持正常运行和发展的一种状态。

金融安全按组织机构的不同，分为金融机构的安全、证券市场的安全以及外汇市场的安全等三种。按金融业务性质不同，分为银行安全、货币安全和股市安全等。金融安全在不同政治体制和历史背景下，与金融风险、金融危机之间的相关性也不同，一般有以下四种不同性质。

（1）金融安全。表现为金融风险指标可控、金融机构运行平稳、金融资产安全可靠、金融市场稳健发展、金融监管科学有效；同时，经济总体保持良好态势，失业率和消费物价指数处于较低水平。需要指出的是，金融安全是一个动态的、系统的、相对的安全，由于受各国金融文化、金融政策、金融体制以及金融市场发展不平衡的影响，不存在一个绝对的、完全的、普遍的金融安全。

（2）金融波动。表现为金融基本安全，但有一定风险；金融信号基本正常，部分非特征指标接近预警值；社会面不良资产占总资产比重低于10%；存在少数金融机构倒闭或退市现象，但所占比重很小；货币有贬值的压力。

（3）金融动荡。表现为大部分或关键金融指标恶化严重；大多数金融机构有程度不同的不良资产问题，不良资产占总资产比重超过10%；金融机构倒闭、退市现象比较普遍，金融产品进出市场频繁；货币较大幅度贬值；经济在一定时期和一定范围内衰退严重。

（4）金融危机。表现为区域性的货币危机和银行危机爆发，货币大幅度贬值、大批金融机构倒闭；金融体系崩溃、经济严重倒退，并进一步的可能诱发社会动荡和政治变革，如1997年爆发的亚洲金融危机。

4.3 金融风险种类及防范

4.3.1 金融风险种类

金融风险主要包括信用风险、市场风险、股市风险和国家风险，前三者可以是微观层面的风险，但国家风险一定特指系统性风险。

1. 信用风险

信用风险是指交易对方不履行到期债务的风险。信用风险又称违约风险，是指借款人、证券发行人或交易对方因种种原因，不愿或无力履行合同条件而构成违约，致使银行、投资者或交易对方存在遭受损失的可能性。

信用风险具有不对称性、累积性、非系统性、内源性等鲜明特征。所谓不对称性，是指预期收益和预期损失不对称，当某一主体承受一定的信用风险时，该主体的预期收益和预期损失是不对称的；所谓累积性，是指信用风险具有不断累积、恶性循环、连锁反应、超过一定的临界点会突然爆发而引起金融危机的特点；所谓非系统性，是指与市场风险相比，信用风险观察数据少且不易获取，因此具有明显的非系统性风险特征；所谓内源性，是指信用风险不是完全由客观因素驱动的，而是带有主观性的特点，并且无法用客观数据和事实证实。

信用风险种类是根据不同的角度对信用风险进行的分类。从信用形式看，可分为商业信用风险、银行信用风险、国家信用风险、消费信用风险、信托信用风险、民间信用风险、保险信用风险以及一些其他形式的信用风险。从信用期限长短来看，分为长期信用风险、短期信用风险和不定期信用风险。从受信方，即负责人或负债人的角度看，可分为国家风险、公司风险、项目风险和银行风险。

信用风险可以通过风险定价、契约、信用保险、收紧贷款、多元化借款等形式减轻信贷风险。所谓风险定价是指对于更有可能违约的借款人，贷款人一般收取比较高的利率，这种方法称为基于风险的定价。贷款人要考虑与贷款有关的因素，如贷款用途，信用评级，贷款价值比和估计影响产量（信用利差）；所谓契约是指贷款人可以让借款人写条款（被称为契约），订立贷款协议；信用保险及信用衍生工具是指贷款人和债券持有人可通过购买信用保险或信用衍生工具对冲信用风险，这些合同把贷款人的风险转给卖方（保险人）换取付款；收紧贷款则是指贷款人可以从全部或者部分的借款人那里减少授信额度；所谓多元化借贷则是指银行的少数借款人（或者某一类借款人）面对一个高程度的非系统性信用风险，称为集中度风险。贷款人可以通过多元化借款人种类降低这种风险。

2. 市场风险

市场风险（market risk/market exposure）是指由于基础资产市场价格的不利变动或者急剧波动而导致衍生工具价格或者价值变动的风险。基础资产的市场价格变动包括市场利率、汇率、股票、债券行情的变动。

计算市场风险的方法主要是在险价值（VaR），它是在正常的市场条件和给定的置信水平（confidence interval，通常为 99%）上，在给定的持有期间内，某一投资组合预期可能发生的最大损失；或者说，在正常的市场条件和给定的持有期间内，该投资组合发生 VaR 值损失的概率仅为给定的概率水平（即置信水平）。

计算 VaR 值的方法主要包括方差—协方差法（variance-covariance

approach)、历史模拟法(historical simulation method)和蒙特卡罗模拟法(Monte-Carlo simulation)。

方差—协方差法是假定风险因素收益的变化服从特定的分布，通常假定为正态分布，然后通过历史数据分析和估计该风险因素收益分布的参数值，如方差、均值、相关系数等，根据风险因素发生单位变化时，款项的单位敏感性与置信水平来确定各个风险要素的 VaR 值；再根据各个风险要素之间的相关系数来确定整个组合的 VaR 值。

历史模拟法以历史可以在未来重复为假设前提，直接根据风险因素收益的历史数据来模拟风险因素收益的未来变化。在这种方法下，VaR 值直接取自于投资组合收益的历史分布，组合收益的历史分布又来自于组合中每一个金融工具的盯市价值(mark to market value)，而这种盯市价值是风险因素收益的函数。具体来说，历史模拟法分为三个步骤：为组合中的风险因素安排一个历史的市场变化序列，计算每一个历史市场变化的资产组合的收益变化，推算出 VaR 值。因此，风险因素收益的历史数据是该 VaR 模型的主要数据来源。

蒙特卡罗模拟法即通过随机的方法产生一个市场变化序列，然后通过这一市场变化序列模拟资产组合风险因素的收益分布，最后求出组合的 VaR 值。蒙特卡罗模拟法与历史模拟法的主要区别在于前者采用随机的方法获取市场变化序列，而不是通过复制历史的方法获得，即将历史模拟法计算过程中的第一步改成通过随机的方法获得一个市场变化序列。市场变化序列既可以通过历史数据模拟产生，也可以通过假定参数的方法模拟产生。由于该方法的计算过程比较复杂，因此应用上没有前面两种方法广泛。

关于市场风险的监管，1988 年的《巴塞尔资本协议》只考虑了信用风险，而忽视了市场风险，尤其是对许多新的和复杂的场外衍生产品，市场风险未能给予足够的重视。但 20 世纪 90 年代一系列的重大风险事件使巴塞尔委员会意识到了市场风险的重要性，随后加快了将市场风险纳入资本监管要求范围的步伐。1996 年 1 月，巴塞尔委员会及时推出了《资本协议关于市场风险的修订案》。该修订案改变了 1988 年《巴塞尔资本协议》中将表外业务比照表内资产确定风险权重并相应计提资本金的简单做法，另外提出了两种计量风险的方法：标准法和内部模型法。巴塞尔委员会在 1997 年推出了《有效银行监管的核心原则》。至此，市场风险与信用风险、操作风险一并成为银行监管部门关注的重点。1999 年巴塞尔委员会又开始着手修改 1988 年的《巴塞尔资本协议》。2004 年 1 月 26 日，巴塞尔委员会发布了用于替代 1988 年《巴塞尔资本协议》的《巴塞尔新资本协议》框架。新协议吸纳了 1996 年修订案和 1997 年核心原则中包括市场风险在内的全面风险管理的原则，将风险的定义扩大为信用风险、市场风险和操作风险的各种因素，基本涵盖了现阶段银行业经营所面临的风险，以保证银行资本能对银行业务发展和资产负债结构变化引起的风险程度变化具有足够的敏感性。

当前我国面临的主要系统性金融风险隐患体现在以下三方面：一是地方政府债务风险，特别是个别地方的隐性债务高的企业；二是房地产市场风险，特别是个别负债过高的大型房地产企业；三是部分中小银行风险，尤其受新冠肺炎疫情和外部环境的冲击。因此未来一段时间，防范化解金融风险需要重点关注以下三个方面。一是要采取切实措施，加大对中小银行的支持，维护好银行体系稳定；二是要满足房地产企业合理融资需求和购房者合理住房消费需求，实现房地产业良性循环和健康发展；三是要进一步压实地方政府主体责任，防控地方政府债务风险蔓延到金融体系。

3. 股市风险

股市风险是指买入股票后在预定的时间内不能以高于买入价将股票卖出，发生账面损失；或以低于买入价卖出股票，造成实际损失。股市风险主要包括市场风险和供给风险两大类。

（1）市场风险。是指由于市场调控等诸多因素的影响和变化，导致股市上所有股票价格的下跌，从而给股票持有人带来损失的可能性。市场风险主要是由政策、利率、物价等宏观因素造成，投资人无法通过多样化的投资组合来化解的风险。造成风险的原因包括以下三个方面。第一，政策因素，如财税政策的变化，可以影响到公司的利润，股市的交易政策变化，也可以直接影响到股票的价格，如房改政策的变化可能会影响到股票市场的资金供求关系。第二，利率因素，市场价格的变化随时受市场利率水平的影响，当利率向上调整时，股票的相对投资价值将会下降，从而导致整个股价下滑。第三，物价因素，由物价的变化导致资金实际购买力的不确定性，称为购买力风险，或通货膨胀风险。一般理论认为，轻微通货膨胀会刺激投资需求的增长，从而带动股市的活跃；当通货膨胀超过一定比例时，由于未来的投资回报将大幅贬值，货币的购买力下降，也就是投资的实际收益下降，将给投资人带来损失的可能性。

市场风险防范策略。市场风险对股市影响面大，一般很难用市场行为来化解，但精明的投资人还是可以从公开的信息中，结合对国家宏观经济的理解，做到提前预测和防范，调整自己的投资策略。

（2）供给风险。供给风险特指上市公司的经营管理、财务状况、市场销售、重大投资等因素的变化对公司股价产生的影响。

供给风险包括以下三个方面。

第一，经营风险，主要指上市公司经营不景气，甚至失败、倒闭，给投资者带来损失。上市公司经营、生产和投资活动的变化，导致公司盈利的变动，从而造成投资者收益本金的减少或损失。例如，经济周期或商业营业周期的变化对上市公司收益的影响，竞争对手的变化对上市公司经营的影响，上市公司自身的管理和决策水平等都可能会导致经营风险，如投资者购买垃圾股或低价股可能承担上市公司退市风险。

第二，财务风险，是指公司因筹措资金而产生的风险，即公司可能丧失偿债能力的风险。公司财务结构的不合理，往往会给公司造成财务风险。公司的财务风险主要表现为：无力偿还到期的债务、利率变动风险、再筹资风险。形成财务风险的主要因素有资本负债比率、资产与负债的期限、债务结构等因素。一般来说，公司的资本负债比率越高、债务结构越不合理，其财务风险越大。

第三，信用风险，也称违约风险，指不能按时向股票持有人支付本息而给投资者造成损失的可能性。此类风险主要针对债券投资品种，对于股票只有在公司破产的情况下才会出现。造成违约风险的直接原因是公司财务状况不好，最严重的是公司破产。

供给风险防范策略。投资者应多学习证券知识，多了解、分析和研究宏观经济形势及上市公司经营状况，增强风险防范意识，掌握风险防范技巧，提高抵御风险的能力。

4. 国家风险

国家层面的金融风险主要指系统性风险。我国未来面临的金融风险类型主要有以下五个方面。一是宏观杠杆率，宏观杠杆率影响资产负债，同时影响社会的发展，这正是中央经济工作会议中提出的“稳中求进”的总基调；二是金融部门的脆弱性，中小银行平均不良率达到17%，由此看出经济体系总体可控，但金融部门的脆弱性仍存在；三是房地产市场风险的溢出，民营类的金融控股公司旗下包括银行、保险、证券等产业链，这加强了金融与房地产业的联系，房地产的风险易诱发金融领域风险的产生；四是整体市场的波动较大，随着国际局势的缓解以及中美关系的变化，国际市场与国内经济产生共振；五是外部金融市场的波动对中国的冲击明显，美联储加息、俄乌冲突、西方对于俄罗斯的制裁等因素，都在不同程度上影响着中国国内的金融市场。

当前为化解国家金融风险，要做好三个方面的工作。一是做好风险预警，保持我国金融体系的自主性和独立性，也就是金融的基础设施保持独立；二是加强经济全球化背景下金融个体利益之间的关联与强化，以此抵制全球制裁；三是要通过资产的多元化配置和建立多重跨境支付系统等举措，因地制宜地精准化解金融风险。

4.3.2 金融风险防范

防范金融风险目前已经成为经济金融领域讨论最多的话题，这主要是因为，如果未来中国要爆发风险的话，最有可能是在金融领域。过去认为，风险可能来自于经济增长，增速一下降就可能出问题，所以致力于保增长、稳增长。现在逐渐认识到风险来自于金融领域，而不是经济增长，所以重点要防范金融风险。党的十九大明确提出，绝对不能爆发系统性金融风险，因为一旦爆发系统性金融风险就会伤害经济，就很难完成既定的经济目标。

怎样防范金融风险呢？从国际经验来看，金融风险的爆发往往缘于五个方面，分别是资产泡沫、外汇市场波动、债务问题、金融秩序以及宏观经济政策，由此就从这五个方面提出防范金融风险的举措。

1. 抑制资产泡沫

许多国家爆发金融危机都是由资产泡沫被刺破引起的，日本20世纪90年代发生金融危机就是这个原因，因此我国防范金融风险也必须抑制资产泡沫。

所谓资产泡沫，就是指资产价格上涨过快。在我国，资产价格只统计两种：一种是股价，另一种是房价。抑制资产泡沫既要防止股价涨得太快，又要防止房价涨得太快。目前我国抑制资产泡沫不是指股市，而是指楼市，因为在未来五年内，我国资本市场基本上是平稳上升的过程，股市稳健攀升，涨幅较小，未来的资产泡沫不可能出现在股市，因为现在的证券监管部门把监管作为第一要务，对于内部交易、买壳卖壳、资本大鳄、场外配资等问题非常关注，不可能出现问题；另外，新股发行（IPO）速度在加快，众多新股上市，把股价抬高的可能性不是很大。

目前抑制资产泡沫的核心是楼市，从住房供给与刚性需求的关系考虑，如果住房供给过多，超过刚性需求，就会形成泡沫。现实中，经常有住房供给超过刚性需求的现象，这是房地产业的特点。房子只要有居住功能就必然有另外两个属性：投资属性和金融属性。这两个属性一定会引发另外两个需求：投资性需求和投机性需求。投资性需求是指买房是为了收房租；投机性需求是指买房是为了拉动房价，赚取差价。住房供给一旦大幅超过了刚性需求，泡沫就会被刺破，日本20世纪90年代的房地产市场波动就是因此产生的。

1985年日本完成了工业化和城市化，大量的资本无处可投，银行就把资本贷给人们买房买地，人们买房之后再抵押给银行，之后获得70%的贷款再投资，这种买房子的目的不是为了居住，不是刚性需求，而是投资和投机性需求，由此拉动住房价格不断上升。美国为了剪日本的羊毛，迫使日本签订了《广场协议》，要求日元每年升值

5%，每年不做任何事情都有 5% 的回报，导致外资大量涌进日本。流进日本的大量外资也是买房买地进行投资或投机。可这并没有使日本出现问题，因为在日本当时的建筑法下，房子过度增加是不可能的，所以虽然需求旺盛，但供房供给是基本稳定的。后来日本修改了建筑法，允许拆掉旧房建新房，导致住房供给突然增加。到 1989 年年初，一些日本经济学家预测，住房供给远远超过了刚性需求，如果继续放任的话住房泡沫就要被刺破了，因此建议政府赶快实施紧缩政策，于是日本政府在 1989 年 3 月开始实施紧缩政策，首先把股市泡沫刺破，造成大量的上市公司出现亏损，这些上市公司开始抛售房子；紧接着外资流出。与此同时，日本实行房价税，就是拥有多套房产的个人要交税，这导致拥有多套房产的个人也开始抛售房子。上市公司、外资和拥有多套房产的个人，三大力量同时向市场抛售房子，最终房地产泡沫在 1990 年被刺破。到现在为止日本还没有完全从危机中走出来。

日本的教训说明，房地产泡沫不能继续吹大，但也不能被刺破，只能抑制。对此有两个办法：一个是出台中短期对策，另一个是建立长效机制。中短期对策有以下两条。一条是严格约束投资性需求和投机性需求，因为由这两类需求拉动的住房供给一定会超过刚性需求。刚性需求不限制，可以放开，但是投资性需求和投机性需求必须受到严格限制，现在采取的是限购和限贷政策。一线城市每户家庭最多只能买两套房子，否则就是投机性需求，就要严格限购限贷了。另一条是约束开发商的行为，严格控制其融资渠道，控制新房价格。可以建立长效机制。实施租售同权政策，调整一线城市布局。中央提出建设雄安新区，雄安新区的功能是承载北京非首都功能，调整北京发展的空间布局。首都功能有四个：政治中心、国际交往中心、文化中心、科技创新中心。除此之外都是非首都功能。例如，经济中心不是首都功能，大量的企业会被迁走；教育、金融、医疗等也不是首都功能，很多大学、研究机构、金融机构和医疗机构会被迁走或在别的地方开设分支机构。这些功能的外迁，必然伴随着人口的流出，由此北京的房价自然会得到有效的控制。

所以防范金融风险需要抑制资产泡沫，重点是楼市而不是股市。

2. 稳住外汇

亚洲金融危机爆发的主要原因是这些国家的外汇出现了问题，因此外汇的波动要谨慎对待。2016 年中国外汇开始出现波动，一是人民币持续贬值，二是外汇储备持续减少。人民币持续贬值和外汇储备持续减少会带来金融风险，因此 2016 年年初国务院提出要稳住外汇，并推出了以下三条对策。

第一，已经放开的领域一定要坚持继续放开，不能再回到资本管制的老路上去。凡是承诺放开的领域就继续坚持，但没有放开的领域暂时不会放开。对于个人，在外汇方面有以下三个领域没有放开。一是海外不动产投资；二是海外的证券投资，即在国外证券市场上进行股票投资。三是海外的投资类保险，目前放开了消费类保险，例如，个人可以购买美国的医疗类保险，但投资类保险没有放开。以上三项不仅没有放开，还在逐渐收紧。例如，从 2017 年 8 月 21 日起，在海外刷银行卡单笔超过 1 000 元人民币，银行就需向有关方面报告；如果连续 25 天刷卡单笔超过 1 000 元人民币，银行需要核查是正常消费还是转移外汇资金。这些措施都是为了稳住外汇。

第二，限制海外并购，但是对于技术类并购则继续支持，即对于海外收购新产品制造企业这种技术类的并购会大力支持，但是非技术类并购则要严格审查。海外不动产投资，海外收购酒店、影院、体育俱乐部等，这类投资会受到一定的限制。

第三，支持海外投资使用人民币，尤其是"一带一路"投资，不再动用外汇储备，这有利于推动人民币国际化。"一带一路"投资中我国是主导方，有权选择货币的种类。目前已经有 69 个国家和地区把人民币作为其外汇储备，如欧央行就将人民币纳入其外汇储备。2016 年，中国是俄罗斯最大的贸易伙伴，人民币和卢布即将以金价作为基础实现直接兑换。人民币与卢布直接兑换一旦成功，会大幅减少外汇储备的消耗，这对稳住外汇有巨大的意义。

以上三条对策执行好了，外汇基本上就稳住了。

3. 稳住债务

很多国家爆发金融危机是由债务引起的，2007 年美国的次贷危机还引发了一场国际性的金融危机。

债务分为以下三种。

一是个人债务。一般认为，我国的个人债务不会太高，因为中国人比较节俭、保守，习惯于储蓄，不像美国人习惯于借贷消费。近些年，我国个人负债率上升很快，2015 年我国个人负债为 GDP 的 30%，2016 年为 44%，总量达到了 74 万亿元，虽然没有达到警戒线，但其过快上升应该引起重视。

二是企业债务。我国企业负债率明显偏高，其中主要是国有企业的负债率高，已经远远超过了警戒线。因此中央提出降低国有企业的杠杆率，以下两个例子可以说明情况。一个是中国联通的混合所有制改革，在改制中，国家让出了绝对的控股权。另一个是东北特钢。过去是刚性兑付，购买国有企业的债券最后国家兜底。但东北特钢是破产重组的，不再是刚性兑付。中国联通混改和东北特钢破产重组这两个例子表明只要下决心把国有企业的负债率降下来，国有企业的负债率就一定会降下来，并且这个过程会给民营企业提供很多机会。

三是政府债务。其实中央政府债务并不高，因为安排每年的财政预算时会坚持一个原则，即当年的赤字率不能超过当年 GDP 总量的 3%。主要是地方政府负债率太高，虽然账面上不高，但潜在的负债率很高。其中政府平台债务实际上是政府债务，但表现为企业债务。后来地方政府又多了两条增加债务的途径。一是盲目扩大 PPP 项目，甚至是包装出 PPP 项目来，PPP 项目是要政府回购的，表现为企业负债，实际上也是政府负债。2016—2017 年，PPP 项目负债超过 4 万亿元。二是地方政府产业引导基金。产业引导基金应该动用财政支出。但地方财政往往通过银行借款，表现为企业负债，实际上也是政府负债。PPP 项目和产业引导基金在过去两年增加了 6 万亿元的地方性债务。

总体来讲，稳住债务要关注个人债务过快上升，解决好国有企业负债率过高的问题和地方政府潜在债务上升问题，防止发生金融风险。

4. 治理金融秩序

金融秩序混乱可以分为两类：一类是由改革引起的，即使改革方向是对的，但是如果规则没有制定好，仍会出现秩序混乱的情况；另一类是由金融创新引起的乱象。

我国是以间接融资为主的国家，整个国家的负债率很高。过去几年放开了非银行金融机构，经济领域出现了各类投资公司、保险公司、基金。这个改革方向没有错，但是相关规则没有跟上，于是就出现了很多问题。例如，我国2014年放开各类投资公司，投资公司的投资承诺回报一度达到20%～30%，这种商业模式显然不能维系。再比如，放开各类基金。基金本该是用自有资金投资，但一些基金动用的是银行资金，只要一清理外围基金，股市就会大跌。基金现在存在的很多问题，都与相关条例缺乏有关。

还有金融创新引起的乱象，如比特币。比特币至少存在三个方面的问题。一是比特币很难被监管，会出现较多借助于比特币进行洗钱、犯罪的行为；二是比特币的数量依赖于挖矿的速度，其数量不是政府可以调控的；三是以太币、莱特币、瑞波币等各种数字货币的不断产生，会对比特币的价值产生很大的冲击，其价值具有很大的不稳定性，其中潜在的风险是未知的，因此2017年中国人民银行等七部委联合叫停ICO。各种金融创新中存在的风险是对监管部门巨大的挑战。

5. 运用好货币政策

党的十九大报告第一次提出健全货币政策和宏观审慎政策双支柱调控框架。未来一段时间里，稳健中性的货币政策是我国货币政策的基调。2002年我国的货币供应量（M2）只有16万亿元，2017年是165万亿元，翻了差不多10倍。衡量一个国家货币是否超发有一个重要的指标，即货币供应量与GDP的比例。我国目前货币供应量占GDP的比例在200%以上，如果货币供应量再继续这样多下去，会引发金融风险。

反映货币政策的重要指标就是货币供应量和货币供应量增长速度。过去货币供应量的增长速度是两位数，2017年6月开始降到一位数了，增长速度是8.8%。2017年7月全国金融工作会议提出实行稳健的货币政策。这一信号释放后，很多企业提出了轻资产的目标，出现了大量卖资产的现象，因为这种高负债、高增长的模式只有在宽松的货币政策下才能维系，一旦国家坚定不移地实行稳健的货币政策，这种高负债、高增长的模式肯定维系不了。

另一个是宏观审慎政策。金融风险经常在顺周期下积累。在顺周期，人们往往会认为未来很好，不顾及风险，会盲目扩张，盲目负债，结果留下了爆发金融风险的可能性。顺周期时期，恰恰是金融风险积累时期。因此，在顺周期的时候，给机构、业务设计一个控制风险积累的办法，采取逆周期政策，达到控制风险的目的，这是宏观审慎政策的目标。另外，市场行业之间、上下游之间以及企业之间的风险会相互传染，控制这些传导性风险，也是宏观审慎政策的目标。预计未来一段时间还会有很多新规则出台，来防止这种风险的蔓延。

4.4　金融信息安全体系

4.4.1　信息安全基本概念

信息安全的定义为：为数据处理系统建立和采用的技术、管理上的安全保护，为的是保护计算机硬件、软件、数据不因偶然和恶意的原因而遭到破坏、更改和泄露。

信息安全具有完整性、保密性、可用性、不可否认性、可控性等五大特征。完整性是指信息在传输、交换、存储和处理过程保持非修改、非破坏和非丢失的特性，即保持信息原样性，使信息能正确生成、存储、传输，这是最基本的安全特征。保密性是指信息按给定要求不泄漏给非授权的个人、实体或过程，或提供其利用的特性，即杜绝有用信息泄漏给非授权个人或实体，强调有用信息只被授权对象使用的特征。可用性是指网络信息可被授权实体正确访问，并按要求能正常使用或在非正常情况下能恢复使用的特征，即在系统运行时能正确存取所需信息，当系统遭受攻击或破坏时，能迅速恢复并能投入使用。可用性是衡量网络信息系统面向用户的一种安全性能。不可否认性是指通信双方在信息交互过程中，确信参与者本身，以及参与者所提供的信息的真实同一性，即所有参与者都不可能否认或抵赖本人的真实身份，以及提供信息的原样性和完成的操作与承诺。可控性是指对流通在网络系统中的信息传播及具体内容能够实现有效控制的特性，即网络系统中的任何信息要在一定传输范围和存放空间内可控。除了采用常规的传播站点和传播内容监控这种形式外，最典型的如密码的托管政策，当加密算法交由第三方管理时，必须严格按规定可控执行。

信息安全遵循最小化原则、分权制衡原则、安全隔离原则等三大原则。其中，最小化原则是指受保护的敏感信息只能在一定范围内被共享，履行工作职责和职能的安全主体，在法律和相关安全策略允许的前提下，为满足工作需要，仅被授予其访问信息的适当权限。敏感信息的“知情权”一定要加以限制，是在“满足工作需要”前提下的一种限制性开放。最小化原则可细分为知所必须和用所必需的原则。分权制衡原则是指在信息系统中，对所有权限应该进行适当地划分，使每个授权主体只能拥有其中的一部分权限，使他们之间相互制约、相互监督，共同保证信息系统的安全。如果一个授权主体分配的权限过大，无人监督和制约，就隐含了“滥用权力”“一言九鼎”的安全隐患。安全隔离原则要求隔离和控制是实现信息安全的基本方法，而隔离是进行控制的基础。信息安全的一个基本策略就是将信息的主体与客体分离，按照一定的安全策略，在可控和安全的前提下实施主体对客体的访问。

国际标准化组织（ISO）于 1984 年 10 月 15 日公布了“开放系统互联”（open systems interconnection，OSI），作为指导信息处理系统互联、互通和协作和国际标准。该协议从逻辑上把网络的功能分为七层，如图 4-2 所示。物理层位于最底层，是传送信号的物理实体。它的功能是通过机械和电气的方式将各站点连接起来，组成物理通路，以使数据流通过；链路层在物理层所提供的数据传输电路的基础上，提供了一条无差错的数据链路。其作用是进行二进制数据流的传输，并进行差错检测和流量控制；网络层处理报文分组，完成分组的多路复用和分组交换，以及通信子网络间的数据传输；传输层实现端点到端点的可靠数据传输；会话层用于建立、控制和终止终端用户的实用进程间的逻辑信道的连接，并提供支持同步和管理应用进程间的对话服务，验证会话双方的身份，恢复下位层不能恢复的差错；表示层为用户应用进程提供了一系列统一的数据表示方式的服务，解决不同系统不同终端所用的信息代码和控制字符等的差异。应用层直接为端点用户提供服务。

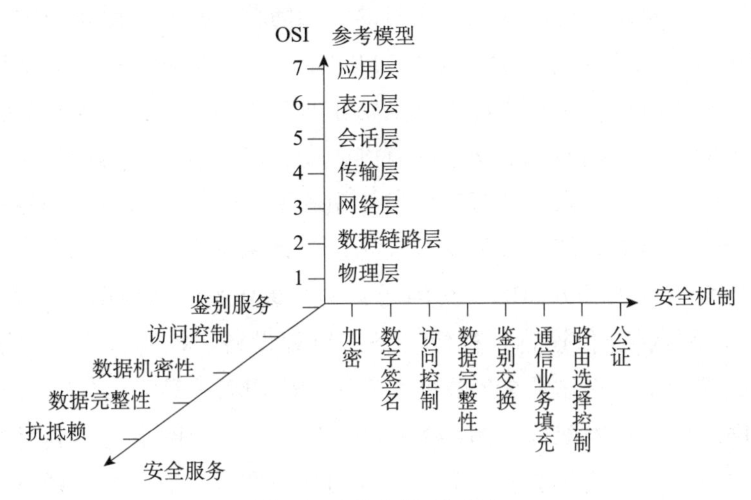

图 4-2　OSI 七层协议标准

金融信息安全是将密码学、密钥管理、身份认证、访问控制、应用安全协议和事务处理等信息安全技术运用到金融信息系统安全工程中，并能在系统运行过程中及时发现和补救系统潜在的安全问题。

4.4.2　网络安全基本结构

金融信息网络安全建设内容涉及网络防火墙、入侵检测工具、病毒防范工具、硬件加密机、VPN/IP 保密机、身份识别工具、网络信息审计工具、业务信息审计工具、桌面安全软件、密钥管理中心、风险评估和策略审计工具等诸多方面的工具、软件和应用策略。

其中，身份识别是安全系统应具备的最基本功能。这是验证通信双方身份的有效手段，用户向其系统请求服务时，要出示自己的身份证明，例如输入用户名和密码。密钥管理是保障信息安全的重要途径，以密文方式在相对安全的信道上传递信息，可以让用户比较放心地使用网络，因此，要对密钥的产生、存储、传递和定期更换进行有效的控制，并引入密钥管理机制，增加网络的安全性和抗攻击性。由此可见，在所有的安全技术中，密码技术是解决信息安全的核心技术。在病毒防范与监控方面，由于网络计算机病毒具有潜伏期长、传染性广、危害性大等特征，使得单机手工查杀病毒难以做到斩草除根，因此金融系统运行系统、实时的病毒防范工具是金融系统安全的可靠保证。信息审计工具的运用可以实现非法入侵的安全审计与跟踪。网上银行的一个重要内容就是防止非法入侵，防火墙虽然能够起到一定的作用，但不可能防止所有的入侵，因此应加强安全审计和事后追踪的力度，对入侵者起到威慑作用和追查作用。另一个重要的建设内容就是金融系统运维的安全问题，包括系统安全设计、生产、测试、运营、维护等方面的安全问题，其对象包括集成电路、智能卡、计算机设备、通信设备、视像设备、控制设备、控制系统、网络设备、终端设备、操作系统、数据库系统和应用系统等。

网络安全基本架构如图 4-3 所示。分终端层、网络层和应用层等三级设计，其中终端层重点关注终端用户的准入控制、补丁管理、防病毒和上网行为管理等；网络层重点关注应用安全、业务安全、数据安全和安全审计等；应用层重点关注网络层的访问控制、安全域划分、入侵防御和流量分析。

图 4-3 网络安全基本架构

4.4.3　数据安全系统架构

2021 年 4 月 8 日，中国人民银行正式发布金融行业标准《金融数据安全数据生命周期安全规范》（JR/T 0223—2021）（以下简称《规范》）。本标准在数据安全分级的基础上，结合金融数据特点，梳理数据安全保护要求，形成覆盖数据生命周期全过程的、差异化的金融数据安全保护系统。

数据安全原则主要把控大的方向性安全原则，可指导具体的防控方案部署。数据安全分级将不同等级的数据安全进行分类定义，目前企业的安全资源有限，根据数据安全等级可合理的使用安全资源，如图 4-4 所示，全生命周期防护的关键在于从全生命周期去看待不同阶段的数据安全风险，每个阶段都有各自特定的安全风险和防护要求。组织保障需要定制策略、制度与技术三管齐下，这样才能把具体的防控要求真正落到实处。运维保障从几个技术角度，如边界管控、访问控制、安全监测、安全审计、检查评估、应急响应与事件处置提炼出了最佳实践安全

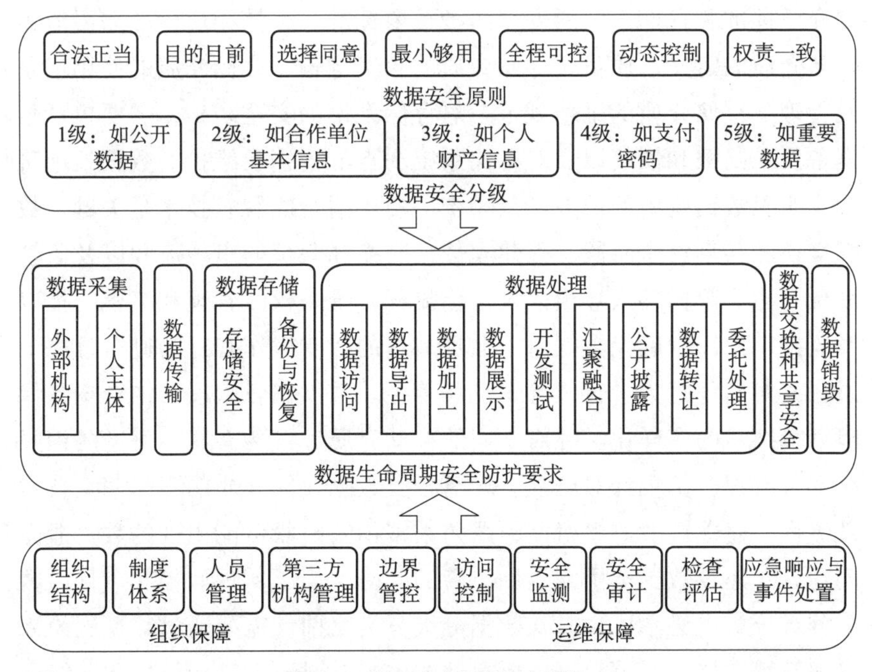

图 4-4　数据生命周期安全框架

防护技术模块。《规范》很好地体现了“数据能分类分级、数据流动能管控、违规操作可监控、安全事件能响应与处置”的建设思想。

数据安全可分为六个生命周期阶段。包括数据采集认证和风险评估、数据传输加密控制、数据存储加密、数据处理和脱敏使用、数据交换和共享安全，以及数据销毁与责任追溯。数据采集阶段，要明确采集规范，制定采集策略，完善数据采集风险评估以及保证数据采集的合规合法性。数据采集规范中要明确数据采集的目的、用途、方式、范围、采集源、采集渠道等内容，并对数据来源进行源鉴别和记录。制定明确的采集策略，只采集经过授权的数据并进行日志记录。对数据采集过程中的风险项进行定义，形成数据采集风险评估规范。数据采集全过程需要符合相关法律法规和监管要求，做到合规合法的采集。数据传输阶段，使用合适的加密算法对数据进行加密传输，其中主要用到的是对称加密算法和非对称加密算法。目前主要的对称加密算法有 DES、IDEA、AES、SM1（国密算法）等，非对称加密算法有 RSA、ECC、SM2（国密算法）等。数据存储阶段，制定存储介质标准和存储系统的安全防护重要标准。存储介质标准需要覆盖存储介质的定义、质量、存储介质的收发运输、存储介质的使用记录及管理、存储介质的维修规范。对存储系统的安全防护，需要包括数据备份、归档和恢复以及对存储系统弱点的识别及维护。数据处理阶段，明确数据脱敏的业务场景和统一使用适合的脱敏技术是关键。数据交换和共享安全阶段，需建立数据交换和共享的审核流程以及监管平台。建立数据导入导出的规范化流程，统一权限管理和流程审批以及监控审计，以确保数据对于数据共享的所有操作和行为进行日志记录，并对高危行为进行风险识别和管控。数据销毁阶段，结合场景保障销毁技术的多样化。针对不同的存储介质和设备有其不可逆的销毁技术及流程，实现针对磁盘、光盘各类数据存储介质的不同销毁技术及流程，建立销毁监察机制，严防数据销毁阶段可能出现的数据泄露问题。在建设数据全生命周期监管的同时，为了实现监控和审计，数据分级分类也必不可少。在数据分级分类之前，需要通过数据测绘来发现敏感数据，以及数据主要存储的位置。对数据进行结构化分级分类，实现对数据资产的安全进行敏感分级管理，并依据各级别部署相对应的数据安全策略，以保障数据资产全生命周期过程中，数据的保密性、完整性、真实性和可用性。

4.4.4　金融信息安全应用案例

案例一　极盾科技支撑企业数据安全治理的基础安全防护架构

极盾科技支撑企业数据安全治理的基础安全防护架构。如图 4-5 所示，数据安全交换平台支持跨数据使用场景的数据流动与管控、支持数据类型发现、支持数据流动日志记录与审计。数据采集记录所有数据操作日志、安全设备日志，并把这些日志对接到大数据智能分析与决策平台（极盾析策 XDR 平台）。该架构支持各类数据对接，支持多种方式的事件查询与分析，支持复杂场景里的安全策略模型构建；并且还会自动联动支持安全告警管理与安全设备。

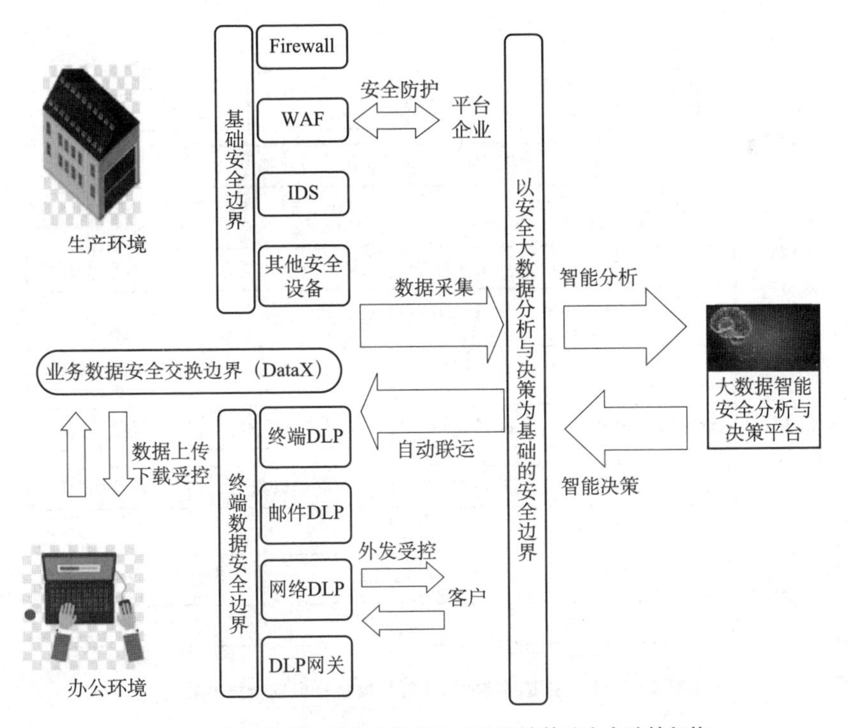

图 4-5　极盾科技支撑企业数据安全治理的基础安全防护架构

案例二　博彦泓智科技的人工智能赋能金融安全技术架构

博彦泓智的人工智能赋能金融安全技术架构如图4-6所示，主要分为数据层、算法层、算法成果层和应用层等4个层次共27个技术模块。博彦泓智主要通过以下3个步骤完成人工智能金融中从数据抽取到顶层应用的全链路流程。首先，在最下方的数据层中，通过网络爬虫以及API获取等方式得到金融行业结构化文本、非结构化文本、图片数据、音频数据、视频数据，为顶层应用提供数据支持。其次，在算法层中，先对获取的数据进行抽取与清洗，再使用光学字符识别（OCR）、人脸识别、文本语义分析等深度学习算法对提取到的数据进行抽取、分类、识别和预测，得到个人征信图谱、企业关系图谱、异常行为数据库以及金融舆情知识库。最后，通过算法成果层中的各项图谱与知识库为顶层应用进行赋能，现有的顶层应用包括信用评估模块、金融舆情分析模块、金融反欺诈模块、非法集资监测模块和贷款风控模块。

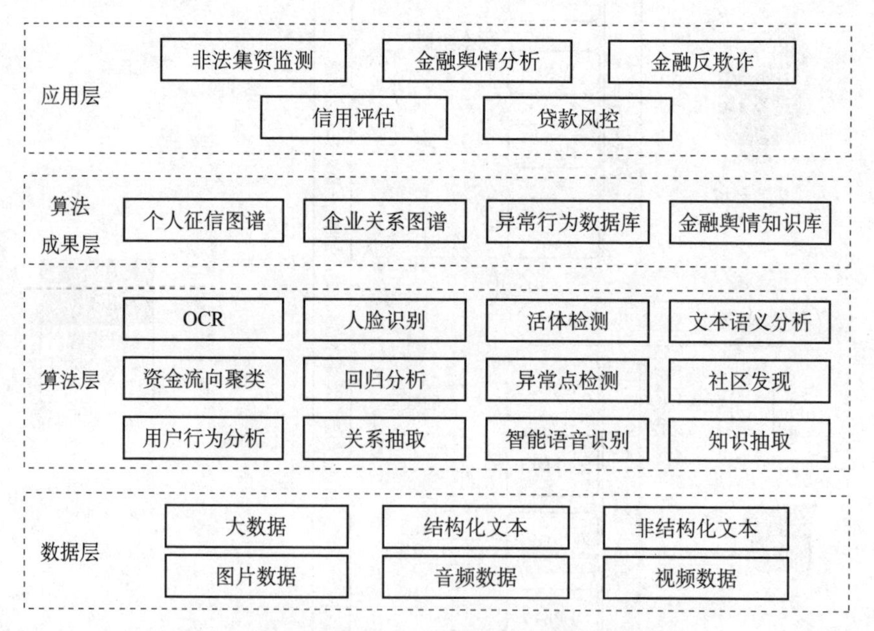

图4-6　博彦泓智科技的人工智能赋能金融安全技术架构

机器学习、知识图谱等技术对金融实体的工商、税务、舆情等信息进行自主学习和智能建模，能够有效构建智能化的信用评估系统。对行业构建系统并全面的知识图谱，能够实现对交易链进行组织和透视，精确定位虚假交易。通过计算机视觉、自然语言处理以及智能语音等技术，对各类贷款材料进行智能识别及审核，不仅能够实现降本增效，还能降低机械风险和人员道德风险。随着金融创新业务的不断涌现和人工智能技术自身的不断进步，人工智能技术在金融领域的赋能空间仍在不断扩展。

4.5　国内外保障网银安全的通行做法

目前，国内市场应用的主流是 USB Key，而国外银行大多是应用动态口令卡，采用双因子认证（一是认证网银用户的用户名和密码，二是通过动态口令卡等身份认证方式来认证用户信息）。这里举例英国渣打银行、瑞士邮政银行、美国花旗银行、意大利 BNL 银行的网银安全的技术防范措施。

4.5.1　国际网银安全通行做法

1. 渣打银行

根据 APACS（英国银行卡组织）的调查，25% 的英国人泄露了自己的密码给其他人，使自己承受巨大的网络欺诈风险；27% 的英国人在所有的网上都使用同样的密码，这在人均拥有四张卡的英国，对网络欺诈者来说是件好事；44% 的英国人甚至将他们的卡随便处理，例如遗失在饭店或者酒吧，这增加了其遭遇网络欺诈的风险；51% 的网上商店在下单前从来不会检查网址是 http 还是 https，这意味着这些商店的安全意识也比较低。

为应对这些情况，渣打银行的网银安全实施了双因子认证，他们认为解决方案必须迎合监管方面的具体变化。但是他们在实施双因子认证的过程中也遇到了一些问题。其中之一就是认证工具之一的动态口令卡的投递。渣打银行的用户数量非常庞大，区域分布非常广泛，用户的邮寄地址、联系电话等很可能已经发生了大量的变更，而渣打银行存档的用户信息并没有更新，这些都增加了口令卡投递的难度。对于会产生大额交易的用户的口令卡，渣打银行采用的是特殊的投递方式，而不是一般的通过邮局平信投递，例如选择专门的第三方邮递企业实现准确可靠的投递；而对于更多普通用户，口令卡的投递是在与用户沟通核实用户最新信息之后，依赖邮政服务商和电信运营商实现可靠的投递和确认。虽然双因子是一个解决方案，但并不能指望它解决所有问题，欺诈者也在努力寻找新的可乘之机。随着商业模式的转变，如何保证网银安全变得越来越困难，尤其是在线的威胁正在迅猛增长的情况下。接下来渣打银行将整合安全技术，规避风险，重新审视在保护用户安全过程中的角色。

2. 瑞士邮政银行

瑞士邮政是集物流、邮政、公众客运和金融服务为一体的大型集团，瑞士邮政银行是瑞士邮政的子品牌，拥有 380 多万用户，100 多万网银用户。由于网络攻击持续增长，用户存在多账号的情况，瑞士邮政银行面临更多、更高的网络安全需求。瑞士邮政银行得出了自己的业务需求：符合国际标准，简单易用，具备出色的灵活性，高性价比，支持多种业务渠道，更高安全级别，低维护成本，支持大规模部署的解决方案。

瑞士邮政银行选择了由读卡器、智能卡和用户信息组成的 EMV CAP 解决方案，它基于 IC 卡的金融支付标准，符合国际标准，支持一次性密码和挑战或应答登录认证，把交易签名作为附加的安全手段。EMV CAP 还能支持多种业务渠道，如电子银行、电话订货、电子商务等。

他们选择借记卡、信用卡作为智能卡，这样做的好处是用户通常会随身携带，卡丢失时用户能立刻察觉，无须额外的卡和密码，可避免用户的额外支付。由于瑞士邮政银行用户的国际性，为了增加产品的易用性，他们的用户手册支持四种语言，并且是四种语言同页对比印刷。虽然这样乍看起来不如分别印制四种语言的手册省事、节省成本，但这种做法在后来他们投递用户手册的过程中提供极大便利，因为他们不必再区分用户语言来对应投递，只全部投递这种集四种语言于一体的用户手册，用户拿到后自取所需就是了。除了四种语言的用户手册，为方便用户，瑞士邮政银行还将卡和用户手册打包一起投递，让用户只需接收一次即可。

另外，为成功推出智能卡和读卡器，瑞士邮政银行为用户提供电子教学服务，培训其学习使用智能卡和读卡器，并对所有分支机构、呼叫中心和员工进行教育培训，采用媒体手段进行宣传，呼叫中心提供 7 × 24 小时的服务，随时随地为用户提供支持。

瑞士邮政银行的经验在于产品越简单易用越好；要为用户提供一揽子的解决方案，最好是渐进地实现集成，例如先实现安全认证登录，再实现交易签名。其中物流保障是项目成败的关键因素。

3. 花旗银行

花旗银行作为全球知名的金融服务提供商，在 100 多个国家拥有数以千万的用户。在美国，花旗银行有三种网上银行业务渠道：Citibank Online 是针对个人用户的，拥有上百万的消费者，对于他们的网银安全，花旗银行采用了数字证书、身份认证等不同认证体系；CitiDirect 是针对业务规模在 5 亿美元以上的大型企业用户的；CitiBusiness Online 是针对中小型企业的，它基于网页，为业务规模在 100 万美元到 5 亿美元之间的中小企业提供全业务功能的网上银行系统。

面对日益激增的钓鱼网站的攻击，花旗银行从 2005 年秋天开始，筹划用几百万美元来实行防范攻击计划，转换更安全的用户认证。原本计划的进程安排如下所示。2006 年 1—2 月，向用户发表声明或者发送邮件告知用户计划时间和相关信息；2006 年 3 月，完成测试并在内外部试点；2006 年 4 月，完成 MIS 系统和相关工具的开发；2006 年 4—10 月，转换用户认证，每周转换 5% 的用户，在这个阶段，每个用户都会收到一个口令卡，花旗银行在线将安全快速指南以及详细文档同用户注册和使用口令卡过程结合，提供 7 × 24 小时的客户服务答疑解惑。花旗银行的用户认证也是采用双因子认证。这样做的好处是：一方面，可以更好地保护用户的资产和信息，避免银行由于欺诈而产生的损失；另一方面，也能响应联邦金融机构检查委员会所颁布的要求美国金融机构必须在 2006 年年底前必须为其网上金融交易部署双因子认证的规范要求。

但就在项目进行到4月份的时候，网上居然出现了在线安全口令卡的钓鱼网站，诱骗并盗取用户的信息和资产。钓鱼网站出现的速度之快和几近真实的程度让花旗银行电子银行部高级经理和整个项目组惊诧不已。为应对这种局面，项目组决定提前两周开始项目实施，并通过缩减客户交流时间和试运行、成立特别小组、加速研发和测试、投入更多资源、口令卡订单加急处理、展开紧急培训、优先同"高危"客户进行交流等方式和途径，将实施时间从6个月缩短至3个月。

总结这场与钓鱼网站争分夺秒的战役，银行负责人认为不要将安全计划过度地告知用户，因为过多的信息同样会告诉欺诈者接下来会发生什么，需要注意任何网站或者市场宣传材料中的信息都会被欺诈者获悉、利用。但还是需要保持内部和外部的信息沟通，所以需要一个拥有媒体经验的发言人在适当的时候来发布有关程序的信息和新闻公告，一旦发现有可能造成项目实施过程的用户疑点或者关注点，要尽快地发布相关常见问题问与答信息，节省客户服务时间。与用户的沟通需要持续加强，告知而非警告。

4. 意大利BNL银行

意大利BNL银行是意大利的第七大银行，拥有16 300名员工、703个分支机构。与其他国家相比，意大利的网银使用率比较低，而且也不像其他国家那样有比较健全的网银监管系统。由于早期使用的数字证书越来越表现出其拙劣的易用性，意大利BNL银行决定选择新的安全系统。

为满足意大利BNL银行的关键业务需求，系统必须要有适用于完成交易的安全保障，必须具备高度的易用性，必须是即插即用的方案，有简化的向导策划，同时还要简化分支机构的密码和口令卡的集中管理。意大利BNL银行的服务理念是要为客户提供在任何时间、任何地点，为用户一直开启的银行。为此，他们需要一套易于使用的、便携易用的安全解决方案。经过长期观察，意大利BNL银行选择了VASCO GO3口令卡，应用双因子认证，并为其起了一个简洁响亮的名字——the pass BNL。

到目前为止，意大利 BNL 银行已经为 50 万用户配备了口令卡，95% 的新客户非常满意新的安全系统。意大利 BNL 银行的成功经验在于选择一个好的安全设备，这不仅是一个技术的挑战，更是一个商业的挑战，需要内部和外部用户的大力关心与支持。要保证用户的操作体验非常棒，设备能真正即插即用，在线支持服务要持续引导用户并与之沟通，还要在限制条件下尽可能地减少安全技术和设备的更换率。

4.5.2　国内网银安全通用做法

以下列举了国内部分商业银行（金融平台）的网银登录和验证手段，如表 4-1 所示。

表 4-1　网银登录和验证手段

<table>
<tr><th>金融平台</th><th>登录页面</th><th>动 态 口 令</th><th>动态口令与
登录密码关系</th></tr>
<tr><td>淘宝 / 支付宝</td><td>输入登录名和密码即可登录，在非用户自己的计算机登录时，提示用户进行身份验证</td><td>动态验证码发送到支付宝账号绑定的手机上</td><td>单击登录时，跳出弹窗进行用户身份认证，要求用户输入发送到用户手机上的验证码进行登录</td></tr>
<tr><td rowspan="2">中国农业银行</td><td>单击个人网上银行登录，先跳出弹框，要求输入 K 宝密码，输入后进入登录页面，选择用户账户，输入查询密码进行账户管理操作</td><td>K 宝固定密码登录，连续输入 3 次自动上锁，网银功能将不能使用</td><td>先输入 K 宝密码，进入后，根据不同卡号输入查询密码进行账户管理操作</td></tr>
<tr><td>动态口令卡方式支付时，先登录网上银行，输入登录密码进行登录</td><td>当进行交易时输入系统提示的动态口令卡坐标上的 6 位数字，输入密码正确可进行网上交易，每次交易密码仅使用一次，交易结束后即失效</td><td>动态口令是交易时进行的二次验证（现在不常用）</td></tr>
</table>

续表

金融平台	登录页面	动 态 口 令	动态口令与登录密码关系
工商银行	动态口令卡方式支付时，先登录网上银行，输入登录密码和验证码进行登录	进行交易时输入系统提示的动态口令卡坐标上的6位数字，输入密码正确可进行网上交易，每次交易密码仅使用一次，交易结束后即失效；当天连续3次输错动态口令，银行临时冻结当日交易资格，次日自动解冻	动态口令在用户登录时未起作用，当用户进行交易时需要输入动态口令
	U盾方式登录时只需输入登录密码和验证码	需要进行资金交易时，需要插入U盾进行操作	登录时不需要进行U盾插入，需要进行交易时才进行认证
浦发银行	动态密码登录	手机短信验证码，发送到绑定的手机上	输入客户号与密码后点击登录会进行动态密码验证，并发送到手机上一个验证码，需要用户输入
建设银行	输入证件号码和登录密码、附加码即可登录	使用U盾进行认证	
中国银行	输入用户名、密码和验证码即可登录	对于关键交易需要动态口令牌再次进行认证	登录时无须进行动态口令认证，当进行关键交易时需要动态口令牌再次进行认证
邮政储蓄	输入用户名或证件号码加登录密码和验证码进行登录	UK加短信，进行交易时，在交易确认页面插入UK并输入UK密码和短信验证码	交易时进行二次验证
		电子令牌加短信，进行交易时，在交易确认页面输入电子令牌动态交易密码，交易即可成功	
		手机短信客户，交易时只需输入正确的手机验证码	

为保障网银安全，目前国内外市场主要有三大类网银安全工具：文件数字证书、USB Key 和银行动态口令卡。其中数字证书是最常见、基本的安全保障手段，但其易用性较差；USB Key 是把数字证书保存在其内的 U 盘，目前国内市场上多数银行用户应用 USB Key 保障网银安全，但其缺点是较贵，容易丢失；动态口令卡是不断变化的密码，相对价格较低，易于携带，操作简单，国外银行大多应用动态口令卡，采用双因子认证。

4.6　数字科技赋能金融安全与沙盒机制

随着数字经济快速发展，中国金融机构数字化转型加快。中国信通院发布的《中国数字经济发展白皮书》显示，2020 年我国数字经济规模达到 39.2 万亿元，占 GDP 比重的 38.6%，已成为国民经济的核心增长极之一。美国高德纳公司预计，2024 年中国企业 IT 支出规模将达到 2 912 亿美元，年均增速为 6.04%。其中，银行业 IT 投入居于各行业前列，预计将达到 431 亿美元，年均增速为 5.29%。

4.6.1　数字科技赋能金融安全

数字科技赋能金融安全主要表现为信用评估、互联网金融反欺诈、贷款风控、非法集资监测、金融舆情分析等多个金融领域。

1. 信用评估

信用是金融的根本。过往的贷款审批存在审批效率低下、不够标准化和规范化的问题。应用机器学习以及知识图谱构建等人工智能技术，能够根据客户的资料信息对客户信用进行科学研判，从而对个体风险进行量化，使整体的信贷资产质量也有了量化指标。

当前，信用评分的建模技术已发展多年。在具体实践中，最近的信用评估技术所使用的模型已从百种升级至具有数千种不同模型的高度复杂的综合方法。该方法通过各种验证框架和具有多种学习算法的集成，使信用评估获得更高的准确性。其中，信用评分卡模型（标准评分卡）是主要的一种方法，它以逻辑回归作为基础模型，并分为

4 种评分卡，包括申请评分卡、行为评分卡、催收评分卡、欺诈评分卡，再通过机器学习的回归预测产生不同等级的数字信用分数。基于客户的信用分数，银行可决定客户所能持有的金额权限，从而规避金融风险。

据统计，在采用数字化信用评分之前，小额消费信贷的审批平均需要 12 小时，在使用 AI 赋能的数字信用评分技术后，大部分该类贷款的审批可缩短至 15 分钟内完成，信用卡的审批只要一两分钟，甚至几秒钟。数字信用评分加速了整个信贷决策过程，降低了小额贷款成本，为普惠金融的开展提供了可能。同时，快速的审批过程也显著提高了客户的满意度。

2. 互联网金融反欺诈

对金融机构而言，金融反欺诈存在于多种场景中，如网络支付、网络借贷、消费金融、网络营销以及手机银行欺诈等。在不同场景中，反欺诈往往面临多种不同的问题。以信贷欺诈风险为例，白户风险、黑户风险、恶意欺诈、身份冒用、以贷养贷、中介风险、传销风险等都需要金融机构一一核实，这使金融机构陷入两难境地，冒进可能会导致资金的风险，不拓宽新用户则意味着市场份额的损失。

一般而言，不管何种欺诈，归根到底，都是通过欺诈性申请实现的。反欺诈策略的实质就是探讨数据挖掘等技术来预测欺诈的概率，从而为金融机构发现和拒绝欺诈性交易提供依据。现有的反欺诈模型通常是使用人工经验和设计规则对用户申请进行过滤，该方法不仅需要较大的人力投入，而且存在局限于个体经验的系统性风险，从而产生欺诈误判的可能。人工智能技术的介入可以最大限度地解决此类问题：通过行为序列、生物探针、关系图谱，可以在网络支付情景中解决冒用他人信息支付的问题；通过人脸识别和文本语义分析、用户行为分析进行精准用户画像，可以解决网络借贷中的用户欺诈问题；通过机器学习中的监督学习可以对海量的用户行为特征、标签进行分类，预测用户的欺诈概率；通过无监督学习，可以对所有用户和所有操作行为进行各纬度数据和标签的聚类，并找出与大多数用户和行为差异较大的用户和操作请求，并予以果断拦截，从而有效遏制金融欺诈行为的发生。

3. 贷款风控

贷款风控是对贷款主体进行贷前风险评估、贷中审查和贷后管理，包括对公贷款风控和个人信贷风控两大类。传统的线下经济很难实现对贷款主体信用的准确识别和分析，原因有三个。其一，贷款提交的数据资料是静态的，同时，由于统计报表的日期滞后，数据资料也有存量过时的问题，这便使金融机构无法得知当前正在发生贷款主体的数据情况。其二，数据的真实性鉴别成本较高，一些交易对手为了获取融资提供假数据、假资料，对此进行分析鉴别需要投入极高的成本，在日常实际业务开展过程中较难实现。其三，传统信用的获取往往是融入资金方，如借款企业提供的，即借款企业提供什么，贷款金融机构就分析什么，融出资金的金融机构处在被动接受地位。因此，资金融出机构很难准确获取借款企业的信用状况，这使金融风险更加难以控制。

为应对上述难点，人工智能技术的赋能必不可少。在对公贷款风控领域，贷款金融机构在贷前通过人工智能技术就能够从企业的财务报表、近期交易票据、企业资产情况、现金流、抵押物等信息中分辨优质资产情况，确认企业主体的还款能力。同时，人工智能技术能够以企业主体为维度，分析企业的行为特征、交易特征、关联人员特征等信息，并进行信息抽取，构建集账户属性、交易特质以及资金网络于一体的知识图谱，进而展现更加丰富、立体的“客户主体画像”。在贷款过程中，有别于传统客户经理对企业主体的单据、资产等材料进行审查的形式，人工智能图像识别、音频识别算法可以对单据、审查过程的影响和语音进行识别分类，在实现降本提效的同时，还能规避遗漏、错误的发生以及降低操办人员的道德风险等。在贷到资金后，人工智能技术能够更高效地管理实质贷款发放后直到完全收回之间的全过程，尤其是基于知识图谱的信息抽取技术可以对产业链中的关联性交易进行组织和透视，防止虚假交易的存在，有力保证了资金安全和资金用途。

类似地，在个人信贷风控中，贷前人工智能技术能够更高效、准确地审核用户的贷款资质，防止欺诈发生，特别是针对那些以套现偿债或将贷款用于其他非报备目的的用户，人工智能技术的介入能对其关联交易进行信息抽取，判断贷款人的贷款行为，防止出现逾期及坏账风险。在贷中，算法能对贷款用户近期款项的资金流向进行有效监测，防止出现贷款用途与申请用途不符的情况发生。在贷后管理中，数字技术也能帮助及时发送还贷提醒，并且对逾期的用户进行贷款催收。由此可见，通过人工智能技术加强风险评估、风险管理的能力，能够有效规避债务风险，降低金融机构的坏账率。

4. 非法集资监测

随着越来越多的互联网公司和金融机构的兴起，非法集资日渐成为金融领域的主要风险。近年来，相关案件数量及涉案金额不断上升，严重危害人民的财产安全，影响金融稳定。因此，建立非法集资监测预警模型，提高对非法集资资金交易的监测预警能力，对有效防范金额风险的发生具有十分重要的现实意义。

传统的非法集资交易监测，主要是根据客户身份识别、企业信用信息、经营范围、资金来源、企业规模、营收和负债情况等信息制定相应规则，实现监测预警。重点监测行为包括短期内资金分散转入、集中转出或返还收益的账户，与客户身份、财务状况和经营业务不相符的资金往来也会被视为可疑账户及非法交易等。具体监测规则覆盖了集资人开户、非法互联网金融、集资行为、非法返利行为、集中境外操作等非法集资过程中可能涉及的各个领域。

然而，规则预警方法也存在一定的弊端，如在有效识别非法集资的同时出现较多“误杀”的情况，在通过规则遴选出的可疑账户的识别数据里，存在大量正常账户因符合可疑账户的部分规则而被“误杀”的情况。这导致规则生成的筛查结果仍需大量的人力进行逐一鉴别。因此，需要在规则预警的基础上，应用人工智能技术提高监测预警算法的精准度。

通过搭建人工智能技术支撑的大数据算法平台，收集符合非法集资的账户和交易记录的量化特征数据，包括交易对象、交易金额、交易频率、交易方式等，经过数据清洗、数据集成、数据变换、数据规约等一系列预处理过程，把数据集合统一转换成可供分析的结构化数据，最后利用算法模型组合，包括 RNN、逻辑回归、SVM、随机森林、LightGBM 等方法，学习并拟合非法资金的内在特征，从而实现对监测算法精度的全面提升，降低数字化实时监控对人力的依赖，助力银行有效抗击非法金融行为。

5. 金融舆情分析

金融舆情是由组织机构或个人发表的以金融事件为基础的逻辑推理以及个人观点，主要包含金融行业的突发事件、行业发展趋势，其中包含大量的虚假信息以及强烈的主观臆断。金融信息通过不同渠道发布、传播，或许会影响个人或机构的金融行为，甚至影响整个金融领域的发展趋势。因此，及时准确获取突发金融事件并对特征事件进行实时跟踪，准确判断信息的真伪以及是否存在主观臆断，对个人以及特定组织机构的决策行为有着十分重要的参考价值。使用人工智能技术对金融舆情自动进行分类、抽取以及逻辑推理，能够实现对信息的及时推送、准确定位以及多角度分析和可视化展示，从而提升信息获取速度、数据使用效率和对信息的深度挖掘。金融舆情分析主要包括舆情识别、舆情信息结构化、舆情信息分析等 3 个部分。

舆情识别。大量的金融舆情信息充斥在互联网等各种渠道中，内容杂乱、来源不一，其结构、内容的多样性给定位消息和确认消息的可信度带来了很大的困难。传统舆情信息识别需要基于历史经验进行多渠道信息的对比。然而，单纯的字符检索以及人工对比判定显然无法在海量的互联网数据中达成有效的识别。人工智能技术则能通过训练文本语义和结构化的图谱数据，实现对多样文本、语音、图片等数据的高效分类和提取。

舆情信息结构化。针对信息格式、内容、来源多样的舆情信息，语义分析、多模态信息处理、文字识别（OCR）等人工智能技术能实现对非结构化的多元异构数据进行高效的抽取和对齐，以实现结构化存储。对于不同来源的金融信息，根据消息来源的可靠性，结合人工智能分类、抽取技术以及对多渠道信息的对比分析，还能实现对信息置信度的判定、热点话题的发现等。

舆情信息分析。通过对实时信息的结构化以及与多渠道信息的对比融合，结合历史信息推断，综合分析事件的发生频率、发展大趋势以及历史影响和关联信息，能够精准判定即时舆情信息是主观臆断还是既定事实，又或是行业发展趋势等类别，及时获取行业突发事件和热点话题以及进行舆情告警。同时，还可以对已预先设定的焦点话题进行共现分析，深度挖掘话题或事件背后的隐含规律，并以图谱和逻辑链路的形式快速、全面、直观地展示突发事件的关联信息以及发展脉络，为金融决策提供参考。

实践表明，机器学习、知识图谱等技术对金融实体的工商、税务、舆情等信息进行自主学习和智能建模，能够有效构建智能化的信用评估系统。对行业构建系统全面的知识图谱，能够实现对交易链进行组织和透视，精确定位虚假交易。通过计算机视觉、自然语言处理以及智能语音等技术，对各类贷款材料进行智能识别及审核，不仅能够实现降本增效，还能降低机械风险和人员道德风险。随着金融创新业务的不断涌现和人工智能技术自身的不断进步，人工智能技术在金融领域的赋能空间仍在不断扩展。

金融是国家重要的核心竞争力，金融安全是国家安全的重要组成部分，是关系我国经济社会发展全局的一件战略性、根本性的大事。在互联网加持下的新兴金融模式层出不穷、金融风险防范持续警钟长鸣的当下，应用以人工智能技术为代表的新兴信息技术应对金融业务领域的风险和挑战，值得广大金融机构积极关注和果断投入。同时，金融领域的广阔空间也值得人工智能技术企业和从业者共同关注、共同参与。

4.6.2 沙盒监管的概念和意义

沙盒监管（regulatory sandbox）是2015年11月，英国金融监管局（FCA）率先提出的创新监管理念。沙盒监管作为一个受监督的安全测试区，通过设立限制性条件和制定风险管理措施，允许企业在真实的市场环境中，以真实的个人用户与企业用户为对象测试创新产品、服务和商业模式，有助于减少创新理念进入市场的时间与潜在成本，并降低监管的不确定性。

沙盒监管打破传统监管思维，立足于保护消费者权益，促进金融创新的监管理念，创设了一套新的监管制度和监管工具，实行差异化监管，对于监管者、被监管者和金融消费者而言，分别具有不同的意义。

对监管者而言，沙盒监管的意义体现在以下方面。第一，沙盒监管是平衡金融创新与风险的有效监管手段。监管者改进了传统事前授权的监管模式。监管者向企业颁发有限的授权，在确保安全的情况下为企业提供创新的机会，同时使沙盒内的风险可控。另外，沙盒监管在测试的同时融入了监管者的事前审核、实时监督、动态评估以及对消费者保护的要求，不仅让创新在较大限度内得到测试，而且保证最终进入金融市场的都是真正的创新，同时还有效降低了潜在风险的扩散。第二，监管者在沙盒监管中，可以充分了解企业创新方案的金融本质、内含的风险和具体的操作手法等，为监管者进一步制定政策积累经验。沙盒监管让监管者在创新产品真正面世前就有机会了解潜在的风险，从而提前进行沟通协调，降低了创新产品面世后的监管成本。第三，沙盒监管可以为监管者厘清金融创新与金融监管之间的关系并提供更清晰的视角和方向。金融科技和混业经营的发展进一步放大了金融监管权的不对称性、监管规则的滞后性等负面效应，而沙盒监管可以有效控制此类负面影响。在沙盒监管中，监管者可以通过对测试的监控及时了解金融科技行业的发展动态，鉴别出有损消费者权益的、亟须修订的、不合时宜的监管规则，同时也可以发现已有的监管体制在应对创新产品时所存在的漏洞与缺陷，以便做出及时的调整和补充，进一步完善金融监管。

对被监管者而言，沙盒监管的意义体现在以下方面。第一，有助于缩减金融创新产品面世的时间。在传统监管模式之下，创新产品因其存在潜在的风险，经常会面临被监管者一再延迟面世的情况。沙盒监管根据创新方案的实际需求适当调整监管规则，给创新创造一个较为明确、宽松的环境。通过沙盒测试的金融创新产品可以在较短时间内得以面世。第二，有利于企业，特别是金融科技初创企业的融资。

英国的经验表明，监管的不确定性将使创新项目估值降低 15%。监管者对进入沙盒测试企业的包容，消除了投资者对创新产品不确定性的部分疑虑，有利于提高创新企业估值，顺利实现融资。第三，企业可以在沙盒内获得监管者和消费者关于创新产品的反馈，为产品的完善和推广积累市场经验。

对金融消费者而言，沙盒监管的根本目的是保护消费者的利益，所以一切制度建立的前提都是保护消费者权益。其意义具体体现在以下方面。第一，在沙盒测试前期，金融创新机构需向消费者告知测试的具体情形及潜在风险，征求消费者的意见，只有在完全得到消费者同意时方能将其纳入测试，充分保障了消费者的自由权和知情权。第二，消费者在测试过程中享受与其他客户同等的权利，消费者可随时向参与测试的企业和监管者投诉，消费者的公平交易权得到充分保障。第三，企业和监管者要针对客户建立专门的补偿机制，消费者在公司测试失败后可享受一定的金融服务补偿，获得包括投资损失在内的所有补偿，无须承担任何与测试企业进行交易的风险，保障了消费者的求偿求助权。除了传统意义上对于消费者知情权、自由权、公平交易权、保密权、安全权以及求偿求助权等这些基本权益的保护之外，沙盒监管还扩展了金融消费者保护的内涵，更加注重的是消费者受益，通过降低价格、提高服务质量、互惠交易，增强便利性和可得性。

4.6.3 沙盒监管业务流程

一个完整的沙盒测试通常分为以下几步。第 1 步，企业申请进行沙盒测试。企业向 FCA 提出申请，包括拟测试的新产品、服务及所需满足的基本要求。第 2 步，FCA 批复。审核企业申请，为符合要求的项目指定监管联络人。第 3 步，定制测试方案。FCA 与企业一对一确定测试方案，包括测试业务、测试参数、结果度量、报告要求及保障措施等。第 4 步，测试许可。FCA 允许企业进行测试。第 5 步，测试与监控。企业按照第 3 步的约定开始测试，FCA 实时监控。第 6 步，企业向 FCA 提交最终报告。第 7 步，FCA 审查报告。测试结束后，企业撰写报告交由 FCA 审查。第 8 步，产品推向市场。报告经 FCA 审查通过后，由企业决定是否将新产品推向市场，如图 4-7 所示。

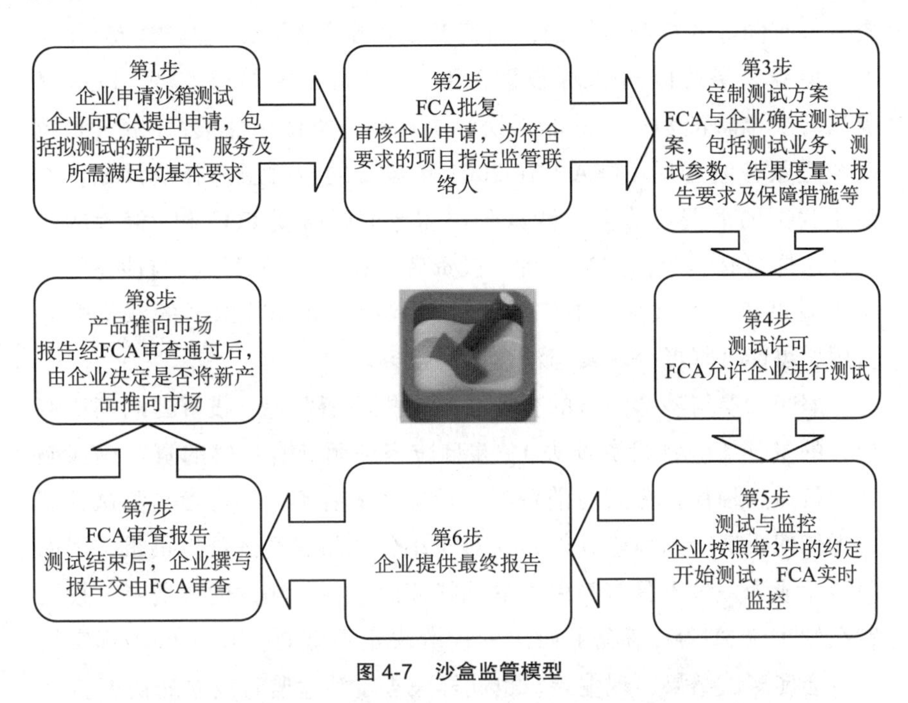

图 4-7 沙盒监管模型

相应的沙盒监管也提供了四种消费者—投资者保护的方式。

第一，沙盒中的公司只能对事先知情并同意参与的消费者、投资者测试其创新方案。这些被选中的消费者、投资者都将是比较理性且有一定风险承担能力的用户，但因为筛选掉了不够成熟理性的用户，会导致测试结果的不准确性，毕竟真正的市场形形色色的人都有，如果测试用户不全面那么必然导致测试结果不准确，这也就失去了沙盒监管设立的初衷。

第二，消费者、投资者应被告知测试的潜在风险以及可获得的补偿，参与沙盒的企业可以根据自己的时间情况和测试结果提出关于消费者信息披露、消费者保护、消费者赔偿的建议，FCA 将进行考察并采纳或调整。双方在潜在风险及可获补偿方面达成一致性意见，这种方式比较有利于调动沙盒公司和参与的消费者、投资者的积极性，使监管者在做监管计划时更接近于听到真实的市场声音，相比监管部门单方面直接制定监管方案更合适合理。

第三，参加沙盒测试的消费者、投资者与其他领域的消费者、投资者享有同等的权利。例如，消费者或者投资者可以先与参与公司协商，协商未果可以向FOS投诉，也可以找FSCS寻求救济。FOS是英国解决金融消费纠纷的非诉讼解决机制，类似于仲裁；FSCS是英国金融服务监管局（FSA）在2001年建立的金融服务补偿计划，类似于我国的消费者协会。沙盒公司需要同时接受FOS和FSCS的监管，这样更有利于保护消费者、投资者利益，但是对于参与沙盒的公司来说财务成本太高，他们需要同时承担FOS和FSCS的双重财务费用，可能会降低公司参与沙盒的积极性。

第四，参与沙盒测试的企业必须承担向消费者、投资者赔偿所有损失的责任（包括投资损失），并且应当证明其有足够的资产确保赔偿。虽然这种保护方式对消费者、投资者最有利，甚至参与测试的用户无任何投资交易风险，但是这对于小公司而言经济负担很重，因而使沙盒成为一种不具有吸引力的选择，而且参与测试的消费者、投资者在知道无风险的情况下做出的投资决定不能真正反映市场真实情况，会使测试结果出现偏差，也同样失去了沙盒监管设立的初衷。

4.6.4 沙盒监管的应用与实践

以下是国际上在金融监管方面实践沙盒监管的例子。

（1）英国。英国金融行为监管局（FCA）于2015年11月初正式发布了《沙盒监管》指引文件，首次完整提出沙盒监管的核心意义与具体实施要求。后于2016年5月正式开放了第一批沙盒监管测试报名，截止到2017年8月8日已完成共三批测试招募。在前两期的招募中，累计接收了146家企业申请，正式进入测试环境的企业2018年仅有49家，其中多数为初创企业，也包括一些银行和其他机构，业务类型主要包括基于区块链技术的跨境和国内支付解决方案、帮助消费者进行财务管理的移动应用程序、证券管理平台和借贷产品。

（2）新加坡。新加坡金融管理局（MAS）于2016年11月发布了

《金融科技沙盒监管》指引文件，对沙盒监管的适用对象、准入条件、操作流程进行了说明。2017 年年初开放沙盒监管测试招募，截止到 2017 年为止，MAS 官网上仅公布了两家通过筛选的企业，其中保险企业 PolicyPal 已于 2017 年 3 月进入测试、数字财富管理公司 Kristal Advisors 于 2017 年 8 月 10 日起开始测试。

（3）澳大利亚。澳大利亚证券投资委员会（ASIC）2017 年 2 月发布了《金融科技产品及服务测试》监管指引文件，开始对部分未获得澳大利亚金融服务许可证（AFS）或澳大利亚信用许可证（credit licence）的金融科技企业，开放产品和服务测试环境。与英国、新加坡不同，澳大利亚的沙盒不需要公司申请许可。ASIC 直接在监管指引文件中发布了监管豁免条款，只要符合特定条件并告知 ASIC 即可开启测试服务。但其监管豁免仅适用于少数领域，并且对公司的客户数量、风险敞口提出了具体的要求。

（4）美国。美国国会于 2016 年 9 月提出了沙盒监管相关法案，该新法案成为 2016 年金融服务创新法案的一部分，此法案于 2017 年进行立法审核。该法案构建的监管框架与英国沙盒有很多相似之处，包括金融科技企业需要向监管机构进行申请，其创新为公众带来的好处，获得批准的公司即可获得测试环境内的经营许可。不同的是，美国的监管框架涉及多个机构，包括联邦储备委员会、财政部和证券交易委员会，每个机构都需要设立一个金融服务创新办公室，负责金融科技企业相关沙盒监管规则的修改，处理金融科技企业的提案，审批沙盒测试服务。

表 4-2 是以上国家沙盒监管的应用情况。

表 4-2 部分国家沙盒监管情况

类 别	国 家			
	英国	美国	澳大利亚	新加坡
推出时间	2015 年 1 月	2016 年 9 月	2017 年 2 月	2016 年 11 月
监管主体	金融行为管理当局（FCA）	联邦储备委员会、财政部和证券交易委员会等多个机构	澳大利亚证券投资委员会（ASIC）	金融管理局（MAS）

续表

类　别	国　家			
	英国	美国	澳大利亚	新加坡
测试主体	金融机构、金融科技企业	金融科技企业	金融科技企业及个人	金融科技企业
技术基础	大数据、人工智能、区块链、移动支付、电子交易	区块链、数字货币	大数据、人工智能	人工智能
测试项目申请要求	金融产品与服务有所创新，但须在金融服务和市场法案范围内	使用或结合新技术或新兴技术的产品，或以新方式使用现有技术解决问题、提供便利的服务或产品	金融服务和信贷活动，金融产品和信贷合同产品	适用于金融科技方面的技术创新及新方法运用
测试周期	6 个月	2 年或 3 年	12 个月	具有弹性
退出机制	测试期限满	测试期限满	测试期限满或提前申请	期限内无法完成可申请延期
监管力度	测试阶段应适当降低监管要求，实施弹性的监管，给予被测试企业容错空间，但企业不能逃避监管			

中国对沙盒监管机制的探索与实践经历了以下阶段。

随着中国金融科技市场的蓬勃发展，大数据、人工智能、云计算、区块链等底层技术不断优化成熟，相关产业也在逐渐丰富壮大。2019 年 8 月，中国人民银行印发《金融科技（FinTech）发展规划（2019—2021 年）》，为中国版沙盒监管提供了详细可落地的政策支持和操作指引。2019 年 1 月，国务院批复同意北京市在依法合规的前提下探索沙盒监管机制。2019 年 12 月中国人民银行批复北京市率先在全国开展金融科技创新监管试点，探索构建符合我国国情、与国际接轨的金融科技创新监管工具，引导持牌金融机构在依法合规、保护消费者权益的前提下，运用现代信息技术赋能金融提质增效，营造守正、安全、普惠、开放的金融科技创新发展环境。当前，中国已经初步具备实施沙盒监管的基础条件。一方面，现有监管机制并不排斥沙盒监管，其弥补了现有金融监管在应对金融科技创新方面的不足。另一方面，互联网金融监管规则以及与之配套的第三方支付、P2P 监管规则都已经出台，为实施沙盒监管积累了有益经验。中国金融科技监管的研究已经起步，尤其是对数字普惠金融监管问题的研究正在深入推进。与此同时，中国实施金融沙盒监管也面临操作层面的挑战。沙盒监管对监管资源配备的要求较高。从创新标准的审定、消费者保护措施的设立、对创新企业的沟通指引以及对创新成效的评估等都需要监管者增强在机构设置、人员配备、技术储备和管理机制等方面的建设。另外，沙盒监管作为监管方式的一次大胆创新，还需要面对现行监管规则与法律框架对监管责权的束缚，积极协调暂时性宽松与法律法规等的不一致。

截至 2021 年 6 月，三批金融科技创新监管试点的参与机构共计 109 家，其中银行有 41 家，占 38%，科技公司有 33 家，占 30%，其余有支付机构、征信机构、通信企业等。前四大参与机构类型合计有 92 家，占 84%。试点应用的参与机构虽然种类众多，但类型集中度很高，主要都是金融机构或者科技公司。

三批金融科技创新监管试点应用主要针对的领域有信贷、运营管理、支付、多场景、风险监控、溯源、智能交互、身份识别、数字函证等。其中，有 37 项试点主要针对信贷领域，占 41%。信贷、运营管理、支付、多场景四大领域的试点共有 69 个，占 77%，可见试点应用针对领域的集中度较高，需求主要集中在信贷、运营管理、支付、多场景四大领域。金融科技创新监管试点主要针对领域分布（截至 2020 年 6 月）如图 4-8 所示。

三批金融科技创新监管试点应用的核心技术中，使用次数最多的是大数据，共有 57 项试点涉及该技术，其次是区块链、人工智能和机器学习等。同时，试点应用普遍拥有三种以上的核心技术，经不完全统计，三批试点应用共涉及不同种类核心技术 288 次，可见试点应用拥有创新技术，符合金融科技发展要求，能够有力推动传统金融业信息化、安全化。金融科技核心技术应用情况如图 4-9 所示。

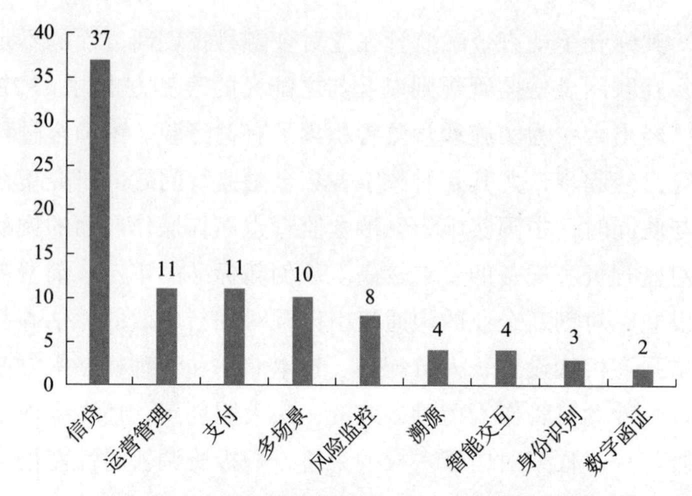

图 4-8　金融科技创新监管试点主要针对领域分布

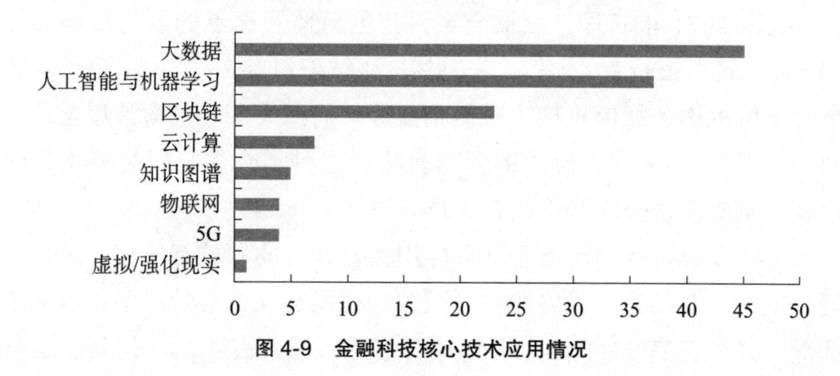

图 4-9　金融科技核心技术应用情况

第 5 章　智慧金融平台架构与应用

5.1　智慧金融服务平台概述

随着计算机信息技术、大数据及人工智能技术的快速发展，“人工智能 +”已成为中国的一大战略。2017 年国务院发布了中国《新一代人工智能发展规划》，首次提出了智能金融概念，并对智能金融的主要内容进行概述，建立金融大数据系统，提升金融多媒体数据处理与理解能力。创新智能金融产品和服务，发展金融新业态。鼓励金融行业应用智能客服、智能监控等技术和装备。建立金融风险智能预警与防控系统。

比较“智能”和“智慧”的概念，智能包含语言智能、数学逻辑智能、空间智能、身体运动智能、音乐智能、人际智能、自我认知智能、自然认知智能等。智慧包含感知、知识、记忆、理解、联想、情感、逻辑、辨别、计算、分析、判断、文化、中庸、包容、决定等。二者的本质区别在于智能是心智的唤醒与执行，强调的是自动化执行能力；而智慧是心智的感悟和创造，强调的是悟性。从这个角度上看，智慧是一个比智能具有更高维度更高层次的概念，故本章引用广大读者更易于接受的概念——智慧，来解析智慧金融平台。

跟所有的标准体系一样，智慧金融标准体系也分为基础标准、运管标准、技术标准、资源标准和安全标准等。如果标准是逻辑层面的架构，那么平台则是物理层面的架构。通常讲的“智慧金融平台”是以 IT 技术和大数据为核心驱动力，利用人工智能和风险算法模型技术，研发运用的数字金融应用系统，具有金融超市、融资撮合、信用评级、风险预警四个主要功能模块和培训宣讲、政策发布等配套功能。具体来说，智慧金融应用服务平台涉及主要核心技术有自然语言处理、知识工程、深度学习、语音辨识、视觉计算、文本数据中台等。其中，自然语言处理拥有27个中英文NLP模块、SOTA算法和预训练模型，能够结合机器学习语言学，支持中英文、繁简体，丰富行业积累；知识工程主要涉及人工智能工程自动化平台、NLP语义智能搜索、非结构化文本处理、知识推理、自动构建知识图谱、异构数据处理、自动发现及挖掘实体关系及自动化流程等应用技术；深度学习应用到SOTA算法、模型智能选择、深度学习自动化平台、AutoML、数据运营平台、强化学习、多模型自动调参及迁移学习等技术；语音辨识主要内容是语音情绪理解、语音全双工技术、中英文ASR、对话语音行为辨识、行业数据积累等；视觉计算涉及人脸情绪辨识、肢体姿势辨识、人脸辨识、人脸表情、口罩识别、活体检测、情感考查、行为辨识及多模态交互等内容；文本数据中台主要从文本审核、文本纠错、文本比对、语义检索、文本解析、推荐、文本分析及用户画像等方面开展应用研究。

我国在振兴和规划智慧金融方面于2019年和2022年先后出台过两份指导性文件。2019年8月，央行公布首轮金融科技发展规划——《金融科技（FinTech）发展规划（2019—2021年）》，这份纲领性文件的出台，明确了金融科技发展方向、任务和路径，有力推动了金融科技良性有序发展。该规划文件要求，我国金融业要以新时代中国特色社会主义思想为指导，全面贯彻党的十九大精神，按照全国金融工作会议要求，秉持“守正创新、安全可控、普惠民生、开放共赢”的基本原则，充分发挥金融科技赋能作用，推动我国金融业高质量发展。到2021年，建立健全我国金融科技发展的“四梁八柱”，进一步增强金融业科技应用能力，实现金融与科技深度融合、协调发展，明显增强人民群众对数字化、网络化、智能化金融产品和服务的满意度，推动我国金融科技发展居于国际领先水平，实现金融科技应用先进可控、金融服务能力稳步增强、金融风控水平明显提高、金融监管效能持续提升、金融科技支撑不断完善、金融科技产业繁荣发展。

2022 年 1 月，中国人民银行印发《金融科技发展规划（2022—2025 年）》，该规划依据《中华人民共和国国民经济和社会发展第十四个五年规划和 2035 年远景目标纲要》制定，提出新时期金融科技发展指导意见，明确金融数字化转型的总体思路、发展目标、重点任务和实施保障。该规划在简要回顾“十三五”时期金融科技发展的基础上，提出“十四五”时期金融科技发展愿景，明确金融科技发展的指导思想和 4 个基本原则、6 个发展目标，确定了 8 项重点任务和 5 项保障措施。

其中，8 项重点任务从治理体系、数据要素、基础设施、核心技术、激活动能、智慧再造、审慎监管、发展基础等方面明确目标，具有较强的针对性和可行性；5 项保障措施从试点示范、支撑保障、监测评估、营造环境、组织统筹等方面提出要求，为重点任务实施奠定基础、提供支持。

典型的“一核两翼六智场景”的智慧金融服务平台如图 5-1 所示。一核指以金融互联网为核心的各金融机构，左右两翼分别指金融数据

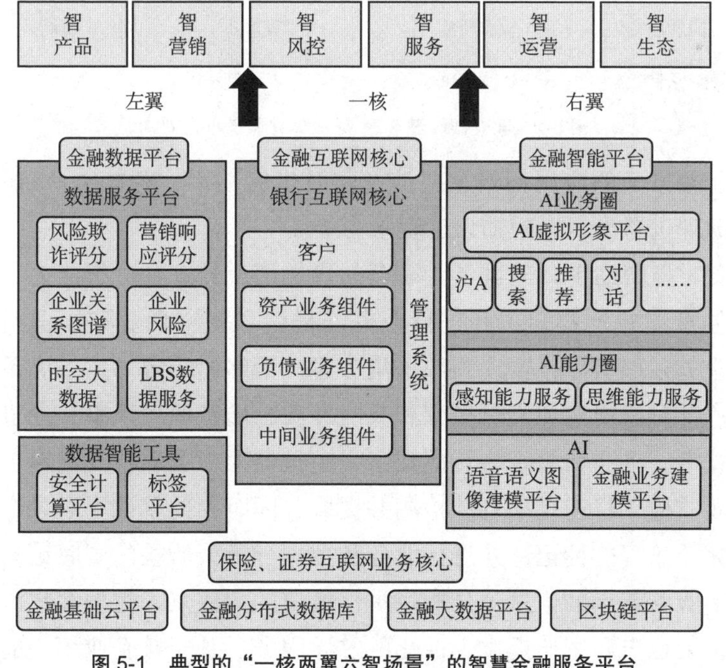

图 5-1　典型的“一核两翼六智场景”的智慧金融服务平台

平台和金融智能平台，以此支撑起六大应用。

5.1.1 企业化运行的智慧金融服务平台

某企业智慧金融 AI 一体化服务平台架构如图 5-2 所示，包括应用层、管理层和功能模块层等三大块。

应用层

产品咨询	投资顾问	通知回访	客服培训
精准营销	业务办理	客户服务	行情预测
智能投研	智慧搜索	文本分析	智能风控

管理层

知识维护	权限管理	平台运营	数据融合
统计分析	接入部署	模型管理	

功能模块层

智能IVR	智能质检	坐席辅助	智能外汇
智能客服	智能陪练	文本分析	AI自学习

图 5-2 某企业智慧金融 AI 一体化服务平台架构

金融方面的应用场景主要涉及实时坐席助手、智能电话机器人、营销助理机器人、金融知识工程平台等。

实时坐席助手，通过企业平台的自然语言处理和分析能力，理解用户的意图并推荐知识和进行业务流程引导，实现业务知识问答推荐、业务办理引导，客户画像采集、客户情绪监控等功能，满足监管要求，针对违规实现实时提醒和及时补救，防范服务风险；通过语音识别技术，将通话录音均转成文字，由机器人根据质检规则对录音进行全面质检，将违规项自动检测并提取，同时在此基础上对录音进行业务标签的智能标记，并进行业务和数据分析。质检的同时记录客户在各个服务节点的信息，分析每一位客户的关注点，挖掘客户深层次需求，为客户和客群提供个性化的差异服务。基于某企业统一的底层架构，质检的结果也为智能培训系统提供了业务技能画像和优质教材，通过录音分析让人工智能模拟各类客户，为业务人员提供真实的陪练课程，模拟真实场景，提供培训、考试和智能分析等功能。同时在智能识别到业务人员能力不足时进行课程主动推送，进行针对性的练习和测试，动态调整业务人员技能画像，快速提升业务人员能力，实现全业务周期智能化闭环管理。

智能电话机器人，是由呼叫系统结合打造的智能 IVR 和智能外呼机器人，通过某企业机器人对话管理可以实现流畅的人机问答和业务办理。基于拟人化的语音合成技术声音优美，音色自然，支持打断、静默等待、反问、重播、反悔修改等对话逻辑，智能提取对话中的关键信息，无须开发即可自动产生呼叫报表，在金融行业营销获客、满意度回访、催收、核验、新单回访、理赔回访等业务场景中机器人自主完成率接近人工水平，提升外呼效率 2.5 倍以上；对话流程可视化设计，并且在使用过程中可以自主学习和归纳新知识，严格遵守监管规定，杜绝风险发生。

营销助理机器人是基于自然语言理解、知识图谱、智慧搜索和智能推荐等技术为金融营销人员打造集产品学习、话术练习和解答疑难问题于一体的人工智能产品；营销助理机器人包含产品知识宝典、热门问题、汇集公司和行业各类异议问题处理案例，让营销人员不怕争议坦然面对客户，大大提高成单和签约概率；涵盖金融、保险、证券、基金、融资租赁等常见业务知识问答，陌生拜访场景练习、自我介绍、产品介绍、理财规划等经典案例场景，学练一体化，既是金融百科全书，又是经验丰富的业务专家，还是一站集成，一问即答的好帮手。

金融知识工程平台，基于某企业智能知识工程能力，结合智能知识图谱，长文本解析和各种知识解析的能力，面向企业内部各种文档、知识和数据进行智能化业务处理，将现有的结构化、非结构化和半结构化数据解析后，形成内部可以搜索、查询和面向各种业务渠道使用的一体化智能知识平台。同时结合自研的知识图谱自动构建能力，抽取文档和数据中的业务信息，自动构建金融知识图谱。面向业务咨询、客户营销、金融服务等多种业务场景。满足银行、保险、证券、基金等金融机构知识、数据和文档一站式数据处理平台的需要，形成金融数据和知识资产，加快金融机构数智化转型的进程。

5.1.2 官方主导的智慧金融服务平台

以衡水智慧金融服务平台为例，该金融综合服务平台按照"一中心两平台"的顶层设计，建立起了政府、金融机构、企业、中介机构四方连接的金融服务体系，面向全市中小微企业提供多层次、全天候、一站式、综合性的金融服务。

所谓"一中心"，即金融服务中心，它是智慧金融平台和首贷服务平台的线下物理场所，涵盖可视化分析厅、对接路演厅、大数据实验室、业务办理窗口等功能区，聚集银行、保险、担保等业态金融机构现场办公，组织举办银企对接、研讨培训等活动，向市委、市政府定期报告全市金融服务经济发展运行动态。

所谓"两平台"，即智慧金融平台和首贷服务平台。智慧金融平台是以 IT 技术和大数据为核心驱动力，利用人工智能和风险算法模型技术，研发运用的数字金融应用系统，具有金融超市、融资撮合、信用评级、风险预警四个主要功能模块和培训宣讲、政策发布等配套功能。首贷服务平台作为为首次贷款企业或个人提供专业融资服务的平台，由智慧金融平台提供企业或个人信用信息，银行根据信用信息为首次贷款企业或个人提供贷款。在智慧金融平台功能应用的基础上，深化延伸供应链和产业链金融。

衡水智慧金融服务平台于 2022 年 6 月 8 日正式启动运行。该平台自 2022 年 4 月试运行以来，已入驻金融机构 40 余家，注册市场主体 4 700 家，上线金融产品 174 款，累计发布企业融资需求 349.61 亿元，实现信贷投放 29.86 亿元。

5.2 智慧金融监管架构

国际金融协会（IIF）将监管科技（RegTech）定义为"能够高效和有效解决监管和合规性要求的新技术"，这些新技术主要包括机器学习、人工智能、区块链、生物识别技术、数字加密技术以及云计算等。智能监管伴随着监管科技概念而来，运用大数据和人工智能技术服务金融监管与合规业务。我国的金融监督管理部门，如人民银行、银保监、证监会、地方金融局和金融办、地方人行与银证监局、证券期货交易所、外汇管理局等，其信息化建设，同样经历了从电子化、数字化、网络化，到目前的智能化方向发展。

金融业务线上化、虚拟化越来越普遍的现象带来了大量数据流量和沉淀。这给大数据和人工智能技术的应用提供了较好的数据基础资源。通过大数据可以弥补过去数据缺失带来的风险识别难度大、风险预警滞后等问题。此外，技术重构了传统监管报送平台、数据管理系统的底层技术架构，提升了计算效率，并通过分布式算法在风险预警和监管分析方面可以实现自动化决策支持。

2022年6月23日，国务院印发《关于加强数字政府建设的指导意见》(以下简称《指导意见》)。《指导意见》要求将数字技术广泛应用于政府管理服务，推进政府治理流程优化、模式创新和履职能力提升，构建数字化、智能化的政府运行新形态，充分发挥数字政府建设对数字经济、数字社会、数字生态的引领作用，促进经济社会高质量发展，不断增强人民群众的获得感、幸福感、安全感。

为此国内外不少金融科技监管企业纷纷提出了各自的智慧监管方案。金信网提出，以监管业务为核心驱动，从低密度价值的海量数据中提取出情报，充分发挥知识价值，构建以更高效的合规监管和更有效的金融服务为价值导向的解决方案。方案注重提升金融监管和服务的基础设施建设、数据资源整合、指标模型构建能力，实现事前事中事后全链条全领域的数字化监管。

在新型智慧金融监管和服务解决方案思路下，金信网推出新型智慧金融监管模式，如图5-3所示。以大数据智能中台为底层技术支撑，以多源异构数据融合运用为驱动，以金融新业态持续研究为引领，为各地金融监督管理局提供金融风险防范化解、地方金融监管、金融综合服务等场景化服务。该模式运用大数据、云计算等技术手段，构建以监测预警为核心，衔接线索管理、核查处置、案件管理、登记退赔

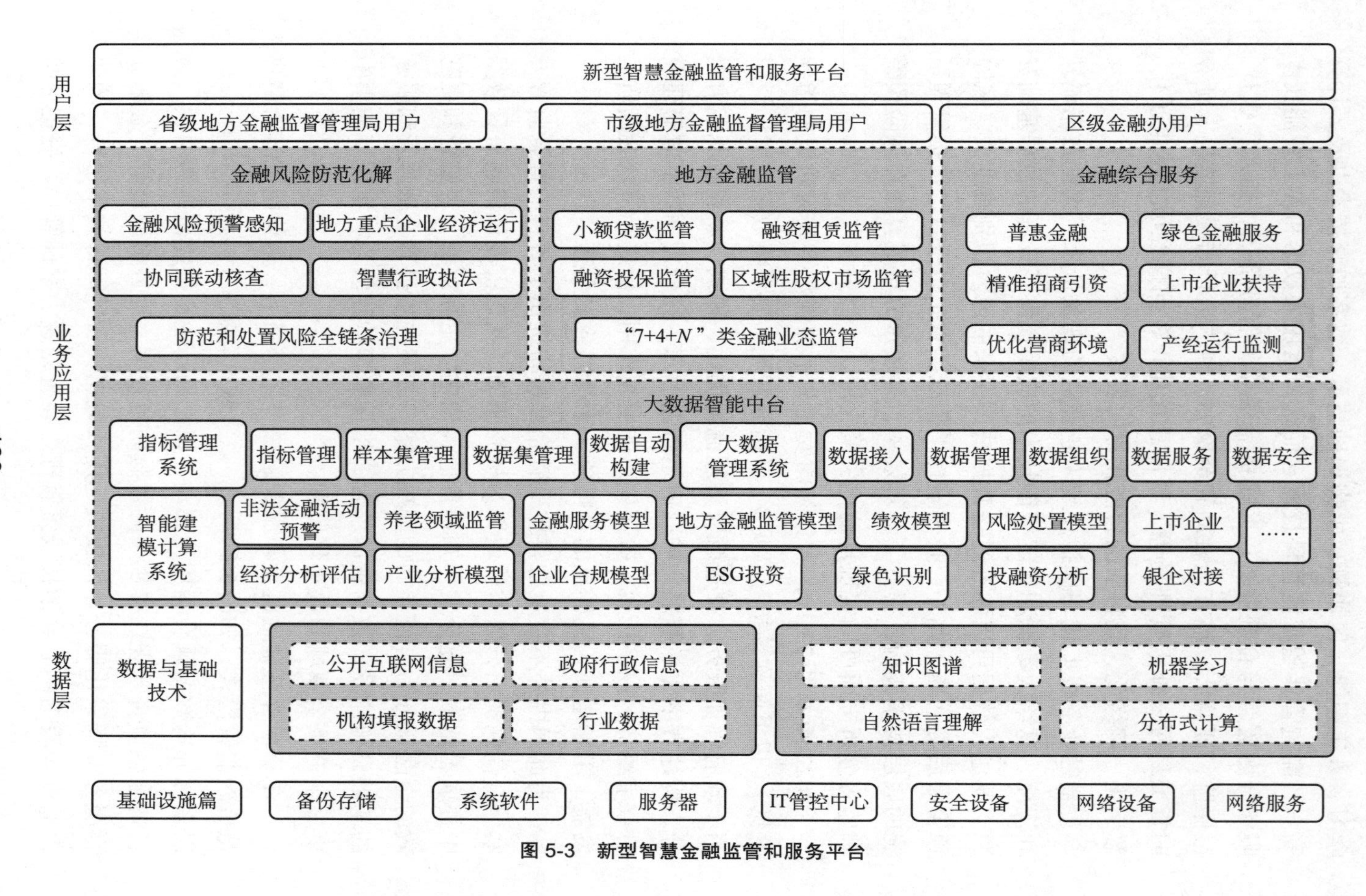

图 5-3 新型智慧金融监管和服务平台

四个切实贴合金融局业务场景的信息化系统，形成非法金融活动全链条治理体系。在私募、虚拟币、元宇宙、NFT、养老机构、校外培训等风险高发领域，持续提供监测预警、核查处置等服务。同时，针对地方重点企业提供经济运行风险监测服务。宏观审视当地经济支柱企业的风险和发展全貌，主要监测辖区上市企业、规模以上企业、重点关注企业等三类。监测其合规风险、司法风险、债务风险、经营风险、关联风险、舆情风险等多个维度风险。

5.2.1　大数据与反洗钱

反洗钱监管整体视图如图 5-4 所示。

反洗钱监管的要点在于客户身份识别（KYC）、业务识别（KYB）、交易记录保存、资金流向分析、异常账户监控，对大额资金变动、跨境资金转移等业务环节采取实时监控措施。随着金融机构的业务逐渐呈现线上化和跨国化，利用内外部大数据技术，将尽职调查对象从客户维度扩大到字节维度，实现对每笔交易的精细化、精准化管理。

此外，由于大体量、非结构化金融数据的引入，传统技术架构和数据架构均不适用于现代以数据驱动的监管监察要求。建设分布式架构的大数据平台，汇总多源异构金融数据，可以从更多维度刻画客户身份，建立客户风险视图，利用规则引擎和算法模型，减少反洗钱误报率；并可以通过知识图谱技术，刻画资金流向整体视图，及时洞察账户风险。

从图 5-4 中可以看出，基于大数据基础的反洗钱整体架构包括大数据平台、数据源层、数据仓库层、监管合规数据集市、应用服务和门户等组成，金融机构重点做好大数据底层治理和多渠道数据融合工作。在做好底层数据治理工作方面，大数据的根本是数据的完整性、真实性和可利用性，金融机构应对标监管要求，将前、中、后台数据资源有效整合，积极开展底层数据治理工作。具体要求是统一规范系统数据的字段、格式、内容、数值标准，确保系统平台能准确理解接口数据提取范围、格式要求、数据表字段含义等内容；重新审视自身

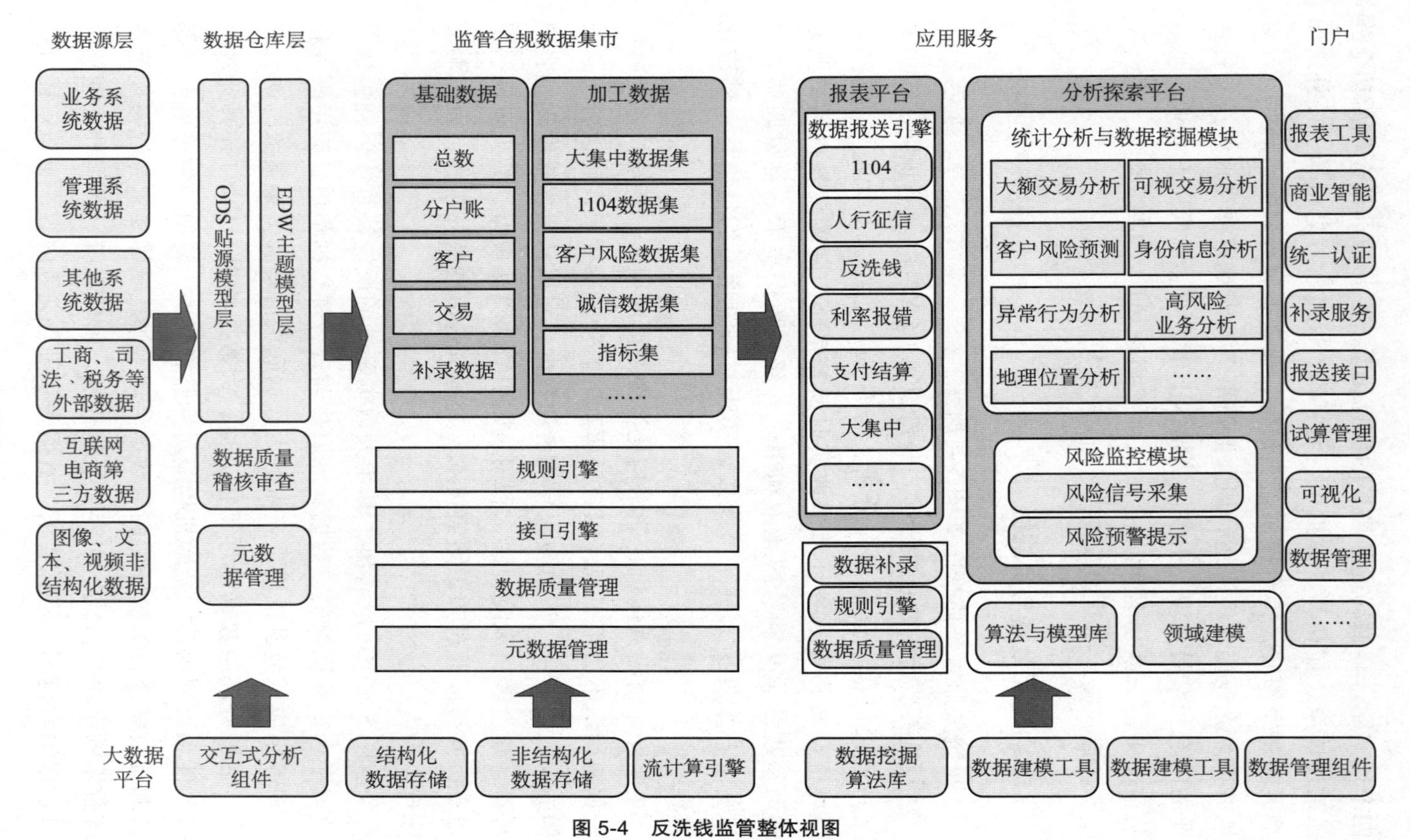

图 5-4 反洗钱监管整体视图

数据仓库、核心业务系统、渠道系统、产品系统之间的数据匹配和映射关系，积极改造业务流程和业务系统，确保系统之间推送数据的准确性和完整性；精细梳理各金融产品、业务，精准确定并打好可疑交易监测分析依赖的关键数据标签；持续加强客户信息质量治理；加强数据兼容治理工作，加强本单位不同业务系统间数据的可利用性。在加强多渠道数据的融合方面要求，基于大数据的反洗钱工作，除了使用金融机构、第三方支付平台之间资金流动数据外，还可以考虑组合使用来自工商、税务、房管、海关、贸易、交通、质检、劳动人事、公安、法院等政府部门，以及消费、娱乐、社交等商业活动及生活领域多个源头的数据。如通过工商、税务、司法等部门公开的信息，可查询对公客户是否存在证照过期、偷税、漏税、违法犯罪等不良记录。通过互联网也可以查询到部分机构客户和自然人客户的信息。通过这些途径，扩大了客户信息的来源，通过客户信息资料比对，可以使可疑交易的识别更加精准高效。

5.2.2　非现场监管系统和监管云平台

互联网时代下的金融监管实务，要求非现场监管通过建立重大事项报告制度和非现场信息系统、风险预警系统，及时发现风险起源、精准定位业务扩张、风险指标偏离较大的异常机构。基于大数据的非现场监管，其核心技术方法是收集各地金融机构的经营管理相关数据，进入大数据平台，并基于平台建设监管数据集市，通过监管集市全面分析各机构经营状况、风险管理以及合规情况等，对风险管理中存在的问题、合规性、稳健性进行评价和分析。

以金融办、人民银行、地方银监局和证监局为主体的地方监管机构，可以通过建设监管云平台，为各地金融机构、互联网金融公司提供数据实时批量报送接口、数据查询服务、动态监测和预警提示、信息披露公示等数据型服务。这类监管云平台可采集汇总多源异构的监管数据，利用微服务架构、容器技术、虚拟化技术，将监管功能模块拆分为细粒度服务，通过容器化隔离，屏蔽业务差异性，提供以下几方面的大数据服务能力。第一，业务管理，银行源数据监控和指标、模型、报表等管理。第二，监测预警，“T+0”或“T+1”的数据采集，系统及时反映各项监测指标，如有异常则自动警示，监管人员能及时了解银行运行情况，及时发现高风险领域或者热点问题。第三，监管分析，如指标分析、报表分析、模型分析和灵活查询等功能，方便不同层次非现场监管人员使用。

5.2.3 机器学习与风险监测预警

金融监管的本质是金融风险管理，基于人工智能的技术实现风险的智能检测，能够提高风险识别的时效性和精准性。机器学习算法如神经网络、SVM、XGBoost、GBDT 等算法应用于风险监测预警，通过模型对数据集进行模型评估，提升风险甄别能力，提高监管自动化程度。

例如，现场检查模型监控可以分析被查机构检查期内在不同支行取得且存量躲避贷款的客户疑点数据，检查是否存在支行违规为在其他支行存量贷款的客户开立新编号并发放新贷款。通过非结清状态的新发放对公贷款信息交叉筛选客户名称相同但放款机构不同的疑点数据。

又如，决策树、逻辑回归模型对银行客户的评级分析可以作为监管部门的有效参考。对于监管部门来说，主要不是通过这种方式比较银行对客户评级的差异，而是可以通过类似的方式对其他风险点做横向比较和整体分析，找出一些关键属性，与监管方法相结合，以便对银行风险偏好和风险管控情况有具体的掌握。

此外，通过聚类模型对各地区的贷款投向行业进行分析，实现监管权重的在线监测，还可以在信贷风险对经济和行业波动的敏感度上进行类似的分析。

5.2.4 异常交易账户监控中心

沪深交易所发布的《关于加强重点监控账户管理工作的通知》，要求强化交易一线监管、突出事中监管，明确了严重异常交易行为的重点监控账户监控；从技术方面，由于每日盘中连续交易阶段的数据量大、并发性高，因此低延迟计算、机器学习和复杂事件处理是证券智能交易风控的设计要点。

异常交易特征分析本质上是一个用户画像项目，其基本思路为，对高频交易客户进行群体划分，建立用户画像体系，基于客户交易行为中的各种指标提取特征，使用这些特征作为模型的输入，输出为该用户所属的类别。特征指标如交易活跃度（下单次数、下单频率等），每单报价，持有标的、合约数以及总资产等。在机器学习算法选择中，以分类模型，如随机森林、循环神经网络（适用于时间序列类的数据，如交易数据、客户信息、资金变化等）、聚类等方法给交易行为打标签。

在应用方面，可以预见未来数年监管智能化将成为监管科技领域重要的课题，在反洗钱、异常交易检测、征信和支付等领域得到推广；在制度方面，监管技术标准化，数据治理、管理与应用标准将逐步落地，在系统、架构、接口、数据等技术领域形成行业标准；在科技合作与协同方面，监管部门将越来越多地与金融科技公司合作，全面提升数据智能人才、技术方面的能力。例如，蚂蚁金服与广州、重庆、西安等地的金融办合作，输出蚁盾风险引擎服务监管科技；腾讯与深圳金融办合作，实现基于大数据的安全监管平台。

5.3 智慧银行

智慧银行是传统银行、网络银行的高级阶段，是银行企业以智慧化手段和新的思维模式来审视自身需求，并利用创新科技塑造新服务、新产品、新的运营和业务模式，实现规模经济，提升效率和降低成本，达到有效的客户管理和高效的营销绩效的目的。

智慧银行的支撑平台是智慧门户。其主要特征是社会化、智能化和多样化，目标是增强本行的核心竞争力，促进信息科技与业务发展的深度融合，推动业务创新、产品创新、服务创新、流程创新、管理创新，增强可持续发展能力，为社会公众提供丰富、安全和便捷的多样化金融服务。

也可以说，智慧银行是指以大数据和人工智能技术为技术支撑的，现代银行为核心的，能充分实现客户需求、企业运维、风险管控和全面智慧运行的银行生态系统。布莱特·金在他著名的畅销书《银行3.0》中指出“银行不再是一个地方，而是一种行为”。智慧银行意味着成为客户的“每日银行”，深入人们的日常生活行为。

5.3.1 智慧银行发展脉络

中国智慧银行发展大致经历了三个重大历史时期。

第一阶段是从改革开放到1996年的智慧银行的萌芽期，这一时期的显著特点是实现了存、转、汇等简单操作的自动化，创新形式相对单一。其呈现形式主要是银行卡和自动取款机。

第二阶段是从1997年到2008年的智慧银行成长期，这一时期的显著特点是网上银行不仅能突破业务办理的时间和空间限制，而且智慧化程度更高，业务范围更广，成长期的智慧银行是银行线上转型的初级产物，用户体验明显不足，基本没有互动。其呈现形式主要是网上银行。

第三阶段是从2009年至今的智慧银行相对成熟期，这一时期的显著特点是智慧银行已然重复融入生活，成为现代人生活的每一部分，银行自身业务也基本立柜，效率极大提高，安全性更好。其呈现形式主要是手机银行（微信银行）。随着“5G+智慧银行”等新模式的涌现，银行业务离柜率也将大幅提升。

5.3.2 促进智慧银行发展的相关政策

我国相关部门通过出台一系列配套政策，鼓励银行向信息化、数据化、智慧化方向发展，如表5-1所示。

表5-1 2015—2020年我国智慧银行相关政策

时间	文件名称	具体内容
2015年7月	《关于促进互联网金融健康发展的指导意见》	推动信用基础设施建设，培育互联网金融配套服务体系。支持大数据存储、网络与信息安全维护等技术领域基础设施建设。鼓励从业机构依法建立信用信息共享平台。推动符合条件的相关从业机构接入金融信用信息基础数据库

续表

时间	文件名称	具 体 内 容
2016年7月	《中国银行业信息科技“十三五”发展规划监管指导意见》	提升信息科技治理水平，深化科技创新，推进互联网、大数据、云计算新技术应用，增强应用体系支撑能力，构建绿色高效数据中心，健全产品研发管理机制，加强信息安全管理，促进银行业向云端迁移，进一步应用云计算、大数据技术
2017年6月	《中国金融业信息技术“十三五”发展规划》	“十三五”时期金融业要全面支持深化改革，积极对标国际先进，推动创新普惠发展，坚持安全与发展并重，并围绕统筹监管系统重要性金融机构、统筹监管金融控股公司和重要金融基础设施、统筹负责金融业综合统计，推进信息技术发展各项工作
2017年7月	《国务院关于印发新一代人工智能发展规划的通知》	明确提出发展智能金融，建立金融大数据系统，提升金融多媒体数据处理与理解能力。创新智能金融产品和服务，发展金融新业态。鼓励金融行业应用智能客服、智能监控等技术和装备。建立金融风险智能预警与防控系统
2018年8月	《云计算技术金融应用规范技术架构》	规定了金融领域云计算平台的技术架构要求，涵盖云计算的服务类别、部署模式、参与方、架构特性和架构体系等
2018年10月	《移动金融基于声纹识别的安全应用技术规范》	规定了移动金融服务场景中基于声纹识别的安全应用的功能要求、性能要求和安全要求等内容
2019年9月	《金融科技（FinTech）发展规划（2019—2021年）》	加强人工智能、移动互联网、大数据、云计算等科技成果运用，加快完善小微企业、民营企业、科创企业等重点领域的信贷流程和信用评价模型，引导企业征信机构利用替代数据评估企业信用状况，降低运营管理成本
2020年2月	《金融分布式账本技术安全规范》	规定了金融分布式账本技术的安全体系，包括基础硬件、基础软件、密码算法、节点通信、账本数据、共识协议、智能合约、身份管理、隐私保护、监管支撑、运维要求和治理机制等方面
2020年5月	《2020年政府工作报告》	加强新型基础设施建设，发展新一代信息网络，拓展5G应用，激发消费需求，助力产业升级

5.3.3 智慧银行业务模式

国内智慧银行的业务模式通常有两种，一种是以客户为中心的业务模式；另一种是基于 O2O 思想的业务模式。

1. 智慧银行以客户为中心的业务模式

以客户为中心的业务模式如图 5-5 所示。

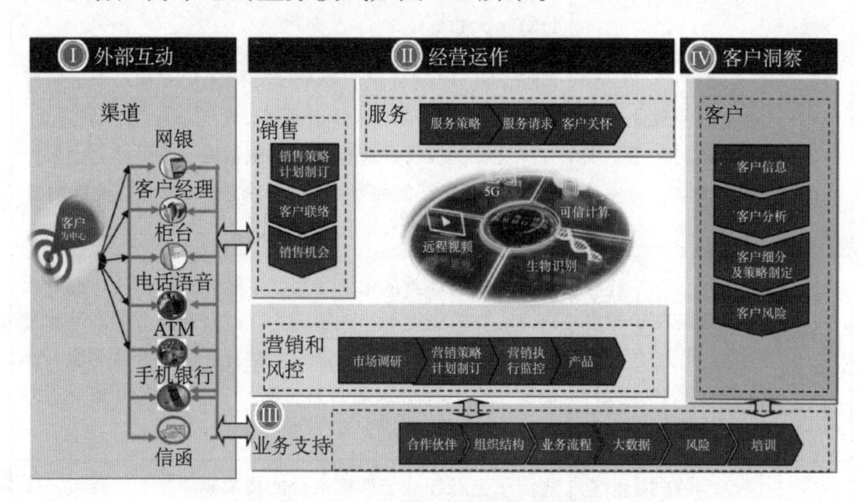

图 5-5 以客户为中心的业务模式

智慧银行以客户为中心的业务模式通过更深刻的客户洞察（know），更精准的营销和风控（target），随时随地的金融服务（service）形成闭环的客户管理，辅以高效运营和实时风险管理支持（support），通过集成的多渠道与客户互动（interact），最终提升银行运营质量，同时提供给客户高质量的客户体验。

（1）外部互动。外部互动能力重点在于渠道创新与整合，包括探索智能网点建设、大力发展移动金融服务、建设渠道协同体系、建设标准化金融服务 API 体系等。首先通过协同线上渠道，探索智能网点建设，其应用场景如图 5-6 所示。通过建设智能网点，构建多元化网点，利用新型交互技术，拓展客户接触点，以提高网点服务移动化、自助化水平，提升网点运营效率和客户体验。智能网点建设的途径主要有：深入社区，融入生活——利用交互式广告牌，集成三方应用，为社区用户提供商户优惠券、生活缴费、医院挂号等服务；线上线下渠道协同——利用实物自取柜、ATM、VTM 等设备，实现线上预约线下服务快速交付；交易分流，减少人力——通过交互式引流牌快速分流客户，协同 ATM、VTM、经理手持等设备，快速引流客户减少柜台交易；流程优化，提升效率——通过影像系统、电子签章设备、柜面双屏，实现柜面无纸化，提升业务办理效率；面向营销，服务创新——利用 Wi-Fi 感知、IC 非接触读取，快速识别客户，协同客户经理移动终端，进行差异化服务营销；品牌宣传，产品推广——引入穿戴设备、生物识别、人工智能等前沿技术优化服务体验，为客户打造未来智能银行的服务体验；服务创新技术应用——根据客户反馈不断改进新技术在金融领域的应用，为之后大范围应用与推广提供相应基础。

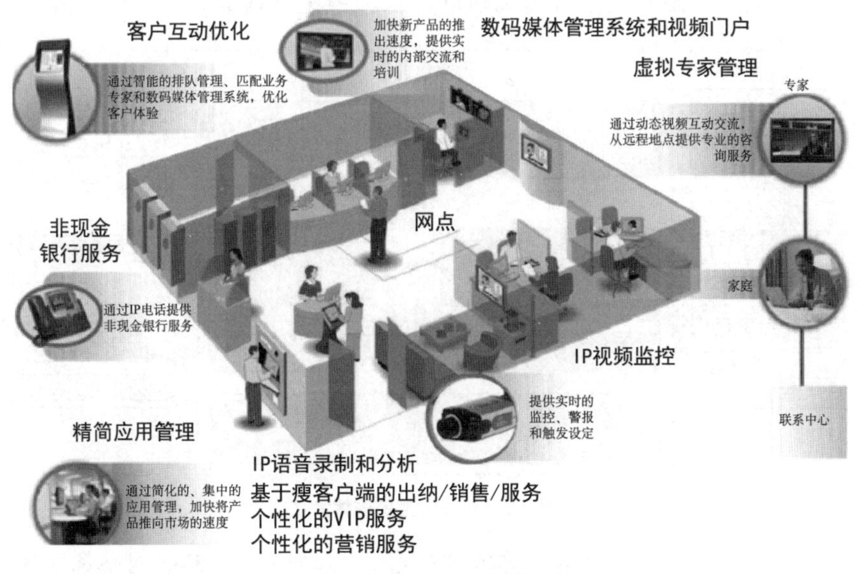

图 5-6　智慧银行网点应用场景

大力发展移动金融业务，提供随时随地、触手可及的金融服务，让银行服务能力从线下延伸到线上，再从线上延伸到随身银行；让金融服务融入场景，不再是客户需要时被动提供服务，而是在场景中提供透明的金融服务支撑；通过扫码等方式实现其他渠道的协同，利用指纹等生物识别进行快速认证，以大力发展移动金融服务。

建设渠道系统体系，实现渠道统一会话管理、数据缓存等功能，支持客户跨渠道的操作和数据互通。一方面支持客户消息统一管理和个性化的推送机制，收集并分析客户偏好，持续改善客户操作体验；另一方面建立统一的事件捕获和处理机制，为触发式营销提供基础支持。建设渠道协同体系如图 5-7 所示，通过对线上、线下渠道的整合统一集成接入，实现业务服务集中调用，内部操作统一整合，渠道间全面互联互通；支持从产品场景向渠道场景的快速分化，按渠道特点差异化产品服务流程，按产品场景协同各渠道功能。通过传统渠道与开放式渠道协同，提供标准、一致的金融服务能力，建设标准化金融服务 API 体系。一方面建立外部服务治理体系，提供标准化的金融服务接口，提升第三方合作的接入效率；另一方面与电信运营商、互联网各领域门户拓展线上合作渠道同时扩大线上获客渠道。

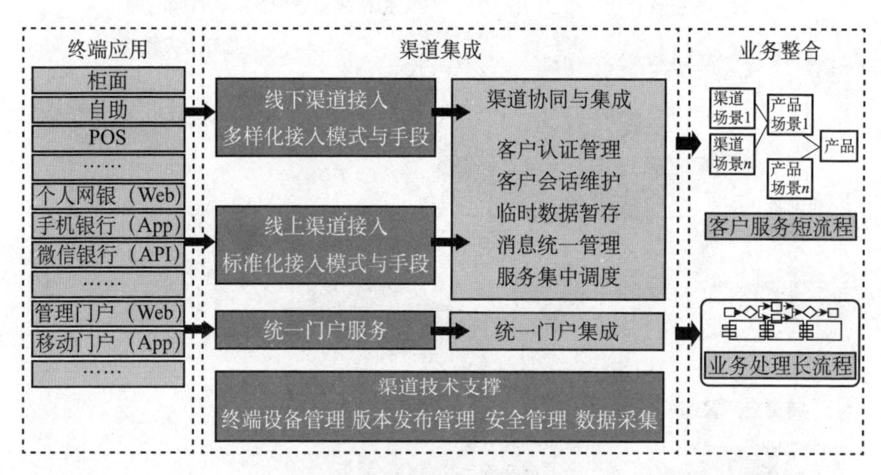

图 5-7　建设渠道协同体系

当前，API 处于数字化体验的中心，移动应用、Web 网站和应用程序的核心功能、微服务架构、监管机构的要求等，均离不开 API 的支持，根据阿卡迈的一项统计，API 请求已占所有应用请求的 83%，预计 2024 年 API 请求命中数将达到 42 万亿次。API 安全防御是系统化工程，相对于传统防御侧重访问控制、签名、速率调节、加密等具体的技术手段，新的安全实践更加强调 API 治理、新型解决方案以及持续 API 安全检视的系统化措施。

关于 API 的治理，首先，对全部 API 进行全面文档化管理，为了规避 API 变动频繁的困难，应使用开源自动化管理工具，在 API 变更时添加描述性说明，自动生成最新 API 文档，同时自动检查流量以发现和分析未知或更改的 API，以便快速响应基于 API 的攻击。其次，梳理 API 之间的调用链和 API 之间的调用关系，找出僵尸 API，防止安全防护措施遗漏，该步骤也可通过工具完成。最后，对 API 实施契约测试和白盒测试，减少漏洞存在的可能性。针对 API 面临的安全威胁，可采用新的解决方案提供安全防护。包括使用高级 BOT 检测，实现预登录验证，拦截 API 非授权访问；部署 API 网关，对 API 请求进行身份验证、授权和访问控制；使用正向和负向安全模式对 API 参数进行合法性验证；发现 API 流量行为并提供 WAF、DDoS 快速集成的工具等。从发现、保护和分析三个维度，制定 API 安全检视列表，持续对 API 进行安全检视，以此发现隐患，制定策略、实施防护。在发现维度检视 API 开发、测试和部署的安全措施是否全面。在保护维度，检视用户标识、DDoS 攻击防护措施、数据校验黑白名单是否完整。在分析维度，检视 API 风险评估、API 审计日志是否充分。

标准化金融服务 API 架构如图 5-8 所示。金融行业经历了从网点模式到 APP 模式，再到如今的 API 模式的演进历程，API 的应用模式与业务场景和生态链接日益紧密，但是在 API 的应用过程中也引入了很多新的风险。新型 API 管控模式则很好地解决了这些风险，它具有以下鲜明特点。第一，API 多维度感知，通过 JS 和 SDK、流量分析，与各类 API 来源应用进行集成，对环境信息、API 账号信息等进行感知。第二，API 全自动发现，快速自动发现 API 清单，并针对发现的 API 给出明确认定；同时显示清晰的 API 列表、访问情况等，实现 API 资产管理。第三，构建 API 画像，采用全程式安全威胁防护技术，精准构建 API 画像，快速预览各个业务的 API 情况，包括使用情况、异常情况、访问来源等。第四，动态响应，根据分析的结果或指定条件，进行动态拦截，提升通过逆向探测或机器学习分析等攻击手段的难度。

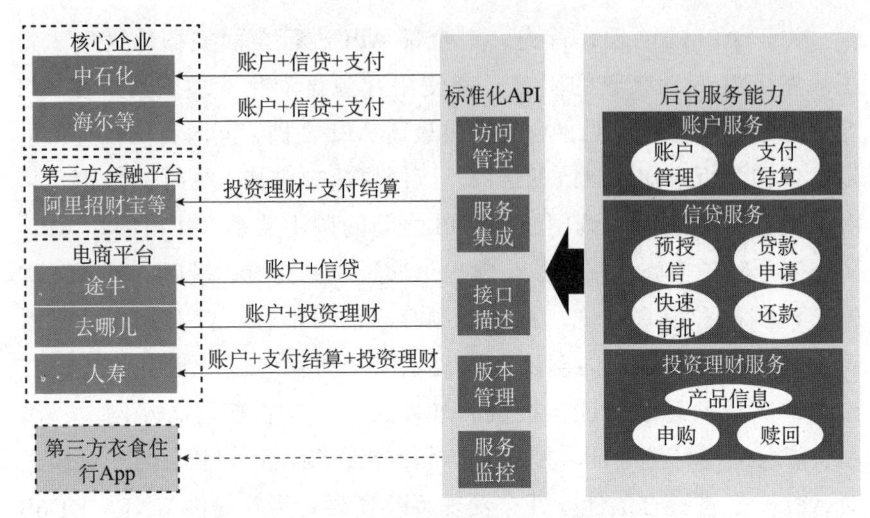

图 5-8　标准化金融服务 API 架构

（2）经营运作。以业务流程统一管理为支撑，支持网点到后台的运营流程优化，从交易驱动向业务驱动转变，并逐步实现公共资源统一运营管理，实现提升效率、节约成本、控制风险的运营目标，如图 5-9 所示。

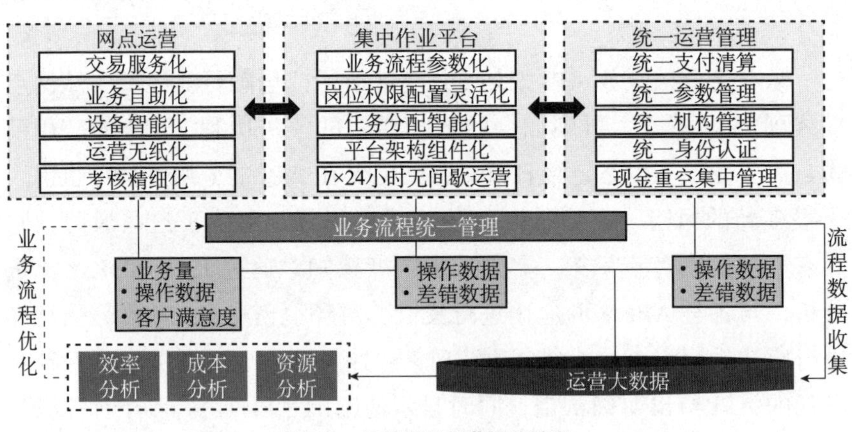

图 5-9　智慧银行经营运作流程

（3）业务支持。业务支持采用基于大数据平台的精细化管理，如图 5-10 所示。充分收集利用行内数据资产，根据需要引入外部数据，通过数据仓库和大数据平台整合加工、挖掘分析，为行内的客户营销、风险分析等业务提供更及时、准确的数据支撑。平台同时全面自动收集来自行内的结构化数据和来自行外的开放共享的非结构化数据进行数据存储和整合，并推动到各大应用场景，如客户洞察、营销获客、欺诈检测、风险评估和运营优化等。

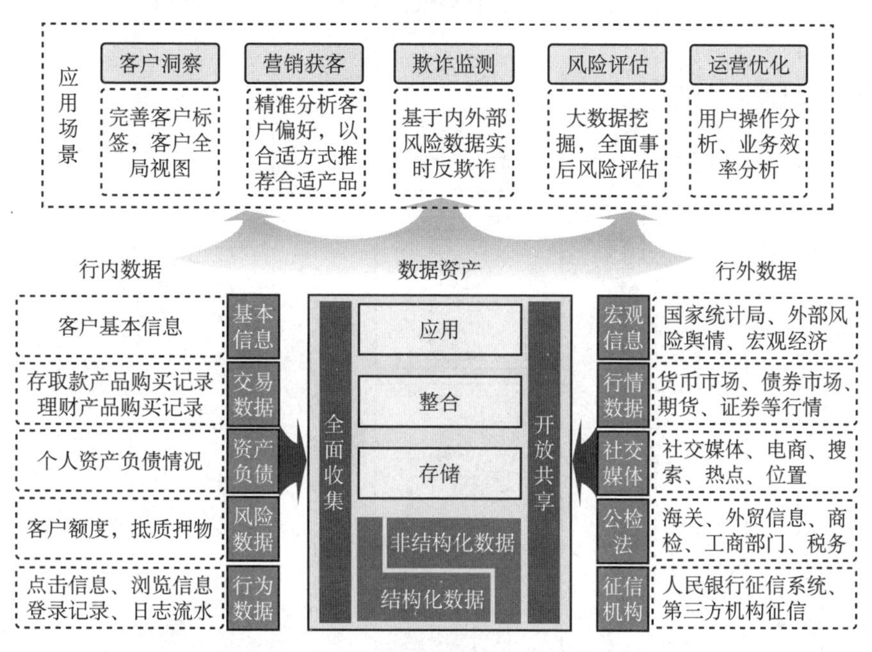

图 5-10 智慧银行大数据业务支持和管理平台

（4）客户洞察。面向客户营销的精益化服务体系，以全面优质的客户数据为基础，以及时精准的大数据分析为支撑，以规范统一的营销流程及多样化的营销方式为手段，以丰富灵活的营销渠道为工具，构建客户营销应用体系，如图 5-11 所示。统一的客户信息和第三方外部数据分别对企业运营层和决策分析层提供经过清洗整合后的标准源数据；统一的营销管理为分析决策提供营销过程的业务源数据，同时提供各种在线分析结果调用；综合绩效统一营销管理则提供各种分析后数据。

2. 智慧银行 O2O 模式

O2O 即 OTO，是 online to offline 的缩写，即“线上到线下”，将线下商务与互联网技术紧密结合，让其变成线下交易服务平台，全方位连通线上、线下的消费个人行为、付款个人行为、消费体验等无缝

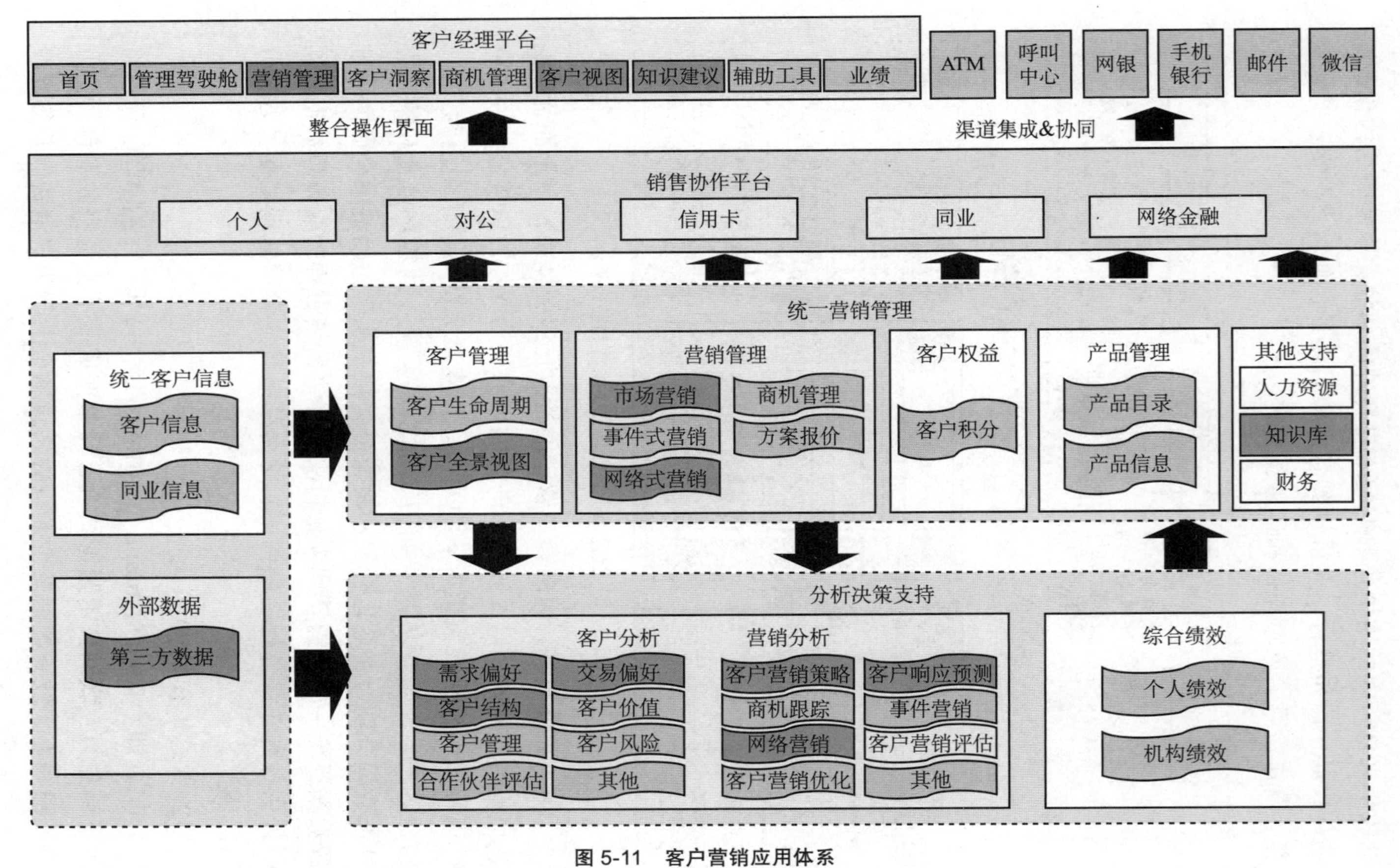

图 5-11　客户营销应用体系

拼接式的互动交流。该模式的服务流程包括以下步骤。首先，通过客户手机预填单；然后，Wi-Fi 接入自动识别，并通过手持终端提示大堂经理接待；接着理财顾问远程操作产品展示桌面，与客户和大堂经理协同；根据客户全局画像分析客户理财偏好、风险能力、资产额度后进行精准营销；完成上述步骤后通过指纹或电子签名签署理财协议；最后，通过直销银行或手机银行实时查看每天理财收益。智慧银行 O2O 业务模式如图 5-12 所示。

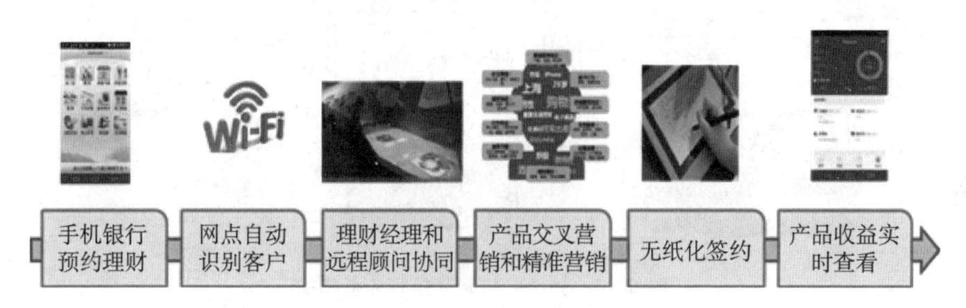

图 5-12 智慧银行 O2O 业务模式

5.3.4 智慧银行国内外应用实践

国内光大银行智慧银行业务模式如图 5-13 所示。该业务模式的特点是以统一客户信息管理为核心，通过基础层（技术服务层）、数据层、客服层三层架构，基本实现了以客户为单位的智能排队，建立以客户为中心的网点服务流程，通过网点服务工作平台，实现了对客户的精准营销，促进了网点的多工种协作沟通。

国内民生银行通过大数据实现智能获客，智能管家运用大数据技术，实现客户经理获客和产品推荐智能化。智能管家通过推荐指数模型向客户经理及时推送核心客户的上下游客户名单及符合客户需求的产品清单，实现获客和产品营销的精确制导。通过客户价值的评估与细分，智能管家能够对存量客户的潜在价值进行评估排序，发现一批高潜在价值客户，推送给管理人员和相关营销人员，提升存量客户的价值贡献。智能管家运用客户价值评估、上下游客户推荐、产品智能推荐功能，清晰地回答了公司业务中关于“巩固哪些客户，提升哪些客户，培育哪些客户”的问题。

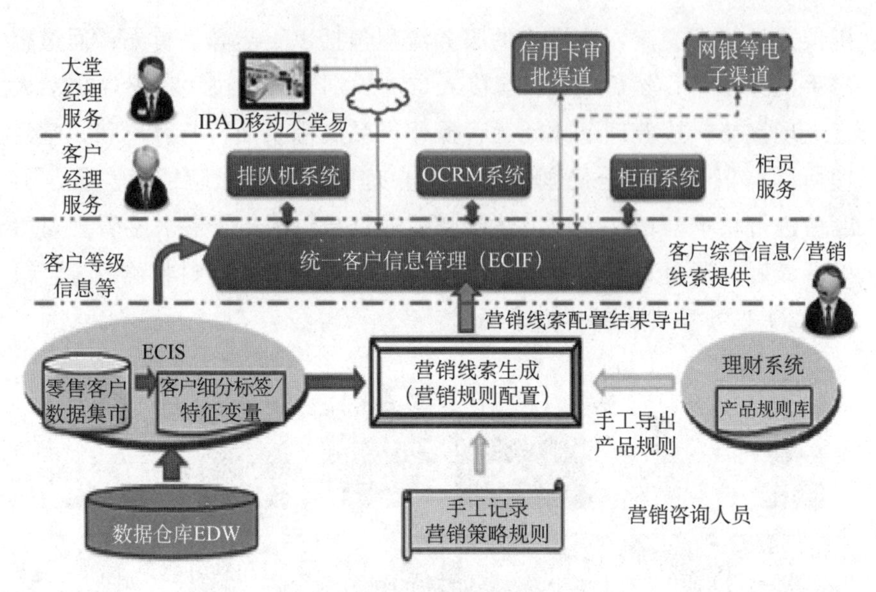

图 5-13　光大银行智慧银行业务模式

美国最大的 P2P 信贷平台借贷俱乐部 2013 年 1 月的总贷款额达 12 亿美元，现在总贷款额达到 30 亿美元，其年利率为 13.34%，而信用卡的年利率为 14.96%。该公司基于风险定价的模型与传统银行的信用卡信贷相比，为客户节约了大量的成本。该公司用超过 13 年的时间，从一家小型初创公司发展到如今的公开交易行业领导者，帮助数百万客户无缝获得低成本信贷。借贷俱乐部于 2020 年关闭了 P2P 平台，个人投资者将不再能够投资借贷俱乐部发放的任何贷款。该公司基于客户节约成本的风险定价模型具有以下三个特点。其一，基于客户行为的模型可提供更为准确的预测数据；其二，从大数据角度来看，预先审批能力和评价客户是否需要贷款的能力是一个重要领域；其三，大数据应用有助于提升风险预警和控制效率，如果银行能在客户违约前根据客户行为采取一些措施，即预先采取风险管理措施而不是简单的事后惩罚性措施，可大大减少违约。

5.3.5　智慧银行创新与发展

随着 5G、区块链、云计算、人工智能、大数据等前沿技术的广泛应用，智慧银行将不断获得更加广阔的创新发展空间。研究表明，国内智慧银行的发展已经从单一的建设智慧网点模式向整体创新运营模式、建设智慧服务、生态服务方向发展。主要表现在运营渠道创新、运营模式创新和产品创新三大板块。

在运营渠道创新上，已经基本实现智慧银行网点全面转型。工行主打“智能向导、智能机具、全程智能办理”的新型智能化服务模式；建行智能机器人代替大堂经理进行金融超市产品展示，搭建移动支付场景；华夏银行结合社区网点推出社区周边联名卡、错时营业服务，提供客户贴身服务。一种新型智助式网点也将全面铺开，其工作场景如图 5-14 所示。这种智助式银行网点，无须投入大量资金建设新网点，也无须招聘大量人手维护网点运营，只需要利用大数据和人机交互，就可以迅速提高网点的扩展性和互动性，以更便捷、更高效的方式锁定高端客服。相比传统网点建设，智助式网点可以节约 90% 的成本，而单位面积的运营成本却能降低 20%。受此启发，可利用授权的各餐馆、茶吧、娱乐中心等网络资源建设虚拟智助网点，类似于美团经营模式，使智助网点遍地开花。

图 5-14　智助式银行网点工作场景

在运营模式创新上，建行开发的“客户驱动型交易流程”，柜面窗口配备柜外交互终端，使客户参与到业务流程中，更具互动性；农行推出的“超级柜台”，采取“大堂经理现场引导、客户自主办理、后台专业审核”的新型业务处理模式，打破了传统银行业务处理流程。为更有效的锁定高端优质客户，在创新智慧银行的运营模式上还可以基于数字孪生技术和5G技术，开展VR、AR虚拟现实的一对一办公，如图5-15所示，以增强业务办理的私密性，实时联络远程金融专家，节约客服双方的资源和成本，加快新产品推出时间。

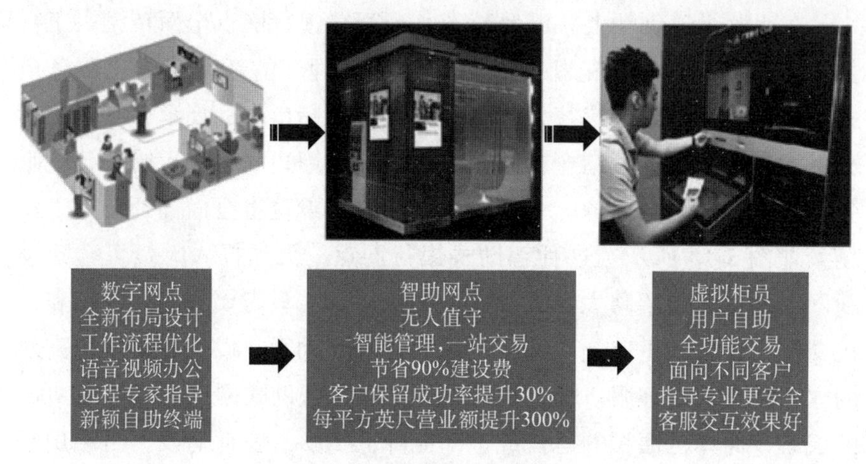

图5-15　未来虚拟现实银行

在产品创新上，建行推出全流程个人网上自助贷款产品“建行快贷”，实现了快速申请，实时审批、签约和支用的线上全流程。工行推出“融e购”电商平台、线上POS、创新投资银行交易平台、“工银e投资”客户交易终端等。农行推出的“E商管家”，帮助企业实现对自身以及供应链上下游财务结算、采购销售、营销配送等全方位管理。中行推出“中银易商”，包括中银开放平台、虚拟支付平台、网络商务平台、大数据平台及基础服务平台。

5.3.6　智慧银行经典案例

智慧银行是利用金融技术体系，构建集大数据、人工智能、深度学习等金融技术场景应用于一体的互动智能银行。这是传统银行、网络银行的高级阶段，银行企业以智能手段和新思维模式审视自己的需求，利用创新技术创造新的服务、新产品、新的运营和业务模式，实现规模经济，提高效率，降低成本，实现有效的顾客管理和高效的营销业绩。

智能银行的主要特点是社会化、智能化和多样化。目标是增强核心竞争力，促进信息技术与业务发展的深度融合，促进业务创新、产品创新、服务创新、流程创新和管理创新，增强可持续发展能力，为公众提供丰富、安全、便捷的金融服务。客户可以充分体验金融技术带来的变化。通过人脸识别，可以享受大数据和人工智能分析定制的产品组合推荐；可以使用财富计算器，自主选择产品组合；可以根据买房、买车、留学等个性化需求，通过游戏体验丰富的定制场景。

智慧银行是传统银行、网络银行的高级阶段，它通过产品、服务、流程、设备、程序的衔接与交互，满足、引导和超越客户需求，实现了全行集中、统一、立体的网点智能化服务体系，帮助银行打造新一代、全功能、全智能模式的新型金融服务体系，图 5-16 所示是六大行智慧网点建设场景。

1. 中国工商银行

中国工商银行通过组建网络金融部、建立七大创新实验室、加快实施 e-ICBC 4.0 战略升级、启动智慧银行生态系统（ECOS）建设工程等一系列措施，加快智慧银行建设。

在线上，工行持续推进智慧银行生态系统（ECOS）建设，提供工银 e 钱包场景输出，深化智能运营，打造“第一个人金融银行”。在线下，工行持续推进智慧网点建设，截至 2020 年上半年，全行智能化网点有 15 688 个，智能设备有 79 763 台。

2019 年 11 月 8 日，工商银行在北京正式发布智慧银行生态系统（ECOS）。ECOS 以 ecosystem（生态系统）前四个字母命名。其中 E 代表企业级（enterprise-level），C 代表以客户为中心（customer-centred），O 代表开放融合（open），S 代表智慧智能（smart）。ECOS 承载实现智慧银行战略目标的重任，从 2015 年启动 IT 架构转型，2017 年开始全面实施“智慧银行 ECOS 工程”建设，经过历时 5 年、举全行之力的集中攻关，在 2019 年正式发布阶段成果。

中国工商银行新一代智慧银行生态系统（ECOS）以“智慧、开放、共享、高效、融合”为五大突出特征，努力实现客户服务“智

(a) 中国邮政储蓄银行智慧网点

(b) 中国建设银行智慧网点

(c) 中国银行智慧网点

(d) 中国交通银行智慧网点

(e) 中国农业银行智慧网点

(f) 中国工商银行智慧网点

图 5-16 六大行智慧网点建设场景

慧”普惠、金融生态“开放”互联、业务运营“共享”联动、创新研发“高效”灵活、业务科技“融合”共建。ECOS 围绕企业级业务架构、IT 架构转型、大数据智能化应用、业务基础体系四个方面打造工行全新的智慧银行生态体系，其下设立十个子平台包括工银星云云计算平台、工银聚物物联网平台、工银魔方大数据平台、工银磐石分布式技术平台、工银神笔移动端应用开发平台、工银天梭流数据平台、工银天眼生物识别平台、工银图灵机器学习平台、工银梧桐 API 开发服务平台和工银玺链区块链平台。

ECOS 实现了传统单一核心银行系统向去核心化开放生态银行系统的代际跃升，引领银行业金融科技未来发展方向。工商银行创新提出了“生态级业务架构建模及落地方法”，实现业务体系从内部企业级向跨界生态延展。建立了全行通用共享的业务能力中心、数据能力中心和能力集成中心，形成 113 个业务能力单元，1 000 余项数据服务，7 万多个 IT 服务，聚合业务能力和数据能力，通过广泛链接内外部生态，提供高质量金融服务与社会服务。

例如创新普惠融资产品“经营快贷”，运用“数据 + 模型”方式实现客户自动准入及主动授信，推出税务贷、跨境贷、电 e 贷等 500 多个场景融资产品，累计为近 130 万客户授信超 1.1 万亿元；又如在业界率先推出金融风险信息服务产品“融安 e 信”，整合超过 30 亿条行内外数据来提供智能风控服务，累计服务同业机构超 300 家、企业客户超 6.3 万家，拦截欺诈汇款 43 万笔，避免客户损失超 106 亿元。

ECOS 实现了从传统集中式向全分布式转型突破，打造银行业科技高水平自立自强样板。构建了全球银行业规模最大的企业级云计算平台，实现 10 余万节点和 23 万余容器的自动化集约化管理，资源利用率提高 3 倍，资源供应时间由 2～3 周缩短至分钟级。搭建了同业体系最全、应用最广的分布式技术体系，日均服务调用量超过 120 亿次，处于国际银行业领先水平。依托开源产品自主研发满足了金融业务场景高标准处理要求的分布式数据库，目前已部署超过 12 000 套数据库节点，在全行数据库节点中的数量占比达 76%。

ECOS 实施了全球银行业规模最大的主机业务下移，实现大型银行主机系统转型的重大历史性突破。基于全面分布式架构体系，统筹安全与发展，按照“应用可解耦、并行可回切、自主高可靠”的原则推动主机下移，首创“主机下移 6 步实施工艺”，建成了涵盖客户信息、账户体系、会计核算的完整业务基础框架，具备了全面支撑主机业务体系性下移的能力，有效适应了高弹性、高扩展、组件化创新、新技术集成等要求，更好地支撑了开放生态体系下灵活创新的需要。在全球大型银行中率先完成具有标志性意义、最大规模的 10 亿级借记卡账户下移，并基于开放平台承载快捷支付、银行卡收单、账户外汇、分期付款等并发度较高、业务量波动大的金融产品，实现闭环处理。

ECOS 构建起多元异构的技术架构体系，领跑金融机构关键核心技术攻坚战进程。聚焦关键信息基础重点技术领域，联合产业侧头部企业开展研究攻关，成功实现了全行技术体系灵活兼容适配国内外主流信息技术产品，全面构建起多元异构的信息系统基础技术底座，在办公管理、数据分析、风险防控、监管报送等多个领域形成了一揽子完备的技术解决方案。

ECOS 构建了全域、全要素大数据驱动的经营管理体系，开创了银行经营模式智能化转型的新范式。建成业界容量最大、算力最强、功能最完备、算法最齐全和弹性可扩展的大数据服务平台，打造共享开放的企业级数据中台，实现全行数据共享共用、数据资产运营管控，全面赋能客户服务、产品创新、风险防控、业务运营等方面的智能化转型也取得突出成效，如通过全方位精准画像为 6.8 亿个人客户提供 1.2 亿套智能服务方案，凭证影像自动识别月均减少人工录入业务量约 2 500 万笔等。

根据央行公布，2020 年度金融科技发展奖评选结果，中国工商银行智慧银行生态系统（ECOS）荣获唯一的最高奖——特等奖。

2. 中国农业银行

2018 年 4 月 20 日，中国首家自己动手、自己做主的 DIY 智慧银行在重庆解放碑开业。农业银行建设 DIY 智慧银行，突出以客户为中心，用金融科技、人工智能技术、大数据分析重新定义新时代金融服务，真正展示了让客户参与、由客户主导的未来、科技、互动、全新的高品质金融服务。客户可以充分体验金融科技带来的变化。通过人脸识别，可享受由大数据和智能分析量身定制的产品组合推荐；可使用财富计算器，自主选择产品组合；可根据买房、买车、留学等个性需求，以游戏的方式体验丰富的定制场景。

在线上，农行已经打造了"农银智慧 + 场景"的金融服务生态圈，包含智慧政务、智慧物业、智慧医疗、智慧出行等项目，2020 年上半年，农行净增场景约 2.68 万个，触达客户 2 605 万户。在线下，农行以“网点金融生态圈建设”为主线，加快推进数字化运营体系建设，创新网点服务模式，加快线上线下渠道融合互通，提升本外币一体化的客服能力和价值创造能力。截至 2019 年年底，已完成 2.2 万户智慧网点改造，智能化覆盖率达到 100%，新一代超级柜台系统和设备覆盖所有网点，成为业内首家实现现金、票据、非现金业务一体化办理的银行。

中国农业银行 DIY 智慧银行如图 5-17 所示，其主要目标是为实现三个“全面升级”，即核心内涵的全面升级、客户体验的全面升级、服务理念的全面升级，这不仅意味着要重构传统的网点分区，同时也要重整传统的业务流程，其目的就是要让以客户为中心的价值导向、服务导向、功能导向得到真正落实。

图 5-17　中国农业银行 DIY 智慧银行

客户进入 DIY 智慧银行，就会成为真正的“主角”，金融科技体验店内的一切服务方式和产品，都是基于大数据、云计算、人工智能的分析结果，为客户提供精准、个性化的服务需求。跨入大门，人脸识别系统自动进行数字画像，智能机器人主动上门迎接，只需简单的几句互动对话，就能准确引导客户到指定的服务区域。通过互动智能橱窗，客户扫描二维码就可以一键购买贵金属，快速检索合作商家优惠信息并提供地图导航。触动财富计算器，系统会根据客户的投资偏好和收益目标，自动推送最佳最优资产配置方案。

在农行DIY智慧银行内，还设有人工智能体验区、文化金融科技互动区、VR体验区、休闲阅读区，为客户提供包含衣、食、住、行、娱在内的精细化、协同化、智能化、场景化的产品和服务。

3. 中国银行

2017年年初，中国银行在集团内部成立智能投顾开发项目组，专门推进“中银慧投”的产品研发工作。“中银慧投”产品于2017年年底内部测试投产，最终定于2018年4月19日正式在全国范围内对客发布。

“中银慧投”主要采取自主研发的开发思路，集中体现了以下三方面特点。一是人工智能和专家智慧的紧密结合。除了人工智能通过机器学习不断自我完善的智能算法模型，还整合了中国银行投资顾问专家团队，以人工干预动态修正人工智能系统可能的偏差。二是线上线下的紧密融合。线上由系统智能推荐标准化产品组合，线下有理财经理随时承接咨询。三是全球化视野。

2018年4月9日，中国银行天津市分行与天津市市场监管委签订战略合作协议，成为天津首家实现电子营业执照开户场景应用的银行。

在线上，中国银行积极把握银行数字化发展趋势，坚持“移动优先”策略，大力拓展线上渠道。2020年上半年，中国银行电子渠道对网点业务的替代率达到94.95%，电子渠道交易金额达到133.95万亿。在线下，中国银行全面推进以智能柜台为核心的网点转型，提升价值创造能力。2020年上半年，智能柜台累计完成7次迭代升级，截至2020年上半年，中行智能柜台达31 568台，自动取款机为35 240台，自助终端机为1 163台。

2019年中行第一家以“5G+场景”为主题的智慧网点在北京开业，随后，相继在天津、苏州、广州、太原、合肥等多个城市落地。代表先进科技的5G智慧网点如图5-18所示，将大大提升中行网点科技金融水平、延伸服务半径，以及客户满意度，给客户提供更高质量的金融服务。首家5G智慧网点的“跨境 + 医疗 + 银发”三大场景独具特色，通过5G、语音识别、大数据分析、人工智能技术等互联网金融手段，实现“智慧服务、智慧体验、智慧营销、智慧运营”四大功能点。

图 5-18　中国银行智慧银行 5G+ 生活场馆

走进中行 5G+ 智慧网点，现代金融的科技感、智能感、温馨感扑面而来。在金融服务功能区域，利用空中成像技术，实现厅堂设备无接触操作是亮点之一，客户可以用语音调用业务菜单，刷脸实现辅助核验身份和替代密码，使业务办理更高效快捷。

厅堂引导专区的金融互动屏，通过嵌入人工智能虚拟客服互聊技术，实现厅堂客户全业务种类咨询解答、热销产品的介绍功能；金融三合一功能大屏，可展示汇率、利率、股价实时资讯，满足到店客户不同的金融咨询需求；跨境专区，实现海外留学客户远程咨询，同时可实现海外旅游线路及金融产品推荐。

4. 中国建设银行

2018 年 4 月，中国建设银行深圳分行召开“智慧银行，超凡体验”发布会，全新“智慧银行”亮相深圳。通过智慧出行、智慧校园、智慧医疗等将银行服务与日常生活场景串联起来，助力深圳智慧城市的建设。

2018 年 4 月，中国建设银行沪上首家无人银行亮相九江路，165m^2 的空间内，通过运用生物识别、语音识别、数据挖掘等科技，整合机器人、VR、AR、人脸识别、语音导航、全息投影等元素，为客户呈现全自助的智能服务平台。

中国建设银行智慧银行是借助金融科技体系，打造集大数据、人工智能、深度学习等金融科技场景应用于一体的交互性智能银行。

中国建设银行打造的全国第一个智慧银行，坐落在深圳的福田中心区。项目一共做了15个互动体验，包括语音机器人、互动AR拍照、电子橱窗、智能导览、金融超市、九连信息播报屏、贵金属透明展示柜、信用卡多点触控、隔空互动探索、互动桌面、手机同屏、信息叫号展示屏、电子海报屏、四屏联动桌、语音视频会议等。互动桌面信息架构如图5-19所示。

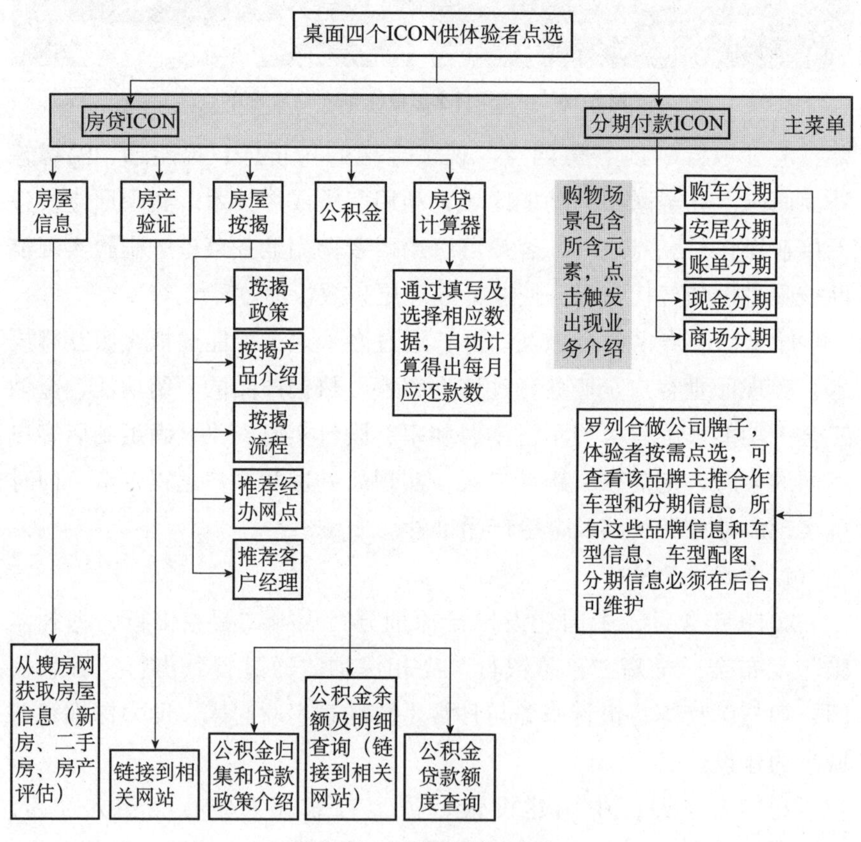

图5-19　互动桌面信息架构

在线上，2020年上半年，建设银行持续构建集团智能运营体系，推进网点数字化、智能化转型，实现21个业务场景线上化处理；同时，在全行网点推出支持客户通过手机银行App调取账户二维码代替实物介质的“扫码办”功能，28项柜面高频业务实现“刷脸办”；

引入机器人自动化技术（RPA），提升运行质效，研发业务应用场景 150 个，累计场景 250 个，平均每日节省 1 570 个工时。在线下，优化自助渠道布局。2020 年上半年，建设银行运行自助柜员机 83 379 台，运营智慧柜员机超 48 361 台，投入运营自助银行 26 360 家，其中离线自助银行 12 076 家。

5. 中国交通银行

交通银行正式启动新一代集团信息系统智慧化转型工程，目的是以打造数字化、智慧型交行为核心，持续提升集团的服务能力、管理能力和综合竞争能力。

交通银行通过移动互联 + 金融场景，打造综合服务生态圈。移动互联技术使实时在线、互融互通的金融服务成为大势所趋。

在线上，交通银行推进技术架构向分布式、云计算模型转变。加强生态建设，扩大金融科技服务范围，引入多项消费场景。同时，推进企业级数据挖掘和应用，赋能集团数字化转型发展。2020 年上半年，手机银行月度活跃客户数达 2 652 万户，较 2019 年年末增长 19.55%。在线下，交通银行推进智能网点建设，打造线上线下一体化协同服务模式。截至 2020 年上半年，交通银行境内银行结构网点达 3 025 家。

6. 中国邮政储蓄银行

当前，随着智能设备的快速普及和移动互联网的迅猛发展，邮储银行北京分行已建成系统内首家“无人银行创新实验室”，并积极探索客户生物识别和联动响应服务机制，打造“人脸识别 + 客户标签 + 渠道消费”的智能化数据应用服务体系，持续推进大数据应用与客户金融服务的融合。

5.4　智 能 投 顾

智能投顾（robo-advisor），即机器人投资顾问，是综合运用人工智能机器学习算法和投资组合优化等理论，依据投资者风险承受能力的评估结果，为投资者提供智能化投资建议及其他增值服务的动态投资模式。智能投顾产品从 2016 年开始在国内出现。

5.4.1 智能投顾经济学模型

智能投顾的理论基础是基于理想情况下的资产最优配置理论，即美林时钟。美林时钟基于经济增长以及通胀两个维度将宏观经济分成四种情况，如图 5-20 所示。

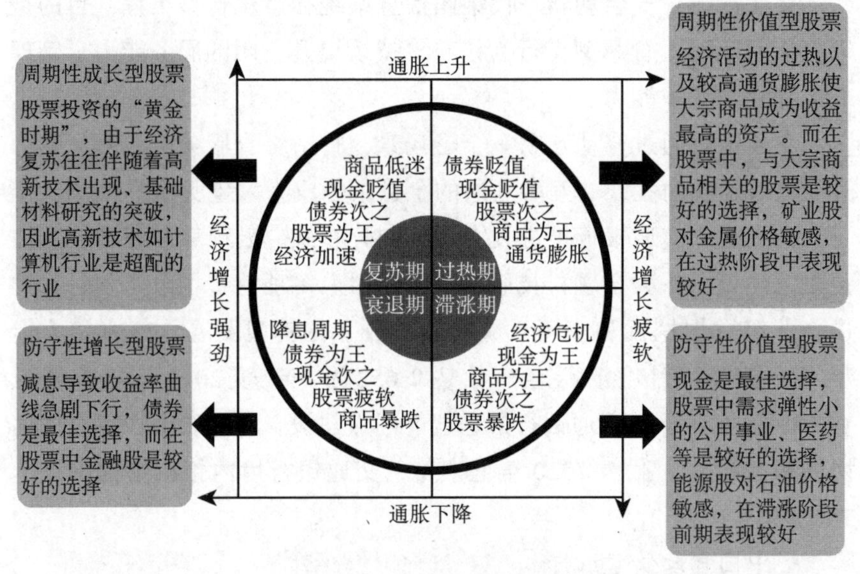

图 5-20 智能投顾经济学模型

在经济复苏阶段，由于股票对经济的弹性更大，其相对债券和现金具备明显超额收益；在经济过热阶段，通胀上升增加了持有现金的机会成本，可能出台的加息政策降低了债券的吸引力，股票的配置价值相对较强，而商品则行情很好；在经济滞胀阶段，现金收益率提高，持有现金最明智，经济下行对企业盈利的冲击将对股票构成负面影响，债券相对股票的收益率提高；在经济衰退阶段，通胀压力下降，货币政策趋松，债券表现最突出，随着经济即将见底的预期逐步形成，股票的吸引力逐步增强。

从投资时钟上看，一个经典的繁荣 - 萧条周期始于左下方，沿顺时针方向循环。把投资时钟画为圆圈的一个优点是可以分别考虑增长率和通胀率变动的影响。经济增长率指向南北方向，通胀率指向东西方向。当经济受到一些因素影响或受到冲击时，如“9·11”事件时，投资时钟不再简单地按照顺时针方向变换阶段，投资时钟的这种画法可以预测市场的变动。

上述每一种情况都有最合适的投资品，如复苏期最适合投资股票。但在现实运用中会碰到两个局限性。一是无法判断当前的经济状态是处于时钟的几点钟。回顾历史可以分得很清楚，但立足当前确实很难判断。二是从速度来看，经济的轮动很难被捕捉，它不是严格按照这个时钟从复苏、过热到滞涨、再到衰退来轮动的。因此，美林时钟是一种非常理想的投资理念，但并不实用。

智能投顾的另一种基于马科维茨的现代证券投资组合理论（modern portfolio theory，MPT）则实际得多。马科维茨确定了最佳投资组合，他认为最佳投资组合存在于风险厌恶投资者的无差异曲线和资产有效边界线的交叉点。威廉·夏普在资本资产定价模型（CAPM）中指出，各种风险偏好的投资者组合存在于无风险资产收益率与有效率风险资产组合收益率之间的连线上。基于厌恶风险和追求收益的投资目标驱动，投资者会根据组合收益的变化调整资产组合的构成。

此外，大数据对智能投顾的影响也是理论研究的重点。大数据对于智能投顾的影响体现在两个方面，一方面是投资端，另一方面是顾问端。对于投资端，现在对于数据量的获取途径有很多，如Wind（万德）系统，可以聚合市面上的新闻资讯、公众号、研报等，这些是做投资决策时最底层的数据来源。基于这些来源可以去搭建上层的模型，建立市场分析的框架等。所以，投资端大数据的影响主要体现在数据源上有更大的改进，数据模型更加优化，基于更充分的数据和更高效率的数据模型得到更好的投资模型。而对于顾问端，对于智能投顾的初创企业来讲，受制于用户规模，从数据体量上看可能还远远没有达到大数据的标准。例如传统银行，他们有上千万规模的用户数据，可以去做客户画像、风险评估。

5.4.2 智能投顾特点及业务流程

1. 智能投顾特点和支撑模块

智能投顾有三大特点。其一，智能运作。整个方案从客户需求分析到对资产配置的建议，再到后续的投资组合管理等，这个过程中会运用到多种投资模型，管理的过程是自动的、智能的。其二，个性定制。根据理财用户的个人情况，帮助理财用户将资产分散到不同篮子里，追求风险和收益的匹配，最终为每位用户提供个性化投资建议，满足不同需求。传统的理财服务不可能针对每一个客户做非常个性化的投资方案。其三，大众化，即普适化。智能投顾的大数据基础和人工智能技术决定了其可以面向广大投资者，突破了服务数量的限制，并降低了产品的服务成本。而传统的投顾则更多的是投资经理一对一的服务。

完善的智能投顾体系通常分为智能客户认知、智能模型算法、智能交易实现和智能投后跟踪服务等四大模块，如图 5-21 所示。从架构上说一般会分为数据平台、算法平台、投资标的、投资方案、投顾管理几个部分。

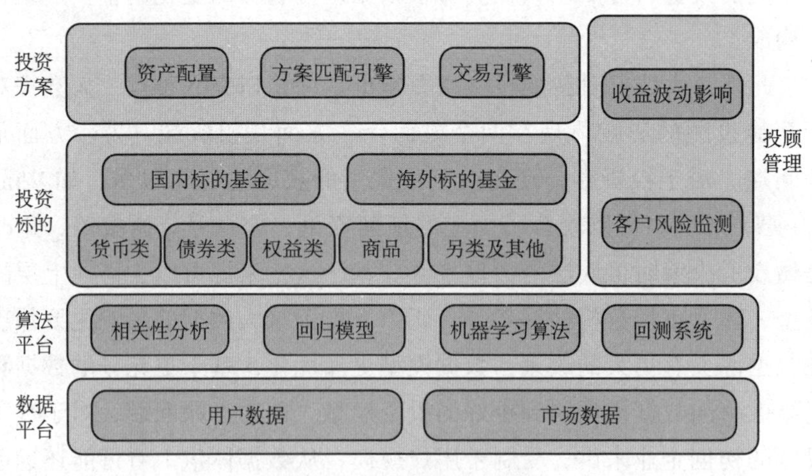

图 5-21 智能投顾四大模块

2. 智能投顾流程

智能投顾一般有以下四个步骤。

（1）风险评估。智能投顾利用风险评估，对标准化的内容（年龄、投资期限、风险偏好、流动性需求等）进行快速的量化评估，从而对客户进行风险等级的划分。通过对客户的过往交易记录、财务状况等数据进行建模分析，确定预期的收益率和风险水平，形成更为准确的客户画像。

（2）确立投资组合。在可投资的资产池（包含股票、债券、现金的大类资产）中，根据每个资产的历史收益率、标准差以及资产间的相关系数，运用智能投顾算法建立模型，给出最优的资产配置权重，得到一个在有效前沿上的投资组合。

（3）对投资组合进行优化。智能投顾采用的是资产配置被动管理策略，采取量化手段，通过回测既往行情形成模型。随着大数据库的不断更新和机器的深度学习，智能投顾实现了对组合权重进行全天候 7×24 小时的实时监控，可在第一时间发现组合的策略偏离情况，避免了基金经理对市场的择时判断带来的风险，同时也避免了交易员或投资者因情绪化而进行冲动交易。客户端则实现了一键优化功能，增强了客户体验感。

（4）投资组合表现及预期收益测算。运用大数据和智能投顾算法建立模型，对投资组合表现及预期收益进行测算，实现了实时修正参数和指标，以寻找到最适合当前市场的投资方法。对投资组合表现进行测算，从客户端可以实时了解到产品组合的情况，浮动盈亏一目了然，便于投资者及时了解投资情况。

5.5　消费金融模式创新与案例分析

消费金融作为信用资源分配的一种形式，通过短期消费信贷和长期消费信贷，实现信用资源在产业部门间的重新分配，帮助消费者优化跨期消费储蓄。同时可以有效提高消费者消费水平，扩大社会消费总需求。如何在制度、市场、技术三者之间找到一条消费金融创新模式是很多金融机构和企业市场一直在探索的问题。

5.5.1 基本概念

我国出台了一系列促进消费金融市场发展的政策性文件。2009年，《消费金融公司试点管理办法》颁布，首批消费金融公司经国务院批准成立，分别为中银消费金融、北银消费金融、锦程消费金融和捷信消费金融。2013年，国务院办公厅出台《关于金融支持经济结构调整和转型升级的指导意见》，要求将"扩大消费金融公司试点城市范围""尝试由民间资本发起设立自担风险的消费金融公司"作为工作重点。2013年11月4日，银监会发布《消费金融公司试点管理办法（修订稿）》，扩大消费金融试点城市范围，新增10个试点城市，招联消费金融、兴业消费金融和海尔消费金融等7家消费金融机构相继成立。2015年6月，国务院召开常务会议，提出发展消费金融，重点服务中低收入人群。将消费金融公司16个试点城市扩至全国，并将审批权下放到省级部门，鼓励民资和互联网企业发起设立。2016年政府工作报告再次提及消费金融，鼓励金融机构创新消费信贷产品。2018年，国务院颁布了《完善促进消费消费体制机制实施方案（2018—2020年）》等多项政策，释放促进消费金融良性发展的信号。在上述一系列利好政策的支持引导下，我国消费金融正逐渐形成以商业银行为主导，消费金融公司、新兴互联网消费金融公司为补充的消费金融供给格局。

根据中国人民银行《中国区域金融运行报告（2018）》所述概念，消费金融包括广义与狭义两种定义。广义消费金融包括传统商业银行向消费者发放的住房按揭贷款、汽车贷款、信用卡和其他贷款，持牌消费金融公司向消费者提供的家装贷、购物分期，以及新兴的基于网上购物等消费场景为消费者提供购物分期服务的互联网消费金融。狭义消费金融是从广义消费金融范畴中扣除传统商业银行车房贷款的部分。

根据是否依托于具体消费场景，消费金融可以分为依托于具体消费场景的消费贷和不依托于具体消费场景的现金贷两种模式。根据参与机构和法律规定的主体资格不同，消费金融又包括商业银行、持牌消费金融公司和新兴互联网消费金融三种类型。

（1）商业银行。商业银行依托其稳定和低成本的资金优势，在消费金融领域占据优势地位，其业务模式主要包括信用款和信用卡两种模式。近年来，不断通过创新方法切入新兴市场中，如控股或参股持牌消费金融公司，开发创新型消费金融产品和消费金融平台，以及与电商等互联网平台合作，共同探索打通线上线下的消费金融业务等。

（2）持牌消费金融公司。银保监会颁布《消费金融公司试点管理办法》对消费金融公司的设立、变更与终止，业务范围及经营规则，监督管理等做出明确规定。获得消费金融牌照的公司准入门槛较高，除了对注册资本和盈利能力的要求外，还要获得银保监会批准。需要注意的是，消费金融牌照不同于小贷公司牌照，互联网巨头旗下的明星产品如阿里花呗、腾讯微粒贷、京东白条等，均不属于持牌消费金融公司。相比于传统小贷、互联网小贷等牌照，消费金融公司被定位为非银行金融机构，业务范围覆盖线上与线下。按照规定，持牌消费金融机构除可在全国范围内发放个人消费贷款外，还可以从事向境内金融机构借款、境内同业拆借、经批准发行金融债券、代理销售消费保险产品、固定收益类证券投资等业务。此外，持牌消费金融公司的资金来源也十分多样化，包括向境内金融机构借款、同业拆借、发行债券等。在资金杠杆方面，消费金融公司具有 10 倍杠杆优势，而互联网小贷通常只有 1～3 倍。基于诸多红利，消费金融牌照获批严格，目前全国持牌公司仅有 27 家，多为银行，排队等待批文的公司还有十余家，监管机构持谨慎态度，尚未确定批准。

（3）新兴互联网消费金融。新兴互联网消费金融参与主体通常包括互联网小公司、电商平台、购物分期平台等。众多拥有小贷牌照和网络小贷牌照的公司成为新兴互联网消费金融的参与者。自 2011 年起，蚂蚁金服、百度、京东金融、苏宁金融等多家科技公司均成立了小贷公司，并持网络小贷牌照，为个人消费者和小微企业提供消费金融服务。此外，电商平台依托其庞大的在线客户消费群体、丰富的产品消费场景、平台分发与大数据沉淀等优势，发展消费金融。分期购物平台不同于电商平台，其平台本身不直接提供商品与服务，而是将电商消费数据当作其授信和风控监测的基础，代替消费者向电商完成支付，之后消费者需要向代支付平台分期偿还。而房产、汽车、旅游、家电等垂直行业龙头公司也利用其多年深耕优势，发展自身基于场景类的消费金融。P2P 网贷平台也在监管趋严的市场环境下谋求自身业务转型，向消费金融业务靠拢。

根据商务部有关报告显示，2018 年我国消费金融市场（不含房贷）规模达 8.45 万亿元，市场渗透率为 22.36%；2020 年市场规模达 12 万亿元，渗透率逐渐提高至 25.05%。美国消费金融产业起步较早，经过 70 余年发展，社会观念发生转变，伴随科技发展与大数据风控的应用，以及法律监管措施渐趋完善，消费金融随之普及。目前，美国消费金融渗透率超过 40%，与美国相比，我国消费金融市场仍有较大的发展空间，发展前景广阔。

5.5.2 金融科技赋能消费金融

与发达国家成熟的金融市场相比，我国金融体系尚未完善，存在结构性失衡，基础设施缺乏等问题。大数据、人工智能、区块链和物联网是金融科技的四大核心技术，在信息获取、组合、分析与应用方面具有极大优势。融资领域中，金融科技可以帮助收集用户更多的非财务数据，整体了解借款人的生活与财务状态，在借款审批环节提高风控能力。在投资领域，金融科技可以个性化匹配用户需求，制定投资规划，管理投资组合，降低投资风险。在保险领域，金融科技对保险产品的设计与核保及保单管理价值提升较大。在交易领域，金融科技可以提高交易效率，去中心化的交易方式能够进一步增强交易安全性。同时，金融科技也将用以解决消费金融领域存在于贷前、贷中和贷后流程中的诸多痛点问题，如图 5-22 所示。

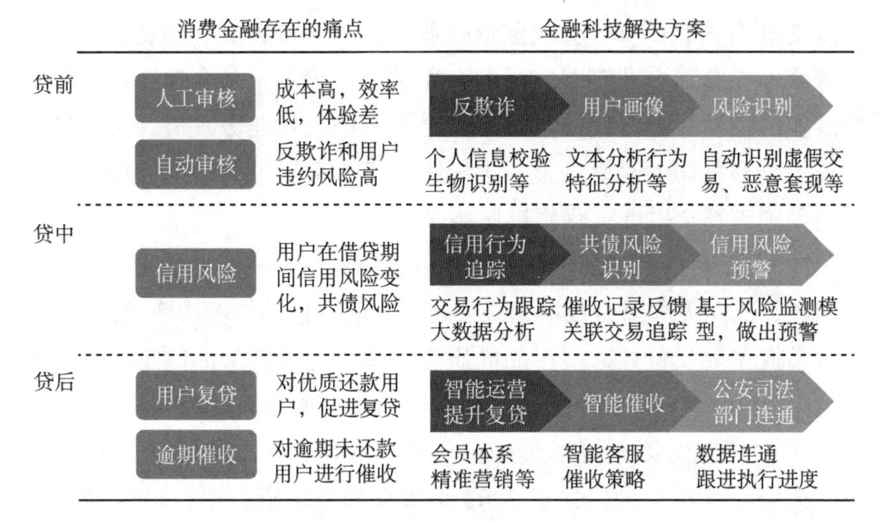

图 5-22　金融科技赋能消费金融

5.5.3　国际消费金融模式借鉴

相比中国，国外的消费金融经历了长时间的发展，市场已经步入成熟期，并形成了成熟的运作模式。但是各地区间行业监管、用户消费习惯、信用体系等方面相差较大，不同地区与中国国情的不同也是消费金融发展差异化的主要原因。如美国消费金融展现的特征是信贷机构多元化、供给体系多层次、征信体系完善；日本消费金融表现出市场主体多元化、结构相对分散、信用数据流通顺畅的特征；西班牙消费金融具有市场主体多元化、结构相对分散、信用数据流通顺畅、信用卡模式占据优势等特征。以美国第一资本金融公司为例介绍其发展理念和金融模式。

总部位于美国特拉华州的美国第一资本金融公司成立于 1994 年，美国第一资本金融公司原是美国弗吉尼亚州签字银行（signet bank）的信用卡部门，现已发展成一家以投资融资及基金管理为基础，集国际贸易、项目开发、投资银行业务为一体的多元化国际企业集团，业务包括汽车贷款、储蓄、住宅贷款、医疗保健金融、保险和小企业融资等在内的广泛的产品组合。集团公司凭借其自身雄厚的经济实力，丰富的金融操作经验及优秀的专业化人才在全球范围内建立起 30 多个分支机构、上百家合资及独资企业，并与嘉信理财、德意志商业银行等全球500强企业有着广泛的合作关系，为本土及全球客户提供优质专业的创新服务。用信息技术来全面驱动公司业务发展，是美国第一资本金融公司的制胜法宝。美国第一资本金融公司的发展历程也折射出美国消费金融的文化发展脉络。

20世纪90年代，签字银行（后被富国银行收购）的信用卡业务部门剥离，成立美国第一资本金融公司。期间，信用卡渗透率超过70%，银行掌握主要议价权，但产品同质化严重，竞争带来的倒闭和兼并数量达到了高峰，单线发卡企业、非金融公司开始布局信用卡业务。

1998年美国第一资本金融公司通过收购萨米特金融公司将业务范围拓展至汽车金融，并于2003年成立汽金融子公司；2004年收购Onxy金融服务公司用于巩固汽车金融业务。期间经历十年的经济高速增长，2000年美国经济处于巅峰时期，随着FICO评分逐渐成熟并广泛推进，美国的征信环境开始完善，为消费金融创新提供基础。

美国第一资本金融公司瞄准次级消费用户，进军零售银行业，分别于2005年和2006年收购海伯尼亚银行和诺斯福克银行，迅速扩大资产规模，深化汽车金融布局；2005年和2006年共投资汽车信息平台2 370万美元。期间为了促进经济增长，美国通过大幅降低利率来刺激经济增长，导致金融杠杆不断加高，2007年年底金融危机初现苗头。

2008年美国财政部投资35.6亿美元作为问题资产资助，该部分股权于2009年回购。期间，次级房屋信贷危机爆发，贷款违约带来资金流动性风险，美国经济开始下滑，国家资金流失，赤字暴增。同时，激烈的金融危机也严重影响了全球经济。美国第一资本金融公司经营状况受经济环境影响较大，资产收益率跌入负值，因此关闭了抵押贷款业务。该时期企业收购和投资明显活力不足，但仍积极调整以适应市场变化。

美国第一资本金融公司从金融危机中快速复苏，2011—2012年间，分别收购整合了三家银行的消费金融业务，因此公司2012年投资性贷款和净收入实现了高速增长；公司业务结构向主营信用卡业务回归，各业务收入相对比例保持稳定。期间，美国经济进入复苏轨迹，随着“去杠杆化”的结束，美国经济开始实现温和增长，2014年消费占GDP比重提升至68%，宏观环境开始回暖。

2017年美国第一资本金融公司受低迷的市场环境影响，宣布停止个人银行下的新增住房抵押贷款和房屋净值贷款业务；并在2018年彻底将所有为消费者提供住房贷款和抵押贷款的业务出售。因住房贷款业务抵消了其他业务增长，投资性贷款开始走低。期间，美国抵押贷款市场竞争激烈，低利率业务面临风险。2018年美国经济增速加快，贷款增长稳定，贷款损失准备金下降，税法改革有利于企业现金流动。

从金融科技的角度分析问题，不难看出，以美国第一资本金融公司为代表的消费金融模型在其创新发展进程中实施了两大消费金融模式，一是信息决定战略，二是测试学习战略。

1. 信息决定战略

信息决定战略模型如图5-23所示。

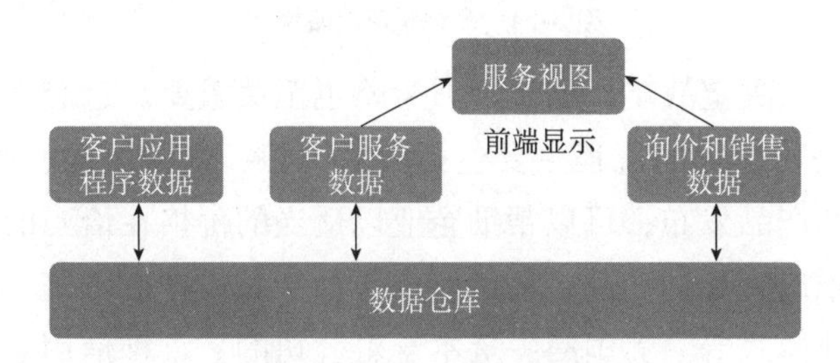

图5-23　信息决定战略模型

数据分析是美国第一资本金融公司决策的主要依据。自2002年推出“数字驱动战略”后，美国第一资本金融公司平均每年尝试8万个以上的大数据实验分析，公司的信息决策战略是全球范围内运用大数据技术决策的先例，企业的用户营销、产品匹配、风控系统、门店经营等环节全部是由大数据驱动。例如，企业的用户营销基于交易记录，结合用户的信用程度和活跃程度，选择提高或降低信用额度，提供用户交易场景的优惠活动提升活跃度。基于大数据的营销策略可以实现风险前置，企业还能利用全面的信用数据建立风险识别模型，风险过高的用户甚至不会看到美国第一资本金融公司的营销广告。而通过营销获得的用户也表现出不同程度的风险，因此能看到差异化的产品利率、额度和期限。美国第一资本金融公司作为金融机构，对大数据、人工智能、深度学习等科技手段的把控，是其在早期赶超其他竞争者的决定性因素。

2. 测试学习战略

测试学习战略模型如图 5-24 所示。

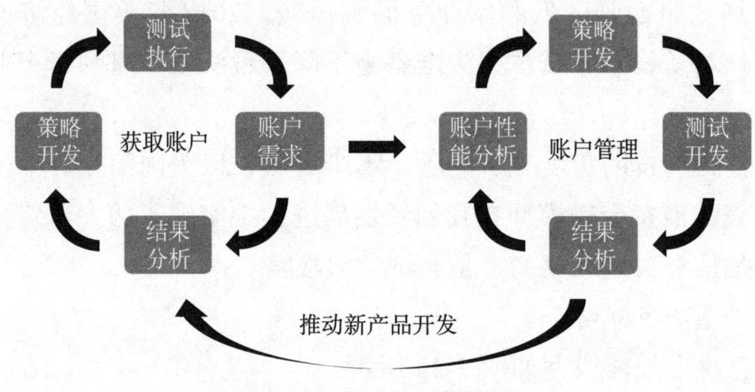

图 5-24 测试学习战略模型

除了信息决定战略，测试学习策略也至关重要。这套由美国第一资本金融公司建立的流程主要包括产品构想、数据获取、产品测试、方案调整和产品发布，可以帮助企业以适当的价格在恰当的时间向客户精准的推出合适的产品，测试对象包括产品设计、营销方式、市场潜力和商业模式等。美国第一资本金融公司的数百种信用卡就是基于测试结果设计，真正地实现了“千人千面”的消费金融产品和服务。测试学习策略的另一个优势在于企业可以预测用户的决策行为，并根据结果采取相应的措施，占据主动权。能否在环境发生变化的时候及时做出调整，是对大型企业的挑战。对美国第一资本金融公司来说，这两个重要策略带来对市场环境的快速反应，是其主要的竞争优势。

5.5.4 消费金融创新模式

根据亿欧智库对中国消费金融的研究报告显示，中国消费金融创新模式大致有联合放贷、助贷、信用卡代偿和贷款超市四种，如表 5-2 所示。

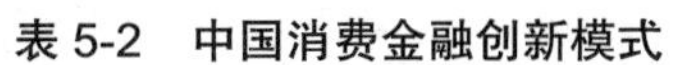

表 5-2　中国消费金融创新模式

创新模式	消费金融企业	文件支撑	发文机构	发文时间	发 文 摘 要
联合贷款	国美金融	《商业银行互联网贷款管理办法（征求意见稿）》	银保监会	2018 年 11 月	商业银行与其他有贷款资质的机构联合发放互联网贷款，应建立联合贷款内部管理制度，并在制度中明确联合贷款授权管理机制。联合贷款各方商业银行应分别独立对贷款进行审批，商业银行不得以任何形式为无放贷业务资质的合作机构提供贷款资金，不得与无放贷业务资质的合作机构共同出资发放贷款
助贷	嘉银科技	《关于加强互联网助贷和联合贷款风险防控监管提示函》	浙江银保监局	2019 年 1 月	银行与合作机构在客户信息共享、风险防控、不良处置化解、贷款核销、消费者保护等领域的权利义务。强调银行应开发与业务匹配的风控系统、风控模型，并配备专业人员。重申了核心风控环节不得外包；不得为无牌机构提供资金或者联合放贷、银行属地放贷，不得接受无担保资质的第三方机构提供增信以及兜底承诺等变相增信服务等
信用卡代偿	信用卡代偿	《关于做好网贷机构分类处置和风险防范工作的意见》	P2P 网贷风险专项整治工作领导小组	2019 年 1 月	坚持以机构退出为主要工作方向，除部分严格合规的在营机构外，其余机构能退尽退，应关尽关。积极引导部分 P2P 网贷企业转型为网络小贷公司、助贷机构或为持牌资产管理机构导流等
贷款超市	萨摩耶金服	《关于规范整顿“现金贷”业务的通知》	互联网金融风险专项整治工作领导小组、P2P 网贷风险专项整治工作领导小组	2017 年 12 月	禁止消费金融公司通过 P2P 网贷撮合等任何方式为无放贷业务资质的机构提供资金发放贷款，禁止消费金融公司通过签订三方协议等方式与无放贷业务资质机构共同出资发放贷款

1. 联合放贷

联合放贷运营模式如图 5-25 所示。根据中国银行及银保监会对联合放贷业务的定义及规范要求，结合市场实际情况，亿欧智库认为联合放贷是由两家及以上资金提供方，通常是银行、持牌消费金融机构和互联网金融公司合作，进行联合出资、风控、贷后管理的信贷方式。联合贷款机构的收入、风险按照出资比例获取和承担，大多数表现出以银行业金融机构作为资金主导方，对核心风控环节进行把控；而互联网金融公司除了参与资金筹措外，还可以参与获客、数据支持、科技服务、贷后管理等环节。除了资金优势，银行业金融机构出于合规要求，通常只和第三方持牌机构合作，并拥有绝对的主动选择权。银行根据第三方持牌机构的综合情况，选择对对接资产，是否进行联合放贷，以及资金分配比例，放贷业务是否由第三方主体进行等环节进行掌控。

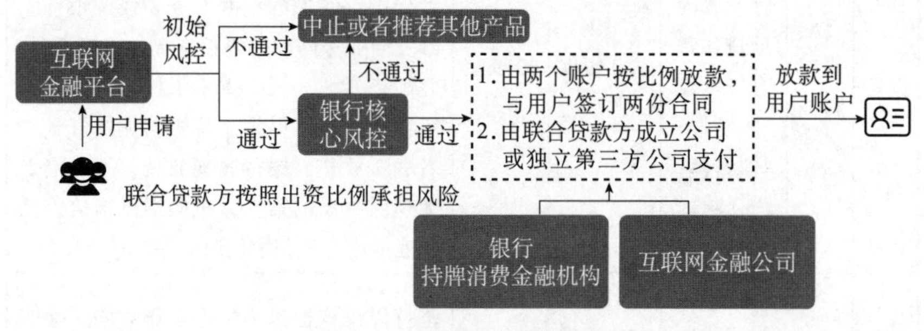

图 5-25　联合放贷运营模式

由于银行和互联网金融公司的客户群相差较大，因此催生出联合放贷的业务模式。从银行角度来看，中小银行尤其是城商行、农商行等受经营地域限制的银行，可以利用联合放贷实现跨区经营（部分地区）；从互联网公司角度来看，基于消费场景用户画像的风控模型与银行根据客户资产、信用等记录进行风控的流程完全不同，一定程度上可以实现彼此间的互补。

联合放贷的优势体现在以下方面。联合放贷的合作模式可以缓解互联网金融公司资金的问题，降低贷款成本，同时与银行间的合作一定程度增加了互联网金融公司的可信度。对于银行和持牌消费金融机构来说，也满足了其在获客、消费场景和风控等方面的需求。由于银行对联合放贷的合作企业要求较高，因此互联网金融企业都在积极寻求与银行的合作，以增加公信力。

联合放贷存在以下四个问题。第一，银行无法依据原有风控模型对互联网金融公司的推荐用户进行风险控制，可能存在过度依赖合作企业的评审和风控措施，甚至存在粗放经营，不参与风控流程的现象。第二，银行对于合作机构的贷款模式控制有限，存在部分产品超越银行合规框架，超杠杆放贷的现象，加大了银行内部体系的风险概率。第三，非银行或非持牌机构的放贷金额尚未接入央行征信系统，会造成借款主体负债信息不明确，影响央行征信报告质量甚至国家货币政策执行的准确性。第四，联合放贷在中国尚无明确的监管政策。

2. 助贷

助贷是通过自有系统或渠道筛选目标客群，完成自有风控流程后，将优质的客户输送给银行等机构风控终审后，完成发放贷款的业务模式。助贷机构一般为持有网络小贷牌照或者非持牌的互联网金融公司、金融科技公司等。在业务流程中，助贷机构的业务范畴仅限于提供导流、身份审核、初步风控、贷后管理等部分或全部环节，并且对借款资料的真实性和完整性承担管理责任，主要靠收取信息费用、管理费用等相关服务费用盈利。而金融机构是贷款业务的放贷主体，其主要职责除了提供资金外，还需要把控整个流程的风险管理，包括贷前调查、贷中审核和贷后管理工作。与联合放贷模式类似，金融机构需具备适用于开展互联网金融业务的风控能力，并且信贷链条中的核心风控环节不能外包给第三方公司。对于互联网金融公司来说，资金来源构成是造成不同平台差异化竞争的原因之一。不同于大企业多元化、低成本的资金来源，大部分互联网金融公司的资金来源单一，因此助贷成为解决互联网金融公司资金来源问题的突破口；同样助贷机构在用户、数据、科技等方面的优势也在很大程度上弥补了银行的短板，有利于推动银行零售转型，拓展既有业务边际，从而实现共赢。

助贷优势表现在以下方面。随着行业进一步规范，助贷机构回归本源，加强客户管理，最大程度发挥业务和数据基础优势；利用资产证券化（ABS 融资）拓宽资金渠道，可以降低外部资金依赖，虽然目前发行 ABS 的门槛相对较高，大企业较容易得到认可，但对于中小企业，ABS 融资会成为其资金端创新的趋势之一；利用金融科技对消费信贷业务降本增效，起到促进拓展创新的作用，加强自身金融科技能力，会成为所有助贷机构的主要发展趋势；监管的介入加快行业洗牌，牌照化经营或成标准，随着行业集中度提高，掌握消费场景的企业更具差异化竞争优势，因此消费场景细分化也将成为企业接下来的发力点。

3. 信用卡贷偿

信用卡代偿运营模式如图 5-26 所示。信用卡代偿是指消费者在偿还信用卡账单遇到资金困难时，可以选择向相关企业申请贷款，由相关企业发放贷款结清信用卡账单，同时资金端的债权由信用卡机构转移至信用卡代偿企业的业务模式。信用卡代偿企业作为放款端和资产端的中介平台，依靠低于放款端的利率吸引用户，为用户解决资金周转的问题。信用卡代偿平台通过自有资金或低成本借入的资金，以低于银行信用卡分期的利率借出，信贷息差是公司主要的收益来源。信用卡代偿企业的资金成本决定企业利润空间的大小，因此拥有优质用户的企业更易拥有议价权，而利用中等利率进行精准风险定价的企业，从长期发展来看，比利用高利率覆盖高风险的企业更具有可持续发展能力。

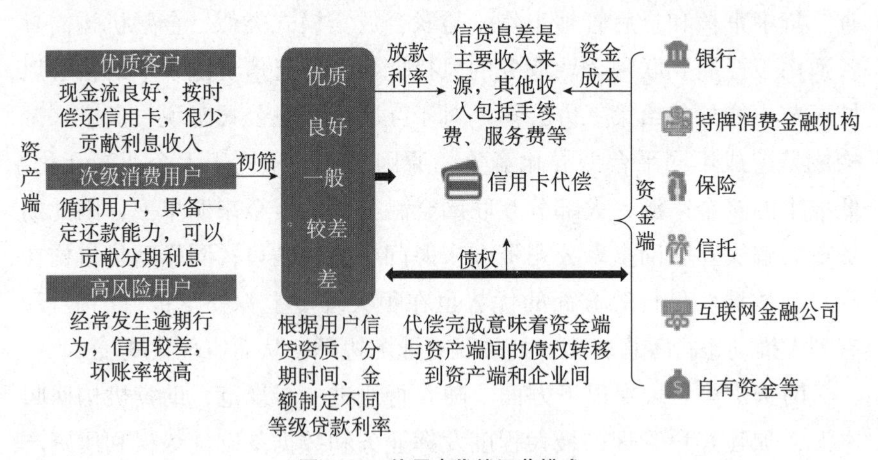

图 5-26　信用卡代偿运营模式

按照商业模式的区分，信用卡代偿企业归类为两种业务路径。一是立足于信用卡消费的场景端，提供信用卡账单管理，开展信用卡代偿业务。二是立足于代偿业务，获得用户后，与场景方建立稳定联系，成为连接信用卡和场景的纽带。信用卡代偿客群定位于信用卡用户，由于申请阶段已经经过初筛，因此信用卡用户的资质会优于互联网信贷甚至银行信贷产品的用户。虽然银行信用卡产品的不良率高于普通个人信贷产品，但是也远低于互联网信贷产品。加之次级消费用户在信用卡持卡用户里占比最大，因此这部分用户是信用卡代偿企业的主要目标用户，在业务开展前期阶段也表现出获客成本相对低廉的特点。从功能层面来看，信用卡代偿使信用水平良好的用户以低于银行信用卡分期的利率，维持良好征信记录；使信用卡额度不足或者分期受限的用户，可以享受额外的额度，实现信贷资源的中短期流动。从利率层面来看，信用卡代偿企业将用户分层提供差异化定价产品，为不同资质用户匹配适合的资金。

信用卡代偿的优势体现在以下方面。信用卡代偿企业需要依靠科技能力寻找获客、风控和利率之间的平衡点，随着参与主体的丰富和政策的进一步完善，信用卡代偿企业或许可以复制美国第一资本金融公司的成功经验，为中国信用卡的发展带来新的活力。根据行业头部企业近几年的业务调整和发展方向，信用卡代偿企业在产品、市场参与者、业务模式和技术投入等方面已表现出新的发展趋势。

4. 贷款超市

贷款超市运营模式如图 5-27 所示。贷款超市是指金融机构通过和同业机构或者互联网企业合作，向借款人提供集合多种可供选择的贷款产品中介平台，以解决信息不对称的问题。作为导流平台，贷款超市应确保借款人的知情权，并设立一定的准入门槛，进行初步筛选后，将用户导流给产品端，平台和产品提供方通过 H5 或 API 的方式实现连接。相比前面几种模式，贷款超市不管在资金、技术还是人力的投入上要求都相对较低，对于企业风控能力的要求也较低。因为贷款超市大多没有自主产品，贷款撮合不涉及贷款关键流程，因此不需要承担风险，大量贷款超市并不设置遴选机制。目前业内也有部分企业在经营平台的同时，还拥有自身贷款业务，以建立多元化业务组成，优化收入结构，增强企业竞争能力。

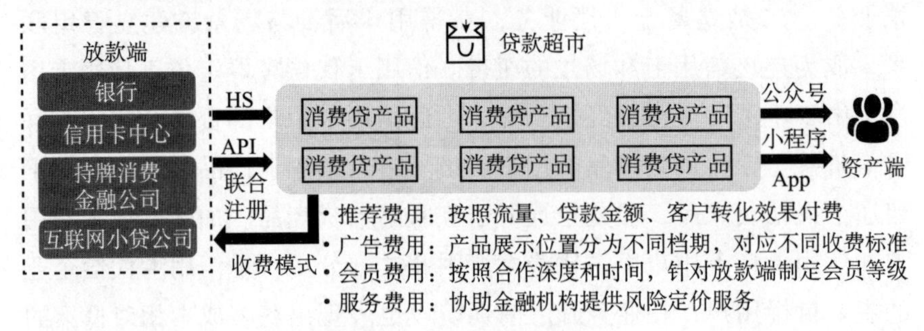

图 5-27　贷款超市运营模式

贷款超市的优势体现在以下方面。平台用户拥有金融标签，浏览用户是潜在强需求用户，相比其他流量平台，用户相对更具针对性；平台型运营，用户可选性高，提供多种类产品，解决信息不对称，同时避免大范围营销成本浪费；相比其他业务模式，贷款超市的技术进入门槛低，前期资金投入较低；在资源整合方面具有优势，可以帮助接入方降低获客成本，提高获客效率。

贷款超市存在的不足表现在以下方面。由于门槛低，行业涌现大批企业，用户重合度高，企业难以依靠技术建立壁垒，竞争激烈，良莠不齐；为了累积用户，存在靠购买拥有大批关注者的微信公众号包装贷款超市的乱象；用户个人信息的售卖和使用是否合法合规仍处于灰色地带；由于接入产品多，存在夹杂现金贷款的业务乱象，贷款用途不明确，隐藏多头借贷风险；平台自身风控能力不够，对违法违规者把握不足，存在一定漏洞；大批现金贷款如果因为监管或市场竞争退出市场，则平台的盈利空间会大幅缩减，贷款超市也将迎来洗牌或大批企业转型。

5.5.5　消费金融典型案例

1. 数禾科技

数禾科技（全称为上海数禾信息科技有限公司）成立于 2015 年 8 月，是一家金融科技服务商，核心团队来自招商银行和美国第一资本金融公司，主要面向都市人群提供个性化金融服务，涉及消费信贷和智能投顾等业务。自成立以来，数禾科技先后获得了分众传媒、红杉资本、新浪、信达香港和诺亚财富等知名机构投资，目前已融资至 B 轮，是具有潜力的金融科技公司之一。

数禾科技自成立之初即进行一系列合规布局，于 2017 年 11 月拿下互联网小贷牌照，在经营资质、业务运营与资金方面取得领先优势。经营资质方面，目前全国互联网小贷牌照发放总量约 300 张，市场准入滞缓。而互联网小贷公司顶层监管及配套制度正在酝酿出炉，融资渠道、杠杆率和放款额度等规定也将进一步明确，牌照价值与日俱增。业务运营方面，数禾科技主营消费信贷、信用支付和智能投顾等业务，以收入稳定、消费需求旺盛、珍惜信用的高成长性优质人群为目标用户。这些用户全生命周期金融价值较高，用户体量稳健增长，资产质量优质稳定。资金方面，数禾科技资金来源多元化，主要以银行、消费金融公司、信托、小贷、保险公司等持牌金融机构为主，资金不是直接来自个人资金，以此区分于部分行业参与者。

此外，数禾科技以数字和技术为驱动，应用大数据和人工智能，在用户获取、用户经营和风险管理等方面打磨精细化运营能力。数据能力方面，随着业务量的增长，数禾科技积累了大量贷款交易样本数据，同时深化与更多机构合作，增强数据连接能力，通过持续应用人工智能和大数据分析技术，用数据丰富用户画像，并基于精准用户画像提升各业务环节的运营效率。技术能力方面，数禾科技持续推进技术研发工作并增强基于云的架构体系，支持各业务功能实现更高的运营效率，同时有效提高数据存储与应用的安全性。用户获取方面，数禾科技实行精细化与智能化营销战略，持续拓展获客渠道，以触及更广泛的用户受众。一方面，改进算法和技术，提高借款人风险识别精准度，高效筛选合格借款人，提高获客的成本效益；另一方面，与头部互联网公司开展战略合作，封装化进行数据挖掘与联合建模，扩大用户受众人群并有针对性地向其推荐信贷服务，降低获客成本和违约风险。用户运营方面，基于平台积累的丰富的借款人行为数据，数禾科技对用户偏好与需求的理解不断加深。基于对用户情况的深刻理解，数禾科技可以更准确地预测用户的信贷需求，并提供量身定制的产品及价格，满足用户的多样化需求，增强用户体验。风险控制方面，数禾科技依托大数据分析和人工智能技术，搭建不同层次核心业务风控模型，以提高风险管理效率。随着数据库扩展和技术升级，数禾科技通过“有监督的机器学习”，完善其“以数据为驱动导向”的信用评估模型，优化“基于风险”的定价机制准确性，并采用适用于业务模式的新型有效的产品特征和风控模型。

2. 国美金融

国美金融成立于2014年9月，于2018年10月在厦门正式挂牌，是国美控股集团旗下从事金融发展和投资业务的战略管控平台。企业依托已有零售场景及产业链资源优势，紧绕国美“家·生活”的核心战略，构建包括消费金融、财富管理、企业融资、支付业务四大产品品牌体系。其核心产品包括消费金融、财富管理、企业融资、支付业务等。目前，国美金融已完成全国700多个城市2 400家线下门店布局，累计为1 900余万用户提供金融服务。

国美金融拥有网络小贷牌照和其母公司国美控股集团的零售背景优势，以用户家庭为单位提供金融服务，形成以消费金融场景化为特点，打通线上线下场景资源，反哺零售业务的模式，提供包括在线商城分期、门店购物分期、信用卡还款等产品服务。除了基于零售业务的天然用户获客优势，国美金融利用人脸识别、虹膜技术有效地解决身份认证问题，结合线上线下场景与数据优势提高风控效率，在场景消费金融业务实现全流程30分钟办理、70%通过率、1%不良率，有效解决用户授信、体验性以及通过率等问题。基于在获客能力和风控方面的优势，国美金融和银行间的合作也表现在资金端。除了依托于集团的资金支持，国美金融还和各大银行不同程度地开展联合放贷业务，发挥各自优势，提高金融服务的广度与深度，向金融科技服务提供商转型。目前已先后与浦发银行、渤海银行、南京银行、天津银行、众邦银行等各家银行达成合作。

3. 嘉银金科

嘉银金科起步于2011年成立的你我贷，集团定位于金融科技创新服务企业，基于大数据处理和金融科技研发，利用创新科技缩短用户与金融服务距离，为用户提供高效智能的普惠金融服务。嘉银金科 2015 年挂牌新三板，2019 年在纳斯达克上市。核心产品为信息中介平台——你我贷（2011 年 6 月上线）、金融科技品牌——极融（2016 年 10 月上线）等。

嘉银金科集团起步于旗下信息中介平台——你我贷。彼时企业的大数据平台、人工智能科技和风控体系还只是服务于自身业务，基于你我贷技术体系的更新迭代，企业开始积累经验，奠定技术和合规基础。随后嘉银金科集团持续投入研发和创新，引入安全技术设施，提升金融科技服务能力，推出金融科技品牌——极融，构建以大数据驱动为核心的云服务平台和金融风控体系，为银行、信托和非银机构提供获客、信审、风控、贷后等服务。

获客方面，极融助贷业务已经与银行、持牌消费金融机构、信托等企业建立合作。如与湖南广播电台旗下的消费金融机构——快乐通宝的合作中，极融充分发挥自身在流量获取和科技服务方面的优势，帮助客户挖掘潜能、整合资源，打造开放、共赢的金融科技品牌。随着市场扩张，为了解决第三方风控工具灵活度差、与场景脱节、不透明黑箱等问题，嘉银金科推出首创的大数据风控培养引擎与个性化纯线上信贷解决方案。嘉银金科目前已经累计服务持牌机构超过 50 家，其中嘉银金科和兴业数金针对银行零售信贷业务的场景化引流、自营产品创新需求，推出了端到端的解决方案——金东方信贷云。该平台由嘉银金科和兴业数金联合开发以实现资源互补，专注服务中小银行的场景接入、自动化信贷流程管理、基于大数据的风控决策，实现了金融科技高效赋能中小银行的目标。

4. 尚诚消费金融

尚诚消费金融是经银监会批准，由上海银行、携程集团、红杉资本、博裕资本联合出资成立的消费金融公司，于 2017 年 8 月 17 日正式工商注册，公司注册资本达 10 亿元人民币。尚诚消费金融充分发挥四方股东在风险管理、线上营销、资本运作、消费场景等方面的资源优势，秉持创新、稳健、效益、质量的经营理念，坚持普惠金融、深耕旅游场景，致力打造成为具有互联网创新精神、市场领先、让客户满意的一家专业消费金融机构。

“诚 e 借”是尚诚消费金融推出的一款互联网在线个人消费信用贷款产品，凭个人信用即可获得小于 20 万元的消费额度，全程在线完成，无须抵押和担保。

5. 融 360

融 360 成立于 2011 年 10 月，主要通过大数据分析、人工智能和机器学习技术，为个人消费者、小微企业、个体工商户提供金融产品搜索、匹配和推荐服务；同时还为金融机构提供贷前、贷中、贷后全流程风控解决方案，输出“技术 + 场景 + 用户 + 运营”的全链条服务。核心产品包括贷款业务——个人消费贷、经营贷、房贷、车贷，信用卡——信用卡推荐，理财——一站式比价平台，风控系统——天机。

融 360 利用其智能推荐技术，将复杂、非标准化的金融产品信息变成可供搜索的标准化信息，为用户提供便捷的使用体验；同时通过其天机大数据风控系统，为金融机构提供全流程的解决方案，包括大数据分析、反欺诈、联合建模、风控策略等服务。目前融 360 已与 2 300 多家金融机构合作，对接 26 万款金融产品，覆盖中国 350 多个城市。

融 360 从贷款推荐业务逐渐向信用卡推荐、财富管理、风险管理等领域扩展，其商业逻辑是利用平台自身流量和第三方渠道流量，基于平台返回的用户信贷数据搭建信贷风控系统，将风控能力输出给第三方公司。随着业务的不断丰富，基于已搭建的风控体系，融 360 开始运营独立的消费信贷产品，进入消费分期和现金借贷领域，以实现业务收入的多元化。平台接入的大部分产品合作机构为持牌机构、信用卡公司和其他非银行金融机构，目前公司收入主要来源于推荐贷款、发放信用卡和营销广告。随着开始整治现金贷、互联网流量红利变薄、获客成本大幅增高等宏观因素，融 360 正在从“搜索 + 导流”的模式向“产品 + 数据 + 服务”的模式转变，以寻求服务于供给端和需求端产品的不断优化。

5.5.6　我国消费金融存在的问题与发展对策

长期以来，银行作为消费金融市场的主要参与者，基于银行账户开展消费金融业务，为消费者提供种类较为齐全的金融服务和产品。但是传统的业务模式逐渐成为银行开展消费金融业务的障碍，根据权威机构的研究结论，我国消费金融存在以下四方面的问题。第一，银行间的消费信贷产品同质化严重，创新能力不足，无法满足用户多样化的消费贷款需求，造成银行贷款结构调整未达到预期，如今仍以对公业务为主。第二，由于银行自身风控条件有限，因此个人贷款业务审批需要严格且复杂的流程，造成贷款业务周期长，贷款效率低。第三，传统的获客方式使银行在优质资产来源方面的劣势越来越明显，虽然银行转型已经处于第二阶段，但是线上场景竞争力较弱，仍以运营存量客户为主。第四，银行消费金融业务比较分散，缺乏系统化的业务体系，针对互联网业务的客户管理以及人才队伍体系建设尚不健全。

随着我国各项金融制度的不断完善、金融科技手段的加快应用，我国消费金融将会在政策引导、征信完善、规避风险、供给多元、科技提升、数据驱动等方面得到不断发展和优化创新。具体措施包括，针对创新业务的潜在风险积聚，立法明确监管主体，规范企业质量门槛、资金来源、数据使用等，制定信息披露制度，保护消费权益，尝试创新型监管模式，改善消费金融发展环境；征信体系是消费金融行业的基础体系，除了牌照化征信企业以规范其行为规范，还可以鼓励各类消费企业参与征信体系建设，促进资源整合；不盲目追求消费金融规模的扩张，应考虑经济周期性下高杠杆导致的消费金融泡沫，提前防范经济降速负面效应的延迟风险；鼓励消费金融产品及场景创新和供给侧多层次发展，细化产业分工，丰富营销模式，对产品灵活监管，打造各消费金融机构和企业共同竞争的健康环境；开展业务创新的企业应建立核心竞争力，增强并优化科技能力，细化消费场景运营能力，挖掘传统消费金融业务优化空间，扩大科技对消费金融的促进作用；建立数据驱动战略，明确数据价值，逐步建立有充分数据支撑的自动化和集成化信贷管理系统。

第 6 章　智慧金融创新与发展

6.1　金融创新理论

金融创新（financial innovation）是变更现有的金融体制和增加新的金融工具，以获取现有的金融体制和金融工具所无法取得的潜在利润，它是一个以盈利为动机推动、缓慢进行、持续不断的发展过程。

有关金融创新的定义较早可以追溯到美籍奥地利著名经济学家熊彼特的观点。熊彼特于 1912 年在其成名作《经济发展理论》（*Theory of Economic Development*）中对创新所下的定义是：创新是指新的生产函数的建立，也就是企业家对企业要素实行新的组合。

广义的金融创新是指发生在金融领域的一切形式的创新活动，包括金融制度创新、产品创新、机构创新、管理创新、技术创新和业务创新。其中，金融制度创新主要指金融组织制度和金融监管制度的创新等；金融技术创新包括融资技术、交易过程及交易方式，以及国际资金清算和交易系统的创新，主要有各种新型欧洲债券、全球存托凭证以及欧洲债券灰色市场等；金融产品创新主要有价格风险转移型（如金融期货、期权、互换、远期等）、信用风险转移型（如信用证、可转换贷款合同等）、流动性增强型（主要有股权化资产、可流动的货币市场工具）、信用创造型（如零息债券、垃圾债券等）和股权创造型（如可转换债券）五种类型。狭义的金融创新主要指金融工具和金融服务等业务创新。

中国学者对金融创新的定义为：金融创新是指金融内部通过各种

要素的重新组合和创造性变革所创造或引进的新事物。并认为金融创新大致可归为七类，包括金融制度创新、金融市场创新、金融产品创新、金融机构创新、金融资源创新、金融科技创新和金融管理创新。

1. 金融制度创新

金融制度创新包括金融组织体系、调控体系、市场体系的变革及发展。它影响和决定着金融产权、信用制度、各金融主体的行为及金融市场机制等方面的状况和运作质量。

戴维斯和诺斯在1971年出版的《制度变革和美国经济增长》一书中指出，制度创新是指能使创新者获得追加利益即潜在利益的现成制度的变革。他们认为，制度创新存在一个时滞效应，需要由那些可以预见潜在利益，并首先发起制度创新者组成的“第一行动集团”以及那些可以帮助“第一行动集团”获得利益的单位和个人组成的“第二行动集团”共同完成。在此基础上，他们又把“第一行动集团”具体划分为个人、团体和政府三个层次，由此建立了三个等级水平的制度创新模式。并在分析研究后得出政府的制度创新较优的结论。制度创新理论的提出为金融制度的创新提供了基础。

金融制度的创新是金融在制度层面上的创新，金融制度的创新也遵循制度创新的五个步骤，即第一步，形成“第一行动集团”；第二步，由“第一行动集团”提出金融制度创新的方案；第三步，由“第一行动集团”根据最大利益原则对方案进行比较选择；第四步，形成“第二行动集团”；第五步，“第一行动集团”和“第二行动集团”共同努力，实现金融制度的创新。金融制度创新可以在宏观与微观两个层次上展开，即在金融监管当局和金融企业两个层次上展开。因此，金融制度创新也就相应地分为由金融监管当局和金融业担任“第一行动集团”的制度创新。在大多数情况下，由微观组织担任“第一行动集团”是合理的，但遇到以下情况，由金融监管当局（政府）担任创新主体的选择更可行，即金融市场尚未得到充分发展；存在私人微观金融组织进入的障碍；潜在收益不能量化微观主体，即外部性强；制度创新涉及强制性收入再分配；制度创新的预付成本过大。

国务院办公厅2022年6月9日发布《2021年落实有关重大政策

措施真抓实干成效明显的地方名单及激励措施》中明确指出，金融服务实体经济、防范化解金融风险、维护良好金融秩序成效好的地方有北京市、上海市、江苏省、浙江省、山东省等地。2022 年支持上述地方或其辖内地区开展金融改革创新先行先试，在等同条件下对其申报金融改革试验区等方面给予重点考虑和支持，鼓励符合条件的全国性股份制银行、保险公司在上述地区开设分支机构，支持符合条件的企业发行“双创”、绿色公司信用类债券等金融创新产品。

2. 金融市场创新

金融市场创新主要指的是微观经济主体开辟新的金融市场或宏观经济主体建立新型的金融市场。现代金融市场大致包括差异性市场（如按不同的内容划分的货币市场、外汇市场、资本市场、黄金市场、证券市场、抵押市场、保险市场等）、时间性市场（按期限长短划分，短期的有资金拆借市场、票据贴现市场、短期借贷市场、短期债券市场等；长期的有资本市场，如长期债券市场、股票市场等）和地区性市场（如国内金融市场、国际金融市场等）三种。金融市场创新也可指通过对金融交易方法进行技术改进、更新或创设，从而形成新的市场架构的金融创新。

金融市场创新是一个典型的自发过程，在这个意义上，金融市场创新不存在路径选择的问题。但是，金融市场创新在本质上又是一个制度变迁过程，特别是对发展中国家来说，就制度变迁而言，金融市场创新客观上存在着路径选择问题。并且路径选择对于发展中国家的金融市场创新，甚至对于整个经济的发展都具有十分重大的意义。如果路径选择出现失误，其后果通常是灾难性的。我国是一个发展中大国，金融市场创新的首要意义是制度变迁，金融市场创新路径的选择本质上是制度变迁路径的选择。一般认为，制度变迁有两条路径：诱致性变迁和强制性变迁。诱致性变迁属于自发性变迁，而强制性变迁是由政府推动的变迁；但是，根据我国的实际情况，无论诱致性变迁还是强制性变迁，都不是最优路径。对我国而言，最优路径应当是准诱致性变迁，即由政府提供诱致性变迁的条件或诱因，再由市场主体根据极大化动机做出创新。这是因为我国的金融发展不仅落后而且极不均衡，这决定了我国不存在真正意义的诱致性因素。某些创新行为本质上是体制不完善的产物，因而不能形成制度安排并与国际接轨。

同时，诱致性创新所必需的信用意识在我国明显不具备。因此创新行为可能被扭曲，使金融风险增大。另外，由于金融发展落后，使我国的金融监管能力不足。在这种情况下，强制性变迁同样可能导致产生过大的金融风险，并且，由于强制性变迁属于制度上的人为安排，因此，各种扭曲行为将很难避免。基于这些考虑，我国应当采取准诱致性变迁路径。

准诱致性变迁路径是一种将金融体制改革与金融创新结合起来的路径，同时也是一条符合审慎金融自由化的路径，选择准诱致性变迁路径需要政府提供引起变迁的条件，而不是由政府发起变迁。这些引起变迁的条件主要有：进一步深化金融体制改革，使我国的金融体制尽可能与国际接轨；逐步放松金融管制，特别是利率管制，以审慎方式完成利率的市场化；改革金融监管体制，提高金融监管能力。

遵循准诱致性变迁路径，我国金融市场创新将分为两个阶段：模仿引进阶段和独立创新阶段。前一个阶段是在准诱致性条件下，由经济行为自身根据效用最大化原则模仿引进国际金融市场的已有创新成果，使我国金融市场与国际接轨。由于接轨是非强制性的，具有准自然形成的特点，因此，可以避免在强制性变迁中常会发生的行为变异。一旦完成与国际接轨，我国的金融市场创新将自发转入以诱致性变迁为特征的创新过程。

3. 金融产品创新

金融产品创新是指金融资源的分配形式与金融交易载体发生的变革与创新。金融产品创新是金融资源供给与需求各方要求金融多样化、金融交易制度与金融技术创新的必然结果。一方面，金融产品的创新活动最大限度地动员和分配了可支配的金融资源，满足了社会经济发展对金融资源的需要；另一方面，金融产品创新在适应了社会财富不断增长的背景下，满足了金融投资者对投资产品的多样化需求和投资风险管理的各种要求。

金融产品创新的核心是满足需求的功能，它包括金融工具和银行服务。金融产品的形式是客户所要求的产品种类、特色、方式、质量和信誉，使客户方便、安全、盈利。在国际金融市场上，金融创新的大部分属于金融产品的创新。金融机构创新，是从金融创新经营的内容和特征出发，以创造新型的经营机构为目的，建立完整的机构体系。

金融产品的创新方法，常用的有合约条款转变的产品创新、产品合成的产品创新、产品分解的产品创新、合约条款增加的产品创新及条款增加组合的产品创新组合五种。远期、期货、互换和期权等标准的金融产品具有基本的变量。远期和期货的基本变量是基础资产、执行价格、交割日期等；互换的基本变量是互换的货币、互换本金、支付时间、支付货币、支付利率等；期权的基本变量是基础资产、执行价格、执行日期、执行交易权利等。通过转变这些基本变量，可以得到非常丰富的金融产品。这就是合约条款转变的产品创新的理念。产品合成的产品创新是指通过组合两种或两种以上金融产品形成一种新的金融产品的方法。在理想条件下，几乎可以形成任何收益分布的金融产品。产品分解的产品创新是指将金融产品中的风险——收益特性进行分解，改变金融产品的流动性、收益性和安全性，产生具有新的流动性、收益性和安全性组合的产品。关于合约条款增加的产品创新可以这样理解，金融产品就是一份合约，规定了双方的权利和义务。适当地增加权利和义务，可以产生新的创新产品。常见的条款有转换条款、回售条款、赎回条款、调整条款、延期或提前条款、浮动或固定条款、触发或触消条款、互换条款、封顶或保底条款、依赖条款等。条款增加组合的产品创新是指多可转换债券是由债券加可转换权利、可回售权利、可赎回权利等条款组合而成的；可回售可延期短期债券包含可回售和可延长等条款；可转换优先股的持有人可以选择将优先股转换为普通股，而发行者可以选择将它转换为可转换债券；流动收益期权票据包含可赎回、可回售、可转换三类条款。

4. 金融机构创新

金融机构创新主要集中在非银行金融机构和跨国银行的发展两方面。因为各国金融制度不尽相同，对金融机构的设置分工等各方面的要求也各有侧重，因此金融机构的形式呈现多样化态势。但是，综合世界各国的金融机构创新的原因不外乎两个方面。一是金融自由化的进展使金融机构从“专业化”向“综合化”方向发展，为各种新的金融机构的诞生创造了条件。二是西方各国在二战后初期，根据经济发展需要对金融体制进行了改组和整编，使金融机构由“专业化”向“综合化”转化。其实质是战后经济活动的实际内容发生变化，使金融机构突破原来的业务分工，在较大范围内开始综合经营，而且实行多种金融业务的交叉，出现了大批新的金融机构。20 世纪 30 年代资本主义经济危机以后，各国加强了金融管制，防止经济危机对金融业的影响。特别是第二次世界大战以后，世界各国金融体系专业化程度得到了加强，对金融业的管理法规也更加严密。20 世纪 80 年代新技术革命的进展和资本国际化的形成等因素，促成金融交易的自由化发展，这些都导致了金融法规相应变革，朝着放松管制和促进金融自由化的方向发展，这反过来又进一步促进了金融机构的创新。

金融机构创新具有多样化、全能化、同质化三个显著特点。在多样化方面主要是金融机构类型创新，新型金融机构不断涌现。在全能化、同质化方面，主要是金融组织结构创新，分业体制的逐步放松使得金融机构能够日益向其他业务领域渗透，传统经营单一业务的金融机构逐渐提供全能服务，不同机构逐渐趋同。例如，商业银行通过金融创新渗透投资银行领域，或者通过收购兼并直接开展投资银行业务；投资银行也在创新性产品和服务中融入商业银行性质业务，向商业银行领域渗透，或直接收购商业银行；保险公司则通过创新使保险产品具有了基金、商业银行等不同机构的业务特征，并向其他业务渗透，直至参与商业银行或投资银行业务。渗透融合的结果是使得传统分业经营体制下职能界限分明的金融机构逐步趋于同质化和全能化。

金融机构创新主要表现为非银行金融机构迅速发展、跨国银行迅速发展、机构体系日益完善。20 世纪初经济危机以前，非银行金融机构一直很少，第二次世界大战以后金融机构得以迅速发展，先后出现了保险公司、养老基金、住宅金融机构、金融公司、信用合作社、互助基金等非银行金融机构。此外，自 20 世纪 60 年代以来，通过现代跨国银行发展形成了三大网络，即国际金融中心网络、发达国家网络、发展中国家网络，并形成了国际银团贷款、国际联合银行等国际银行联合组织。过去商业银行的机构多是单一银行制和分支银行制，20世纪70年代后，几乎所有大型商业银行均向连锁银行制和集团银行制发展。西方发达国家的一些大银行或金融机构都在力争发展成为一种金融联合体，或是形成一个能向顾客提供任何金融服务的金融超级市场。

5. 金融资源创新

金融资源创新主要包括金融资源的来源创新、金融资源的结构创新和金融资源聚集方式的创新三种。金融资源的来源包括自己培养、吸收其他机构高级人才和引进国外高级专业人才资源和资金来源，要求金融机构经营者随时掌握资金供应市场的动态，挖掘和寻求新的资金供应渠道，开辟新的负债业务。金融资源的结构包括及时、准确地掌握各种信息，高级专业人才比重大，负债结构合理，财务管理先进。它能创造出比同行领先的经营效率和方法。金融资源聚集方式的创新要求对不同的金融资源有不同的吸引和聚集方式，银行经营者要不断创造新的手段，用最经济、最有效的方法去聚集自己所需的金融经营资源，合理地配置这些资源，以求得经营上的最大效益。

2021年，银保监会积极推动金融资源向科技创新领域倾斜。在金融服务方面，银保监会督促指导各银行保险机构回归本源，立足机构定位，为科技创新提供针对性强的金融服务。要求开发性、政策性银行积极为科技创新提供中长期融资支持。推动商业银行实现科技企业贷款余额、有贷款户数持续增长，提升综合金融服务水平。鼓励保险机构完善科技保险产品体系，形成覆盖科技企业研发、生产、销售等各环节的保险保障。督促非银行金融机构为科技创新提供综合化、专业化的金融服务。

6. 金融科技创新

金融科技创新主要体现在银行和非银行金融机构，金融服务讲究速度和效率，以及科学技术在金融领域的应用，对金融业务产生了划时代的影响。它一方面使金融市场在时间和空间上的距离缩小，另一方面又使金融服务多元化、国际化。金融科技创新不同于金融支持科技创新的概念。金融科技创新具体指大数据、云计算、人工智能及区块链四大核心科技的概念和方法的创新。

科技、产业、金融是三个有所连接但相对独立的世界，往往互相“看不见”对方，很多优秀成果对其他领域而言相当于“黑箱”。为此，需要构建能连接三个领域的桥梁，即同时与两个世界有所连接，又能完成转换赋能的平台和机制。金融能担起这个“桥梁”作用，将两套价值标准引导下的两个世界实现连接并相互转化。例如，当前社会重点关注的科技成果转化、高新技术企业等领域都具有较高的不确定性，而市场不会对所有风险都提供收益补偿。想要获得承担风险的补偿，就需要走进风险，了解背后的机理。

7. 金融管理创新

金融管理创新是指政府对金融系统，央行对商行及其他金融机构，商业银行内部管理原则、目标、重点的创新。金融管理创新包括两个方面。一方面，国家通过立法间接对金融业进行管理，目标是稳定通货和发展经济；另一方面，金融机构内部的管理，建立完善的内控机制，包括机构管理、信贷资金管理、投资风险管理、财务管理、劳动人事管理等方面。目前，金融机构管理的着眼点都是通过资金来源制约资金运用，实现银行资产和负债双方总量和结构的动态平衡，不断创造新的管理方法。

金融管理创新通常包括金融经营理念的创新、发展战略的创新、组织结构的创新三个方面。其中，经营理念的创新有以下三个要求。第一，注重人才管理，开发人力资源。21 世纪是人本经济，人力资源的开发利用对于国有商业银行发展是最重要的，人力资源是第一资源，是可持续发展的决定性因素。为了增强对优秀人才的吸引力，国有商业银行要树立人本管理观念，坚定不移地改革分配体制、人事制度，建立激励约束机制。第二，强化以客户为导向的理念，细分客户层次。从金融产品的设计之初，就要考虑以客户需求变化为基准，为其设计产品和提供服务。牢固树立“客户至上”的经营理念。重点抓集团客户、抓上游客户、抓源头客户。在满足不同层次客户需求的同时，更应注重优质核心客户的需求，集中资源，以超常规的手段发展优质客户，建立和稳定优质客户群体。第三，树立大营销、大品牌的观念，强化市场营销。银行所有的服务种类、服务手段都是金融产品，都应加强营销，不仅要加强新产品营销，而且要加强传统优势产品的营销，不仅要加强负债业务的营销，还要加强资产业务和中间业务的营销，建立上下整体联动，部门相互配合的营销体制。树立大品牌观念，不仅要求对众多的金融产品确立市场品牌，还要对品牌实行系列化，确立每一个子品牌之间的关系和各自的特色，通过产品差别化和品牌差别化满足各类客户的不同需求。

5G 时代，智慧金融创新的本质要求就是思考和探索如何从理念、方法、基础架构、业务模式、组织机制等方面实现智慧金融真正意义上的华丽“转身”。以智慧银行金融创新为例，智慧银行是理念、技术、机制与模式创新的综合体。新时期打造智慧银行，需要具备更前沿的理念，更先进的技术，更完善的机制，以及更有效的模式。

6.2　金融创新范式

6.2.1　银税互动

1. 基本概念

银税互动是指税务、银保监部门和银行业金融机构合作，帮助企业将纳税信用转化为融资信用，缓解企业融资难题的活动。2015 年，国家税务总局和中国银监会出台文件，通过银税互动助推小微企业发展。2017 年 5 月 4 日，国家税务总局和中国银行业监督管理委员会发布《关于进一步推动“银税互动”工作的通知》。截至 2019 年 9 月底，全国银行业金融机构累计向守信小微企业发放贷款 160.9 万笔，达 1.57 万亿元。

2022 年 3 月，中共中央办公厅、国务院办公厅印发了《关于推进社会信用体系建设高质量发展促进形成新发展格局的意见》，并发出通知，要求深化“银税互动”“银商合作”机制建设；鼓励银行创新服务制造业、战略性新兴产业、“三农”、生态环保、外贸等专项领域信贷产品，发展订单、仓单、保单、存货、应收账款融资和知识产权质押融资；规范发展消费信贷；企业可以通过银行网点、网上银行来查询适合自身的信贷产品并提出申请，部分地区的税务部门也提供电子税务局的申请渠道。

以中国银行及某企业为例，介绍银税互动工作机制和银税互动工作流程，如图 6-1 和图 6-2 所示。

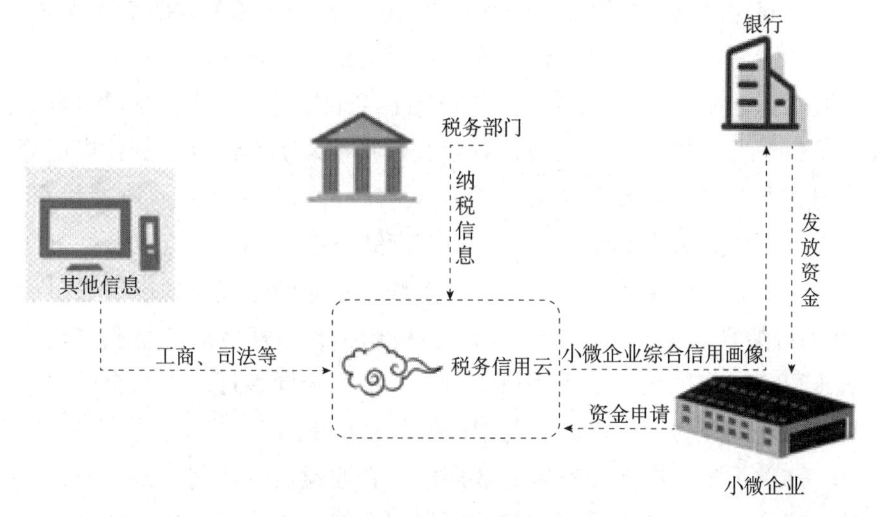

图 6-1　银税互动工作机

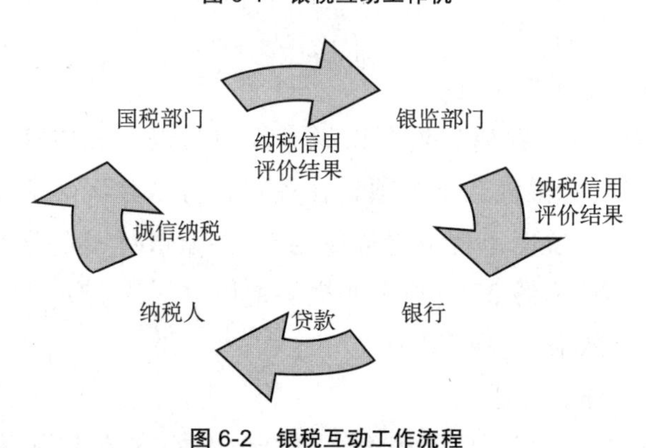

图 6-2　银税互动工作流程

（1）税务数据授权。企业登录当地税务部门网站、银税互动平台或其他税务部门认可的线上渠道，在线签署税务数据授权协议，发起对税务数据的授权。

（2）企业网银提交申请。企业登录中国银行企业网上银行，在“贷款服务”中，选择“中银企 E 贷”发起产品申请，系统自动跳转到新版企业网银“融资服务”下的“贷款申请”菜单（新版网银客户可登录首页点击“融资服务”里的“普惠金融贷款”下的“贷款申请”，直接申请相关产品）。企业对产品基本信息、企业基本信息、账号信息及企业法定代表人信息等进行确认，在线签署中国银行相关协议文本后，发起对企业法定代表人的业务代表确认及企业相关数据使用授权。

（3）法定代表人手机银行确认及提交申请。企业网银提交的申请通过后，企业法定代表人需于 20 个自然日内（含）登录中国银行个人手机银行，提交产品申请，对企业及其本人基本信息、贷款申请等信息进行确认，在线签署相关协议文本后，同意接受企业业务代表，并发起个人相关数据使用授权，提交产品申请。

（4）企业法定代表人手机银行签约。企业网银提交的申请通过后 20 个自然日内（含），系统自动审批并给出授信额度后，企业法定代表人可通过中国银行个人手机银行发起借款合同签订，借款企业与其法定代表人作为共同借款人与中国银行签订借款合同。

（5）提款。在产品额度有效期内，企业通过企业网上银行或企业法定代表人通过个人手机银行均可发起在线提款，贷款资金转入合同约定的企业结算账户。

2. 银税互动典型案例一

2015 年年初，福建省厦门市税务部门与银行机构签署“银税互动”合作协议，“银税互动”项目在福建自贸试验区落地实施。项目推出 7 年多来，厦门市税务局陆续与 30 多家银行、企业等金融机构开展合作，累计为约 20 万户企业提供纳税信用款 771.11 亿元，取得了良好的社会效益。

项目的具体实施过程如下。

（1）以“信”养“信”解决小微企业融资难题。“银税互动”使诚信经营者得到实实在在的好处，实现正向激励和良性循环。在企业授权下，税务部门将企业纳税信息提供给银行，使银行能更准确地判断小微企业的经营状况和变动情况，并通过与信用信息共享平台和人民银行征信系统平台相关数据的交叉比对和互相参照，有效降低了银行对小微企业轻资产、少担保、财务信息透明度不高的顾虑，小微企业无须提供车房等财产证明即可方便地获得信用贷款。

（2）建立银税数据交换机制。建立了银税数据交换机制及“点对点”的数据共享通道，国税部门将纳税信用评价结果推送至银监部门，再由银监部门发送至辖区内所有银行，银行将纳税信用作为授信审批和贷后管理的重要依据，以此降低小微企业融资成本，促进小微企业的良性发展。

（3）运用纳税信息大数据降低融资成本和放贷风险。税务部门掌握了大量企业生产经营的数据，运用大数据手段对这些数据进行加工分析有利于银行掌握企业的经营周期，更加科学合理地确定贷款额度和期限，提高审批效率，减少不必要的“倒贷”和“过桥贷”，在降低企业融资成本的同时也降低了银行的放贷风险。例如，建设银行利用税务数据，结合目前银行业中最先进的评分卡工具进行客户评价、贷款审核和贷后管理，把大数据的理念贯穿整个业务流程，极大简化企业申贷的手续，提高企业获贷的效率。

（4）建立长效银税合作机制。省国税、省地税和福建银监局签订“银税互动、信息共享”合作协议，共同建立银税合作联席会议制度，充分共享纳税信用评价结果和信贷融资信息，定期通报、交流合作工作进展成果，商讨合作过程中出现的问题与对策；人民银行厦门市中心支行运用再贷款、再贴现、直接融资、综合考评等政策工具引导商业银行将信贷资源向纳税诚信企业倾斜；厦门市发改委为各方联动提供信用信息共享平台，实现企业信用信息和纳税信息的交叉比对和互相参照；厦门市经信局则为信用贷款提供风险补偿机制，让银行更加没有后顾之忧。

（5）开发银税互动信息平台实现在线贷款秒级响应。为使银税之间数据对接更加快捷，让企业能更方便地申请、办理“银税互动”产品，税务机关开发了银税互动信息平台，使数据传递从线下走到线上，实现在线贷款秒级响应。厦门建设银行、厦门招商银行、厦门农业银行推出了针对企业法人的“税易贷”“诚信纳税贷”“税贷通”，厦门光大银行则设计出针对企业主个人的“税信通”产品，纳税人只需在网上点击相关产品的链接，即可便捷地申请纳税信用贷。

税银互动合作，赢家不仅只有企业，银、税、企、政各方均有所收益，达到了以下四点合作共赢的目标，如图 6-3 所示。

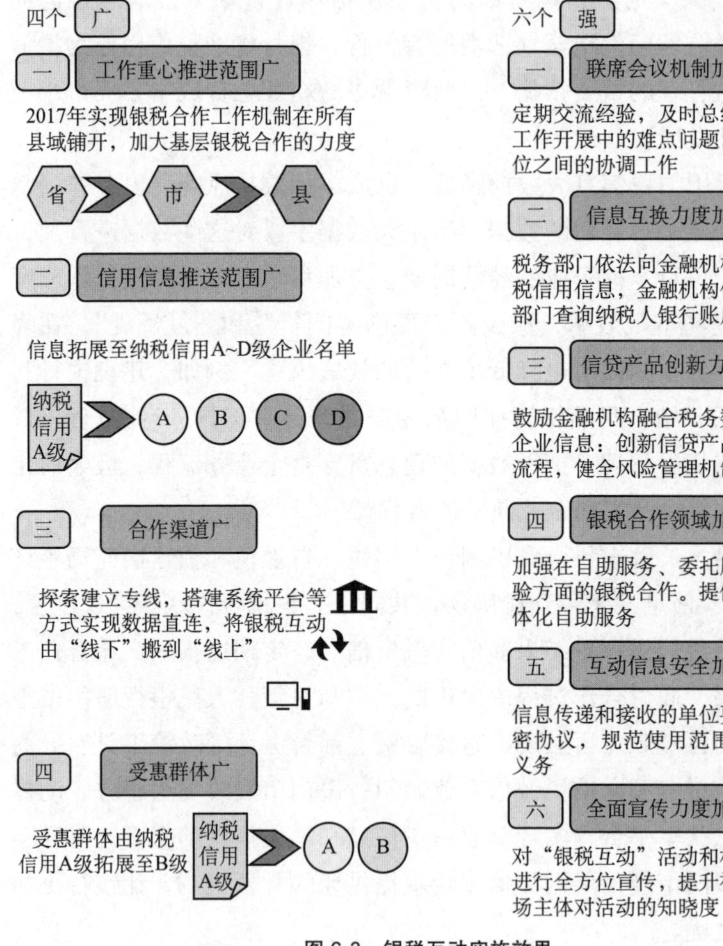

图 6-3　银税互动实施效果

（1）缓解融资难题。以税定贷，借款企业无须提供抵质押品，较好解决了轻资产的小微企业因无法提供有效抵押品而难贷款的问题。同时也免去了抵押登记环节，提高了贷款审批效率。有税务部门可靠的信息支持，银行可以更准确地识别风险，从而更有效地进行审贷、放贷，使企业更快更容易拿到贷款，缓解融资难题。

（2）引领诚信风尚。银税互动以“信”授“信”，使无形的信用资产，转化为有形的信用资金，这种守信激励在社会中起到了良好的示范效应，引导更多纳税人守法经营、诚信纳税，营造了良好的营商环境。税务部门来电统计显示，自该项目开展以来，咨询如何获得良好纳税信用级别的电话明显增多，众多企业已意识到纳税信用的商业价值。

（3）推动数据共享。大数据时代，如何打破部门壁垒，实现数据共享，是提高政府治理水平的新课题。银税互动项目在这方面进行了积极的尝试。在纳税人授权的前提下，税务机关将纳税信用信息无偿提供给银行部门，作为其审贷的重要参考，提升纳税信用的含金量，实现了纳税信用数据的增值使用，也为下一步推动部门间数据共享提供了很好的范例。

（4）实现税、银、企三方共赢。通过银税合作，实现信息共享，开创以“信”养“信”，以“信”用“信”的企业融资新模式，让更多的B级以上纳税人和小微企业从银税互动中受益，引导企业对自身的纳税信用情况更加重视，纳税遵从度会进一步提高，实现税、银、企三方共赢，联合金融机构的银税互动在信贷审批效率、资金供应、主品设计、利率优惠等方面给予更优惠支持，打破企业融资难的瓶颈，为小微企业的长期健康发展提供动能，营造良好的纳税环境。

3. 银税互动典型案例二

针对民营和小微企业抵押物不足、渠道不畅、信息不通等融资难题，温州各地探索开展无抵押贷款试点，如瑞安市创新打造“Xin银税互动”线上信贷平台，有效解决民营和小微企业融资难、融资慢、融资贵的问题，精准助力“六稳”“六保”大局。“Xin银税互动”平台将企业纳税信用等级和日常经营活动有机结合起来，以税定信、以信换贷，有效缓解小微企业融资信息对接难、新设企业信用等级低、授信审批时间长等问题。

银税互动的创新优势有以下三点。

（1）银企线上“快”对接。打破传统的“银行－税务部门－企业”的三角间接沟通模式，各银行利用“Xin 银税互动”平台将面向小微企业的无抵押贷款产品信息从线下搬到线上，并能在线实时查询企业纳税信用等级，消除信贷风险；企业通过平台可一站查询筛选贷款银行、额度、期限等信息，自主选择银行可接受、企业可承受的合适产品，避免在多家银行之间来回跑，信息获取周期缩短近 3/4，最快可做到当天申请、当天审核、当天办理、当天放贷。

（2）服务扩容“扶”新企。银税互动受惠企业范围由原先纳税信用级别 A、B 两级扩大至 M 级，即新设立且在评价年度内无生产经营业务收入、年度评价指标得 70 分以上的企业同样能够享受到信贷优惠，帮助解决新设企业融资问题。目前，该平台受惠企业由原先的 26 203 户增至 65 835 户，增长了 151.25%，其中 M 级企业信贷规模占比达 12.5%。

（3）方案订制“优”选择。企业通过平台“我的需求”功能，在线发布自身融资需求，银行可实时查看并联系意向企业，并依托税务共享数据，根据企业特点及个性化需求为企业择优订制资金解决方案，实现银企信贷供需有效匹配。

6.2.2 普惠金融

1. 概念界定

普惠金融体系（financial inclusion system）是指一整套全方位为社会全体人员，尤其是金融弱势群体提供金融服务的思路、方案和保障措施等。普惠金融也称包容性金融，其核心是有效、全方位地为社会所有阶层和群体提供金融服务，尤其是那些被传统金融忽视的农村地区、城乡贫困群体、微小企业。普惠金融为弱势群体提供了一种与其他客户平等享受金融服务的权利，普惠金融能够有效地帮助贫困群体脱贫，普惠金融体系是构建和谐社会的重要推动力。目前在广大农村地区针对农民、农户提供的小额信贷应当被视为普惠金融的一部分。

普惠金融的基本特征包括以下四点。第一，所有家庭和企业都能够以合理的价格获得一系列金融服务，包括储蓄、短期和长期贷款、租赁、代理、抵押、保险、养老金、支付、本地汇款及国际汇款等，这些服务以前只被那些“银行可接受的”人享有。第二，拥有健全的机构，这些机构遵循合理的内部管理体系、行业业绩标准、市场监督机制，并且在需要时接受合理的审慎监管。第三，具备财务和机构的可持续发展能力，这种能力是机构长期提供金融服务的手段。第四，拥有多样化的金融服务提供者，并在任何可行的情况下，为客户提供具有成本效益且种类多样的金融服务（包括一系列私营、非营利性及公共金融服务）。

普惠金融业务范围如图 6-4 所示，普惠金融业务涉及融资、支付、理财、保险、征信、交易等。融资是这些业务的核心。而普惠金融在不同服务中都能够发挥出自己的独到作用，如获得普适性的支付渠道和交易成本，得到无抵押、无担保、纯信用的资金成本，获得随借随还、随用随有的融资便利，甚至在资金闲置期间还可以通过便捷的理财渠道获得相应的资金回报等。

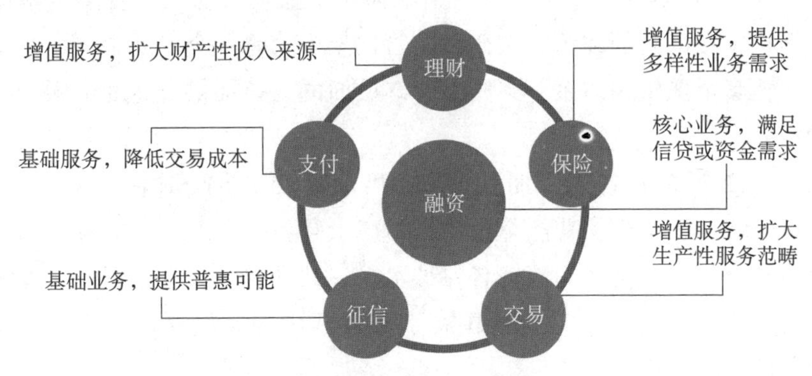

图 6-4　普惠金融业务范围

普惠金融是一个能够有效惠及社会各阶层的金融体系，它能够为传统和正规金融体系之外的广大中低收入阶层、小微企业，甚至贫困人口提供金融服务，如果一个国家的金融只能对经济发达地区的阶层提供服务，就可能陷入落后地区长期发展落后的陷阱。普惠金融是一种理念，也是具体的实践活动。普惠金融的重点在于，加快金融体制改革和金融服务创新，不断完善现代金融体系，及时有效地为社会各阶层和群体提供所需要的金融服务，让现代金融服务更好地惠及各个社会群体和经济社会发展的薄弱环节，更好地支持实体经济发展。

2. 普惠金融发展历程

普惠金融发展历程如图 6-5 所示。

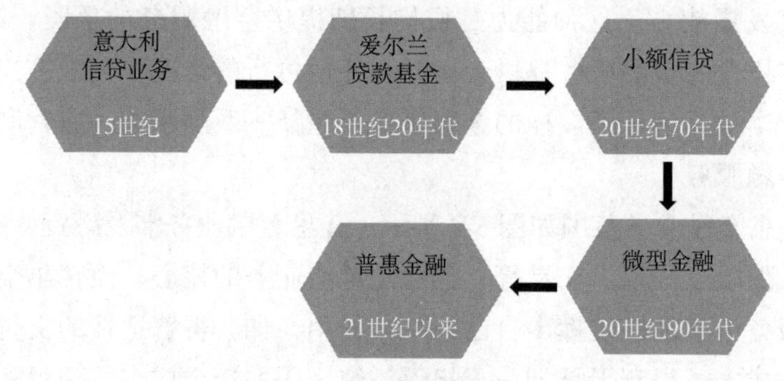

图 6-5　普惠金融发展历程

3. 普惠金融政策

联合国 2006 年《建设普惠金融体系》蓝皮书认为，普惠金融的目标是，在健全的政策、法律和监管框架下，每一个发展中国家都应有一整套金融机构体系，共同为所有层面的人口提供合适的金融产品和服务。

2012 年 6 月 19 日，时任国家主席胡锦涛在墨西哥举办的在二十国集团峰会上指出，普惠金融问题本质上是发展问题，希望各国加强沟通和合作，提高各国消费者保护水平，共同建立一个惠及所有国家和民众的金融体系，确保各国特别是发展中国家民众享有现代、安全、便捷的金融服务。

2015 年 12 月，国务院印发的《推进普惠金融发展规划（2016—2020 年）》明确定义，普惠金融是指立足于机会平等要求和商业可持续原则，以可负担的成本为有金融服务需求的社会各阶层和群体提供适当、有效的金融服务。

2018—2019 年中国普惠金融政策如表 6-1 所示。

表 6-1 2018—2019 年中国普惠金融政策

时 间	发布主体	政 策 名 称	主 要 内 容
2018 年 6 月 25 日	中国人民银行、银保监会、证监会、发展改革委、财政部	《关于进一步深化小微企业金融服务的意见》	增加支小支农再贷款和再贴现额度共 1 500 亿元，下调支小再贷款利率 0.5 个百分点
2018 年 9 月 4 日	中国人民银行	《金融消费者投诉统计分类及编码银行业金融机构》	规定了金融消费者投诉业务办理渠道、业务类别和原因的分类及编码，有助于提高银行业金融机构投诉管理的规范化和标准化水平，维护金融消费者合法权益
2018 年 11 月 13 日	财政部、税务总局	《关于金融机构小微企业贷款利息收入免征增值税政策的通知》	对金融机构向小型企业、微型企业和个体工商户发放小额贷款取得的利息收入，免征增值税
2019 年 2 月	国务院办公厅	《关于有效发挥政府性融资担保基金作用切实支持小微企业和“三农”发展的指导意见》	政府性融资担保、再担保机构要严格以小微企业和“三农”融资担保业务为主业，不断提高支小支农担保业务规模和占比
2019 年 3 月	中国银保监会办公厅	《关于 2019 年进一步提升小微企业金融服务质效的通知》	发挥定向降准、支小再贷款、中期借贷便利等政策合力，加强银行业在优化小微企业金融服务当中的作用
2019 年 9 月 28 日	财政部	《普惠金融发展专项资金管理办法》（修订稿）	专项资金贴息的小微企业创业担保贷款额度由经办银行根据小微企业实际招用符合条件的人数合理确定，最高不超过 300 万元，贷款期限最长不超过 2 年，贷款利率由经办银行根据借款人的经营状况、信用情况等与借款人协商确定
2019 年 11 月 1 日	国家税务总局、中国银行保险监督管理委员会	《关于深化和规范“银税互动”工作的通知》	充分发挥纳税信用信息在普惠金融体系建设中的重要作用，破解民营和小微企业融资难题，加强数据安全管理，保护企业合法权益，促进“银税互动”积极健康发展

2018 年，央行会同银保监会首次发布的《中国小微企业金融服务报告（2018）》指出，截至 2018 年末，国内普惠小微贷款余额为 8 万亿元，增速为 18%。同年，银保监会对于银行小微企业贷款设立了“两增两控”考核目标，这也让普惠小微信贷规模正式进入高增长的时代。

银保监会统计数据披露，截至 2021 年三季度末，我国普惠小微贷款余额 18.6 万亿元，同比增长 27.4%，已支持 4 000 余万户小微经营主体，同比增长 35.8%，金融服务的可获得性已经有明显提升。对比数据可见，银行在不到三年时间，普惠小微企业贷款从 8 万亿元增长至 18.6 万亿元，年增长接近 40%，远超其他类型贷款的增速。

2021 年 9 月 8 日，央行发布《中国普惠金融指标分析报告（2020 年）》指出，为拓展普惠金融发展的广度和深度，不断提高人民群众的金融获得感、幸福感和安全感，应进一步缩小普惠金融发展城乡差距、补齐老年群体普惠金融服务短板、提升低收入群体金融服务水平、完善小微企业全生命周期融资服务体系和平衡好创新和风险的关系。

2022 年《政府工作报告》中提到，普惠金融贷款将继续面扩、量增、价降。货币政策重心依然在托底，要求引导资金流向重点领域和薄弱环节，扩大普惠金融覆盖面，同时要求综合融资成本率继续下降，包括实际贷款利率的降低、收费的降低。

4. 普惠金融体系

普惠金融体系通常分为客户层面、微观沉默、中观层面、宏观层面四部分，如图 6-6 所示。客户层面指贫困和低收入客户是这一金融体系的中心。在微观层面，金融体系的脊梁仍然为零售金融服务的提供者，它直接向贫困和低收入者提供服务。中观层面则包括了基础性的金融设施和金融服务相关活动。在宏观层面，中央银行（金融监管当局）、财政部和其他相关政府机构是主要参与者。

5. 普惠金融发展路径

完善和发展普惠金融体系主要有以下五个方面。

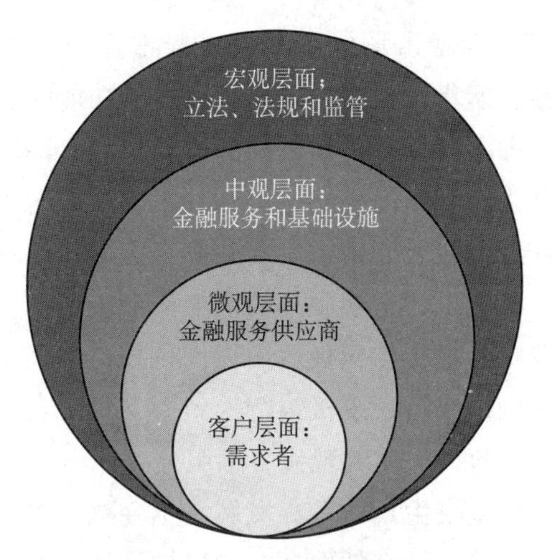

图 6-6　普惠金融体系

（1）加强金融监管，防范风险。普惠金融体系应该加强金融监管，防范风险，同时通过公平的市场准入和监管，鼓励创新，完善政策支持的措施，构建一个充分竞争，包容性强的普惠金融体系。具体措施包括以下三个方面。一要加强大中型金融机构对三农和小微企业的支持力度。二要发展微型经济，鼓励民间资本更多地进入。三要做好预报汇报，如建立金融机构的市场退出机制和存款保险制度，进一步推进利率市场化改革等。构建普惠金融服务体系，发展普惠金融，关键是要构建多层次、广覆盖、有竞争的普惠金融服务体系，解决普惠金融供给不足问题。不仅要鼓励现有金融机构向县域乡镇延伸业务，还要进一步放宽市场准入限制，有序引导社会资本和民间资本进入该领域。要创新信用模式和扩大贷款抵质押担保物范围，构建起小额信用贷款、抵押担保贷款、担保机构保证贷款“三位一体”的普惠信贷产品体系，有效破解普惠金融贷款难、贷款贵的抵押物瓶颈困局。

（2）强化普惠金融政策体系。要加强信贷、产业、财税、投资政策的协调配合，综合运用再贷款、再贴现、差别准备金动态调整等货币政策工具和财政贴息、税收优惠、差别税率、先税后补等财税政策工具，提高金融资源配置效率。

（3）健全普惠金融市场体系。发展普惠金融，需要健全包括银行、保险、证券、期货、租赁、信托等在内的功能完备的普惠金融市场体系，充分发挥不同金融机构之间的协同效应，降低普惠金融服务风险，实现综合化、一体化服务。

（4）拓宽普惠金融渠道体系。发展普惠金融，离不开覆盖城乡的金融服务网络，不断扩大金融服务的覆盖面和渗透率，离不开金融创新。因此，应鼓励金融机构积极运用现代科技，提高基础型金融服务水平，同时利用网络银行、手机银行等新型支付工具和手段，为客户提供更加便捷、高效、优质的现代金融服务。

（5）优化普惠金融生态体系。发展普惠金融，构建和谐稳定的普惠金融生态环境，是充分有效发挥金融机构资源配置功能的基础。要围绕城乡居民、小微企业开展信用等级评价工作，全面推进社会信用体系建设。同时，也需要通过落实信用创建政策激励措施，加大金融知识教育普及力度，营造诚实守信的良好社会风尚。

6. 普惠金融国内经典模式

（1）中国邮政储蓄银行提出金融服务要“普之城乡，惠之于民”，于是率先启动了小额贷款业务。经过多年发展，邮政银行小额贷款累计放款量超过 6 万亿元，服务客户 5 000 多万人次。

（2）中国农业银行甘肃分行先后推出一系列措施，如“双联惠农贷款”——向农民发放基准利率的贷款，由财政全额、全程贴息；“金惠惠农通工程”——与医院绑定，方便农民看病，实现了零距离地服务农民；“三农金融辅导”——通过电视、手机等途径，将金融知识告知农民，培养农民的金融意识。

（3）浙江农村信用社。推行农户贷款一站式、小微企业贷款工厂式、产业贷款链条式的“三式”服务模式，支持城乡农民创业创新，扶持小微企业成长。

7. 普惠金融国际经典模式

（1）印度尼西亚采用正规金融机构 + 微型金融机构模式。印度尼西亚的微型金融机构数量多（超 5 万家）、形式多样（包括商业银行、农村银行、合作社、基金会、信用社、国有开发银行以及国有典当行等），正规机构参与微型金融业，对微型金融机构的发展有重要的促进作用。同时该地重视对金融消费者的保护与扶持，设立了“消费者保护委员会”。

（2）巴西采用代理银行模式。使银行与非银行机构在金融服务领域达成合作，如零售商店、彩票销售点、药店、邮局等可在代理机构办理业务，不需要客户拥有银行账户。目前，巴西80%～90%的国家福利通过代理银行发放。

（3）拉美采用村银行模式。有村民成立互助信贷组织，并存放一定的储蓄，然后以整体信用为支撑，向外部申请联合贷款，组织一般由30～50个会员（95%以上为贫困妇女）组成。会员自主决定存贷款利率，一般均高于商业银行。

（4）肯尼亚采用代理银行+手机银行模式。2008年正式实施《小微金融法案》；2009年实施《银行业监管准则》，鼓励银行之间开展竞争，推动信用信息共享；2010年修订《小微金融法案》，允许金融机构设立代理机构，向顾客提供特别的金融服务。手机银行的快速发展也促进了普惠金融极大的发展，如世界上最知名的手机转账和支付体系——M-PESA。

8. 存在问题和对策

国内普惠金融发展存在以下问题：农村金融基础薄弱、网点少、成本高；中小企业融资难、融资贵的问题仍然存在；小型社区类金融机构发展亟待加快；互联网金融创新业务有待进一步规范；金融消费者合法权益的保护力度有待提高。

针对上述存在问题，可以从改善外部环境、放宽市场准入标准、鼓励业务创新等方面构建更加健壮、智能、多元的普惠金融体系。具体措施如下。第一，建设良好的外部发展环境，可以促进普惠金融健康发展。通过发挥政府的主导作用，完善普惠金融的相关法律，降低普惠金融发展的信用风险，从而促进普惠金融的发展。第二，适度放宽市场准入标准，构建多层次的、适度竞争的金融服务体系，支持小型金融机构发展。要建立起多层次、广覆盖、适度竞争的金融服务体系，支持民间资本更多进入普惠金融领域（如社区银行、小额贷款公司、农民专业合作社)。第三，鼓励多样性的普惠金融业务创新，完善金融监管。特别是要鼓励互联网企业和金融机构利用互联网技术创新金融服务方式，满足社会各阶层消费者特别是弱势群体的各种不同的金融需求。同时，完善金融监管，通过健全法规、行业自律、普及公众教育等措施，引导互联网金融趋利避害，防范金融风险。第四，加强金融基础设施建设，提高金融服务现代化水平。加快支付体系建设，提升农村地区和贫困地区金融服务现代化水平，进一步提高基础性金融服务的可得性和便利性。第五，推进信用体系建设，加强普惠金融消费者保护，不断提高金融消费者的金融素养。普惠金融的基础是普惠信用。发达国家之所以对小微企业和普通居民的金融支持具有较高效率，主要原因在于信用体系比较健全。我国可借鉴国外有益经验，根据《征信业管理条例》，在全国加快建立推广信用档案制度，最大限度地减少金融机构和客户之间的信息不对称，奠定发展普惠金融的基础。

9. 发展与创新

(1)推进数字普惠金融服务乡村振兴，如图6-7所示，为数字普惠金融生态系统安全架构。在服务"三农"推动乡村振兴战略方面，数字普惠金融服务更具综合性，银行业金融机构普遍通过搭建面向"三农"的数字普惠金融综合平台等方式助力发展；在打赢打好精准脱贫攻坚战方面，数字普惠金融脱贫工作更加注重建立长效机制与"全链条"扶贫，通过组合运用银行、保险、担保、基金等多种金融手段，使其在金融扶贫工作中互为补充，互相助力；在优化小微企业融资环境方面，服务B端与实体产业发展的供应链金融迎来发展新阶段，"区块链+供应链金融"的模式正在逐渐成形；在助力智慧城市建设方面，数字普惠金融充分发挥人工智能、大数据、物联网等新技术的作用，通过打造便民医疗平台、智慧交通平台、智慧政务平台等，实现B端、C端、G端的有效连接。

(2)一种基于人工智能、机器学习、大数据、自动建模、智能决策等前沿技术构建普惠金融智能风控平台的创新设计可以较好地满足交易反欺诈、申请反欺诈、贷前决策、贷中风险审查、风控AI建模

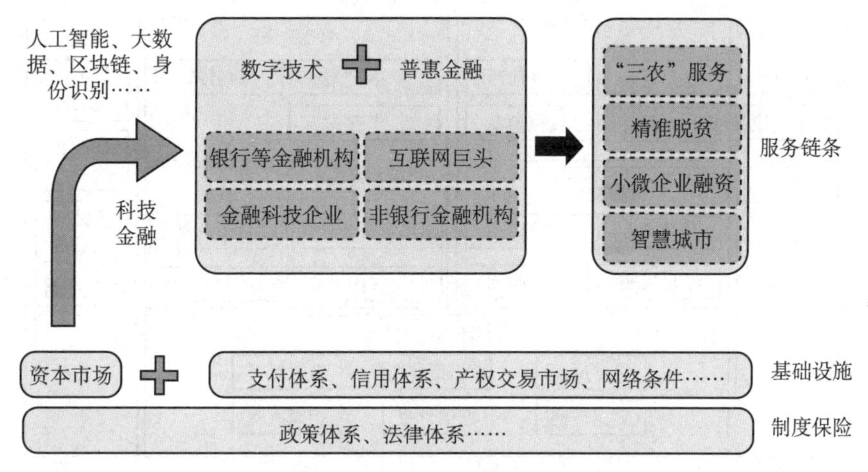

图 6-7 数字普惠金融生态系统安全架构

等风控决策需求，提升零售业务联防联控的信贷风控、反欺诈能力。项目从业务应用、机器学习建模、平台建设三方面着手，实现了在普惠、惠农领域的业务突破，提升了风控审核的效率和效果，不仅完成了底层基础平台工具能力建设，也实现了向业务应用实际转化的效果和价值。

智能普惠金融逻辑架构如图 6-8 所示，分为风控网关、数据网关、风控调度、决策引擎、特征系统、模型服务、管理后台和监控平台等。其中风控网关作为风控中台的业务网关，对外提供接口服务，直接与信贷系统交互。风控网关将进件数据持久化后，采用异步的方式，由风控调度根据配置创建任务，并执行调度任务，每个任务会调用决策引擎进行规则运算。决策引擎即规则引擎，对业务逻辑抽象化出来的业务规则进行不同的分支组合与关联，然后进行层层规则运算，最终输出决策结果。特征系统通过实时特征计算得到决策引擎执行的依赖指标。基于深度学习框架的模型服务，以 API 的形式对外提供模型服务。数据网关作为风控中台的数据入口，对接内部数据源、行内数据源以及第三方数据源。管理后台提供可视化的配置界面、业务数据查询界面、统计报表展示界面等。监控平台对系统进行监控报警，保证系统稳定运行，监控内容包括业务监控、数据监控、基础服务监控和报警等。

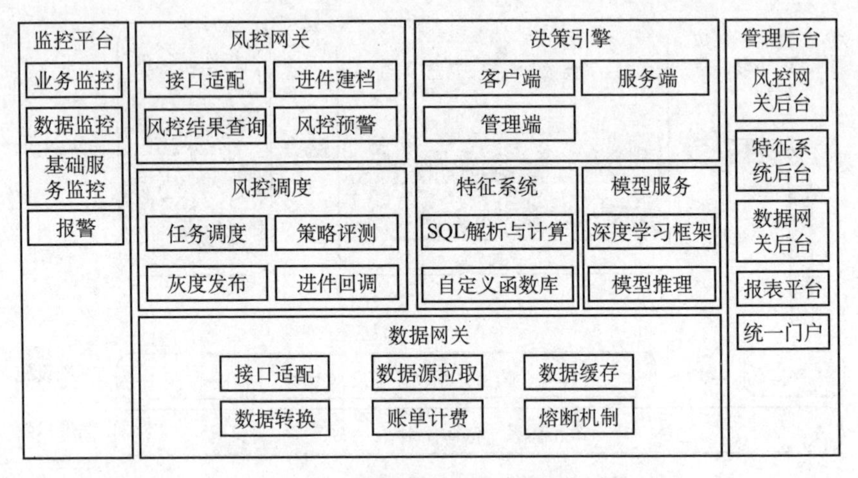

图 6-8　智能普惠金融逻辑架构

该平台的显著特点之一是采用 AI 机器学习建模技术，以农村存量客户数据、实地采集的农作物生产销售数据及第三方提供的用户行为数据作为建模数据支撑，通过多源异构数据的整合与清洗进行建模分析和洞察，结合多方安全计算技术，以"客户数据不离行"为原则，在样本层通过非对称加密技术进行样本对齐，确保来自农信体系、第三方合作伙伴等数据的有效学习和隐私保护，在合法合规的基础上，利用抗因子加密多方交换损失模型参数实现共同建模，增强模型的有效性。

该平台的显著特点之二是扎根式的整村授信模式，确保普惠金融业务风险可控。由于农户群体的特殊性，征信、社保、医保等信息无法反映其真实家庭情况全貌，为保证涉农贷款风控模型的有效性，整村授信采用客户经理驻扎村镇的工作模式，实地调查采集符合授信条件的农户、家庭农场、专业合作社等关于农户种植、养殖等信息，上传至普惠金融风控平台，作为本地化建模的数据支撑，运用"大数据风控＋线下交叉验证"的方式测算授信额度，确保普惠金融农贷业务的风险可控。通过平台的技术支撑与业务工作模式的结合，实现农信农贷管理模式的一次变革，同时也满足了调整业务结构、提升风控水平的内在需求。

（3）在银行数字化转型过程中，普惠金融的数字化及科技赋能对普惠金融发展起到了关键作用。在推进数字化普惠金融过程中，数据的来源受到了各方的关注。银行通过深耕行业，从中获得数据，然后搭建平台进行针对性的授信。通过核心企业上游小微企业的订单和应收账款、票据等流动资产，挖掘企业信息流、资金流、物流等核心数据，打造专属的纯信用、线上化场景类的产品体系。

在科技赋能方面，已经有多家银行将物联网、区块链等技术应用在供应链金融上，以打破信息孤岛问题，帮助产业链中的小微企业顺利融资。其中，平安银行自助搭建了“星云物联网平台”数据生态平台，通过终端设备实现对企业实物资产的感知、识别、定位、跟踪、监控和管理。浙商银行发布的《基于“区块链＋物联网”的产业链金融应用白皮书（2021）》，重点提出了区块链、物联网、多方安全计算等技术在商业地产、仓储物流、高速公路等产业链金融垂直领域应用的解决方案。

6.2.3　区块链供应链金融

1. 区块链及其架构

区块链，顾名思义就是一个又一个区块组成的链条。每一个区块中保存了一定的数据信息，它们按照各自产生的时间顺序连接成链条。这个链条被保存在所有的服务器中，只要整个系统中有一台服务器可以工作，那整条区块链就是安全的。这些服务器在区块链系统中被称为节点，它们为整个区块链系统提供存储空间和算力支持。如果要修改区块链中的信息，必须征得半数以上节点的同意并修改所有节点中的信息，而这些节点通常掌握在不同的主体手中，因此篡改区块链中的信息是一件极其困难的事。相比于传统的网络，区块链具有两大核心特点：一是数据难以篡改；二是去中心化。基于这两个特点，区块链所记录的信息更加真实可靠，可以帮助解决人们互不信任的问题。

区块链狭义的定义是指按照时间顺序，将数据区块以顺序相连的方式组合成链式数据结构，并以密码学方式保证的不可篡改和不可伪造的分布式账本。广义区块链技术是利用块链式数据结构验证与存储数据，利用分布式节点共识算法生成和更新数据，利用密码学的方式保证数据传输和访问的安全，利用由自动化脚本代码组成的智能合约，编程和操作数据的全新的分布式基础架构与计算范式。

通常，一个标准的区块链项目应该由数据层、网络层、共识层、激励层、合约层和应用层等层组成，如图 6-9 所示。

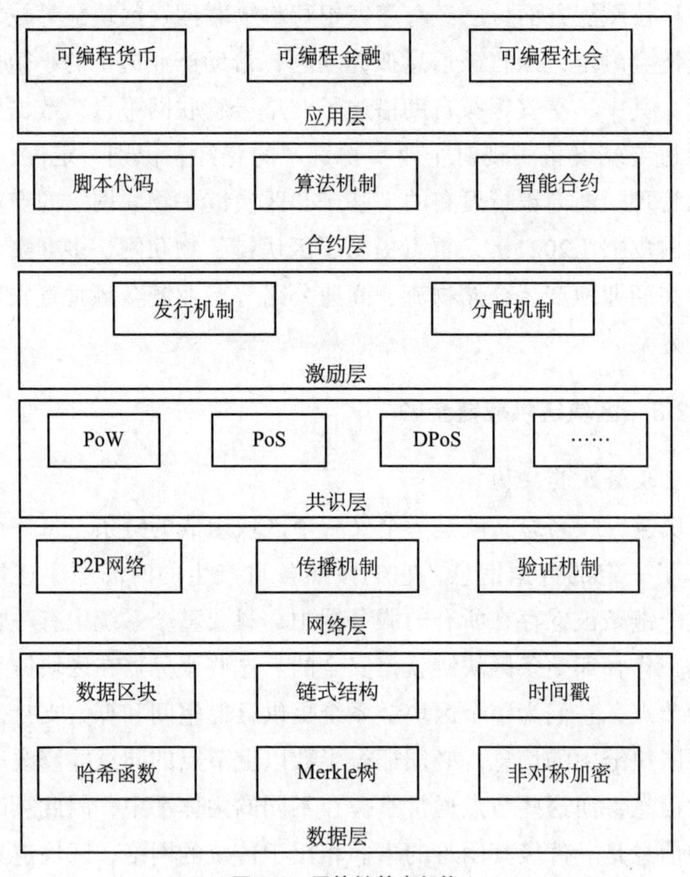

图 6-9　区块链基本架构

数据层是区块链最底层的技术，主要的功能为数据存储、账户和交易的实现与安全。数据存储主要基于梅克尔树，通过区块的方式和链式结构实现，大多以 KV 数据库的方式实现持久化，如比特币和以太坊采用的 LevelDB。网络层的主要目的是实现区块链网络节点之间的信息交互。区块链的本质是一个点对点（P2P）网络，每一个节点既能够接收信息，也能够生产信息，节点之间通过维护一个共同的区块链来保持通信。在区块链的网络中，每一个节点都可以创造出新的区块，新区块被创造出来以后，会通过广播的形式通知其他的节点，而其他节点反过来会对这个节点进行验证。当区块链网络中超过 51% 的用户对其验证通过以后，这个新的区块就会被添加到主链上。激励层是将经济因素集成到区块链技术系统中来，包括经济激励的发行机制和分配机制等，主要在公有链当中出现。共识层能够让高度分散的节点在去中心化的系统中针对区块数据的有效性达成共识。区块链中比较常用的共识机制包括工作量证明、权益证明和股份授权证明等。共识机制的作用主要有两个，一个是奖励，另一个是惩罚。比特币和以太坊用的是工作量证明机制（PoW）。此机制根据算力进行奖励和惩罚，如有节点作弊，算力会受到损失。BitShares、Steemit、EOS 采用股份授权证明机制（DPoS），拥有代币的人可以参与节点的投票，被选出来的节点参与记账，一旦作弊就会被系统投出。合约层主要是指各种脚本代码、算法机制及智能合约等。智能合约是运行在区块链上的一段无须干预可自动执行的代码，EVM 是智能合约运行的虚拟机，通过智能合约，无须任何中介干预即可实现资产的转移，同时也可以开发出一些有价值的去中心化应用。以比特币为例，它是一种可编程的数字货币，合约层封装的脚本中规定了比特币的交易方式和交易过程中所涉及的各种细节。基于智能合约可以构建区块链应用，如基于以太坊公链，开发者可以使用 Solidity 语言开发智能合约，构建去中心化应用；基于 EOS，开发者可以使用 C++ 语言，编写自己的智能合约。应用层封装了区块链的各种应用场景和案例，如基于区块链的跨境支付平台等，它也是去中心化的应用程序。一个完整的去中心化应用程序包含智能合约和 Web 系统，Web 系统通过接口调用智能合约。

区块链基本类型分为公有区块链、行业区块链和私有区块链三种。

公有区块链（public block chains）。世界上任何个体或者团体都可以发送交易，且交易能够获得该区块链的有效确认，任何人都可以参与其共识过程。公有区块链是最早的区块链，也是应用最广泛的区块链，各大比特币系列的虚拟数字货币均基于公有区块链，世界上有且仅有一条该币种对应的区块链。

行业区块链（consortium block chains）。由某个群体内部指定多个预选的节点为记账人，每个块的生成由所有的预选节点共同决定（预选节点参与共识过程），其他接入节点可以参与交易，但不过问记账过程（本质上还是托管记账，只是变成分布式记账，预选节点的多少，如何决定每个块的记账者成为该区块链的主要风险点），其他任何人可以通过该区块链开放的API进行限定查询。

私有区块链（private block chains）。仅仅使用区块链的总账技术进行记账，可以是一个公司，也可以是个人，独享该区块链的写入权限，本链与其他的分布式存储方案没有太大区别。传统金融都是想实验尝试私有区块链，而公链的应用，如比特币已经工业化，私链的应用产品还在摸索当中。

区块链具有去中心化、开发性、独立性、安全性和匿名性等鲜明特征。去中心化是指区块链技术不依赖额外的第三方管理机构或硬件设施，没有中心管制，除了自成一体的区块链本身，通过分布式核算和存储，各个节点实现了信息自我验证、传递和管理。去中心化是区块链最突出最本质的特征。开放性是指区块链技术的基础是开源，除了交易各方的私有信息被加密外，区块链的数据对所有人开放，任何人都可以通过公开的接口查询区块链数据和开发相关应用，因此整个系统信息高度透明。独立性是指基于协商一致的规范和协议（类似比特币采用的哈希算法等各种数学算法），整个区块链系统不依赖于其他第三方，所有节点能够在系统内自动安全地验证、交换数据，不需要任何人为的干预。安全性是指只要不能掌控全部数据节点的51%，就无法肆意操控修改网络数据，这使区块链本身变得相对安全，避免了主观人为的数据变更。匿名性是指除非有法律规范要求，单从技术上来讲，各区块节点的身份信息不需要公开或验证，信息传递可以匿名进行。

2. 区块链技术在金融领域的应用

区块链金融指区块链技术在金融领域的应用。在金融领域中，区块链技术在数字货币、支付清算、智能合约、金融交易、物联网金融等多个方面存在广阔的应用前景。

（1）数字货币。比特币是目前区块链技术最广泛、最成功的运用，在比特币基础上，又衍生出了大量其他种类的去中心化数字货币。比特币的崛起颠覆了人类对货币的概念，它和数字货币的出现与扩展正在改变人类使用货币的方式。从过去人类使用实物交易，到发展物理货币及后来的信用货币，都是随着人类的商业行为及社会发展不断演进的。随着电子金融及电子商务的崛起，数字货币安全、便利、低交易成本的独特性，更适合基于网络的商业行为，将来有可能取代物理货币的流通。以比特币为代表的数字货币目前已在欧美国家获得相当程度的市场接受，不但能在商店用比特币支付商品，更是衍生出比特币的借记卡与自动取款机等应用产品。数字货币与法定货币之间交换的交易平台也应运而生，如中国的交易平台 OKCoin 支持人民币与比特币的交易；比特币与法定货币之间的庞大交易量与流动性足以被视为一种国际通行货币。

国家发行数字货币将成为趋势。2015 年厄瓜多尔率先推出国家版数字货币，不但能减少发行成本及增加便利性，还能让偏远地区无法拥有银行资源的民众也能通过数字化平台，享有金融服务。突尼斯也根据区块链的技术发行国家版数字货币，除了让国民通过数字货币买卖商品，还能缴付水电费账单等，结合区块链分布式账本的概念，将交易纪录记载于区块链中，方便管理。同时，其他许多国家也在探讨发行数字货币的可行性。目前，瑞典、澳大利亚及俄罗斯等国正在研讨发展数字货币的计划。

（2）支付清算。现阶段商业贸易的交易支付、清算都要借助银行体系。这种传统的通过银行方式进行的交易要经过开户行、对手行、清算组织、境外银行（代理行或本行境外分支机构）等多个组织及较为烦冗的处理流程。在此过程中每一个机构都有自己的财务系统，彼此之间需要建立代理关系；每笔交易需要在本银行记录，与交易对手进行清算和对账等，导致整个过程花费时间较长、使用成本较高。

与传统支付体系相比，区块链支付可以为交易双方直接进行端到端支付，不涉及中间机构，在提高速度和降低成本方面能得到大幅的改善。尤其是跨境支付方面，如果基于区块链技术构建一套通用的分布式银行间金融交易系统，可为用户提供全球范围的跨境、任意币种的实时支付清算服务，跨境支付将会变得便捷和低廉。

（3）数字票据。目前，国际区块链联盟 R3CEV 联合以太坊、微软共同研发了一套基于区块链技术的商业票据交易系统，包括高盛、摩根大通、瑞士联合银行、巴克莱银行等著名国际金融机构加入了试用，并对票据交易、票据签发、票据赎回等功能进行了公开测试。与现有电子票据体系的技术支撑架构完全不同，该种类数字票据可在具备目前电子票据的所有功能和优点的基础上，进一步融合区块链技术的优势，成为一种更安全、更智能、更便捷的票据形态。

数字票据主要具有以下三种核心优势。一是可实现票据价值传递的去中心化。在传统票据交易中，往往需要由票据交易中心进行交易信息的转发和管理；而借助区块链技术，则可实现点对点交易，有效去除票据交易中心角色。二是能够有效防范票据市场风险。区块链由于具有不可篡改的时间戳和全网公开的特性，一旦交易完成，将不会存在赖账现象，从而避免了纸票“一票多卖”、电票打款背书不同步的问题。三是系统的搭建、维护及数据存储可以大大降低成本。采用区块链技术框架不需要中心服务器，可以节省系统开发、接入及后期维护的成本，并且大大减少了系统中心化带来的运营风险和操作风险。

（4）银行征信管理。目前，商业银行信贷业务的开展，无论是针对企业还是个人，最基础的考虑因素都是借款主体本身所具备的金融信用。商业银行将每个借款主体的信用信息及还款情况上传至央行的征信中心，需要查询时，在客户授权的前提下，再从央行征信中心下载信息以供参考。这其中存在信息不完整、数据更新不及时、效率较低、使用成本高等问题。

在征信领域，区块链的优势在于可依靠程序算法自动记录信用相关信息，并存储在区块链网络的每一台计算机上，信息透明、不可篡改、使用成本低。商业银行可以用加密的形式存储并共享客户在本机构的信用信息，客户申请贷款时，贷款机构在获得授权后可通过直接调取区块链的相应信息数据直接完成征信，而不必再到央行申请征信信息系统查询。

（5）权益证明和交易所证券交易。在区块链系统中，交易信息具有不可篡改性和不可抵赖性。该属性可充分应用于对权益的所有者进行确权。对于需要永久性存储的交易记录，区块链是理想的解决方案，可适用于房产所有权、车辆所有权、股权交易等场景。其中，股权证明是目前尝试应用最多的领域，股权所有者凭借私钥，可证明对该股权的所有权，股权转让时通过区块链系统转让给下家，产权明晰、记录明确、整个过程也无须第三方参与。

目前，欧美各大金融机构和交易所纷纷开展区块链技术在证券交易方面的应用研究，探索利用区块链技术提升交易和结算效率，以区块链为蓝本打造下一代金融资产交易平台。在所有交易所中，纳斯达克证券交易所表现最为激进。其目前已正式上线了 Linq 区块链私募证券交易平台，可以为使用者提供管理估值的仪表盘、权益变化时间轴示意图、投资者个人股权证明等功能，使发行公司和投资者能更好地追踪和管理证券信息。此外，纽交所、澳洲交易所、韩国交易所也在积极推进区块链技术的探索与实践。

（6）保险管理。随着区块链技术的发展，未来关于个人的健康状况、发生事故记录等信息可能会上传至区块链中，使保险公司在客户投保时可以更加及时、准确地获得风险信息，从而降低核保成本、提高效率。区块链的共享透明特点降低了信息的不对称，还可降低逆向选择风险；而其历史可追踪的特点，则有利于减少道德风险，进而降低保险的管理难度和管理成本。

英国的区块链初创公司 Edgelogic 正与英杰华集团（AVIVA）保险公司进行合作，共同探索对珍贵宝石提供基于区块链技术的保险服务。国内的阳光保险于 2016 年 3 月 8 日采用区块链技术作为底层技术架构，推出了“阳光贝”积分，使阳光保险成为国内第一家开展区块链技术应用的金融企业。在“阳光贝”积分应用中，用户在享受普通积分功能的基础上，还可以通过“发红包”的形式将积分向朋友转赠，或与其他公司发行的区块链积分进行互换。

（7）金融审计。由于区块链技术能够保证所有数据的完整性、永久性和不可更改性，因而可有效解决审计行业在交易取证、追踪、关联、回溯等方面的难点和痛点。

德勤公司从2014年起成立了专门的团队对区块链技术在审计方面的应用进行研究，目前已与部分商业银行、企业合作，成功创建了区块链应用实验性解决方案。其开发的Rubix平台，允许客户基于区块链的基础设施创建各种审计应用。

全球四大会计师事务所之一的普华永道自2016年宣布大举进军区块链领域研究后，已经招募了多名技术专家探索和研究区块链技术，并与专门研发区块链应用的Blockstream、Eris科技公司合作，寻求为全球企业提供区块链技术的公共服务。此外，区块链技术在P2P借贷平台、去中心化的众筹平台等方面，也有巨大的应用潜力和应用场景，吸引了大量的资金投入和应用探索。

（8）客户征信与反欺诈。银行的客户征信及法律合规的成本不断增加。过去几年各国商业银行为了满足日趋严格的监管要求，不断投入资源来加强信用审核及客户征信，以提升抵御复杂金融衍生品过度交易导致的系统性风险的能力。

记载于区块链中的客户信息与交易纪录有助于银行识别异常交易并有效防止欺诈。区块链的技术特性可以改变现有的征信体系，在银行进行“认识你的客户”时，将不良行为记录客户的数据存储在区块链中。客户信息及交易记录不仅可以随时更新，同时，在客户信息保护法规的框架下，如果能实现客户信息和交易纪录的自动化加密关联共享，银行之间能省去许多重复工作。银行也可以通过分析和监测在共享的分布式账本内客户交易行为的异常状态，及时发现并消除欺诈行为。

（9）跨境支付与结算。当前的跨境支付结算时间长、费用高、又必须通过多重中间环节。拥有一个可信任的中介角色在现今的跨境交易中非常重要，当跨境汇款与结算的方式日趋复杂，付款人与收款人之间所依赖的第三方中介角色更显得极其重要。每一笔汇款所需的中间环节不但费时，而且需要支付大量的手续费，其成本和效率成为跨境汇款的瓶颈所在，如因每个国家的清算程序不同，可能导致一笔汇款需要2～3天才能到账，效率极低，在途资金占用量极大。

区块链可摒弃中转银行的角色，实现点到点快速且成本低廉的跨境支付。通过区块链的平台，不但可以绕过中转银行，减少中转费用，还因为区块链安全、透明、低风险的特性，提高了跨境汇款的安全性，以及加快结算与清算速度，大大提高资金利用率。未来，银行与银行之间可以不再通过第三方，而是通过区块链技术打造点对点的支付方式。省去第三方金融机构的中间环节，不但支持全天候支付、实时到账、提现简便及没有隐形成本，也有助于降低跨境电商资金风险及满足跨境电商对支付清算服务的及时性、便捷性需求。

3. 区块链供应链金融

传统的供应链金融存在具有多主体参与、信息不对称、信用机制不完善、信用标的不标准等不足，但鉴于其自身有一定的行业隔离属性，不同行业的供应链金融平台之间直接竞争较小，资金端本身没有行业限制，因此在资产信用评级、企业信用评级以及风控方面的能力将会成为未来扩大资金来源的核心竞争力。因此区块链技术发展有助于打通多方协作堵点，助力供应链金融升级，对底层资产的穿透式监管也有助于提高资产评级，促进供应链金融ABS产品的发行。

传统贸易融资中的商票、银票流转困难，且不可拆分，应收账款、预付账款、存货等更是如此。通过在区块链平台上登记，将此类资产数字化，使流转更容易，而且可以进行拆分，方便企业根据自身的需求转让或抵押相关资产以获得现金流支持。同时还能通过智能合约控制供应链流程，减少人为交互，提高产业效率。

基于区块链技术的供应链金融业务架构如图6-10所示。

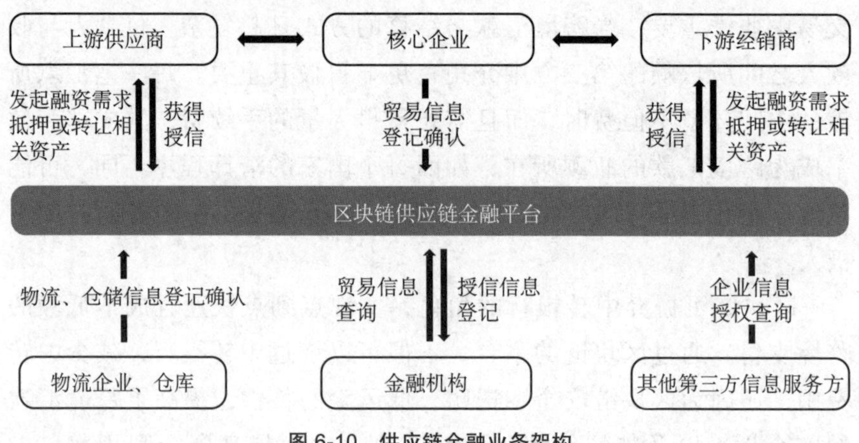

图 6-10　供应链金融业务架构

核心企业指解决上下游供应商、经销商的融资问题，强化金融职能，优化供应链整体效应，增强企业核心竞争力。上下游企业指围绕核心企业开展业务的中小微企业，能够优化现金流，提升资金周转效率，依托核心企业的信用享受低成本金融服务。金融机构指商业银行、保理公司、小贷公司、P2P 公司等，能够获取更多信息透明、风险可控的优质资产，提高收益。其他信息技术服务商包括物流、仓储、企业信息系统、金融科技公司等，可以凭借自身的数据资源或技术优势，扩展业务范围。

一条完整的供应链金融生态能够协调所有参与方共享数据并形成合作。对于有标准化企业信息管理系统的核心企业或金融机构，可与其业务系统对接，获得相关授权，提取企业数据。对于没有标准化企业信息管理系统的上下游中小微企业，可在获取企业授权的前提下，从其他第三方信息服务平台获取数据。

供应链中往往有多层供应、销售关系，但在供应链金融中，核心企业的信用往往只能覆盖到与其有直接贸易往来的一级供应商和一级经销商，无法传递到更需要金融服务的上下游两端的中小企业。区块链平台的搭建，能够打通各层之间的交易关系，从而实现对与核心企业没有直接交易的远端企业的信用传递，将其纳入供应链金融的服务范畴。

供应链金融围绕核心企业覆盖其上下游中小微企业，需要商业银行、保理公司等资金端的支持，以及物流、仓储等企业的参与，还有企业信息技术服务、金融科技服务等。多主体参与的环境中，协同合作的基础是信任与利益分配。区块链作为一种分布式账本，为各参与方提供了平等协作的平台，降低机构间信用协作风险和成本。

4. 区块链技术赋能普惠金融

长期以来，由于我国小微企业和“三农”客户传统金融服务模式下，受其担保物不足、信息不对称、应用数据缺失及单位金融服务成本居高不下等不利因素影响，导致融资难、融资贵等问题。中国农业银行在国内首次利用区块链、大数据等金融科技前沿技术与电商供应链融资业务相结合推出了互联网电商供应链融资服务，创造性地将电子商务、供应链融资、在线支付、企业 ERP、农户信用档案等行内和行外系统通过科技力量的刚性约束打造成相互信任、信用可控的供应链生态联盟。其网络架构如图 6-11 所示。

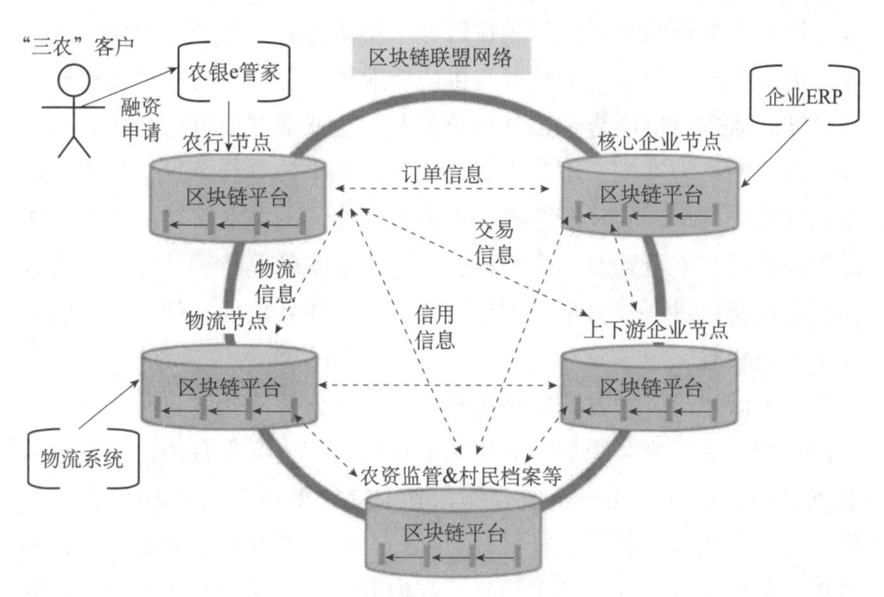

图 6-11　区块链技术赋能普惠金融网络架构

区块链技术赋能普惠金融的优势。

（1）通过区块链技术积累和挖掘数据价值。“农银 e 管家”电商金融服务平台（以下简称电商平台）是农业银行为生产企业、分销商、县域批发商、农家店、农户打造的一款线上“ERP+ 金融”综合服务平台。以现有供销关系快速线上化为突破口，融入小微企业、“三农”客户的生产和生活场景，为工业品下乡、农产品进城搭建线上金融服务渠道。平台自运行以来，客户活跃度较高，交易规模呈快速发展趋势，运行状况和市场评价良好，积累了大量有价值的数据。通过应用区块链技术，将历史交易数据映射到区块链平台中，同时每天产生的数据也登记入链，不断积累以逐步形成企业和农户可信的、不可篡改的交易记录，反映了客户的真实信用状况。随着区块链联盟网络的不断扩大，加入用户的增多，信用的维度将更健全，从而彻底将区块链网络打造成一个信任网络。

（2）利用区块链技术解决多参与方的信任问题。在供应链金融场景中由于涉及的参与方较多、信息不透明，又缺乏有效的中间机构，因此在业务开展过程中存在大量的虚假订单、资金流转速率低、企业资金周转困难等问题。该问题在服务中小微企业，特别是个体农户时显得更加突出，而区块链技术与供应链业务多方参与的场景有很好的契合度。通过与供应链金融各环节涉及的企业或部门进行合作，以现有区块链网络为基础，不断丰富和充实网络中的参与节点，使多方数据能够充分共享，实现资金流、信息流、物流的链上流转。利用区块链公开透明、不可篡改、全程追溯、信任成本低等特性，将多参与方的信息系统通过科技力量的刚性约束打造成相互信任、信用可控的供应链生态联盟。

（3）以智能合约方式实现客户授信，探索智能化、自动化的新型信用模式。除了充分挖掘和利用农业银行自有电商平台的交易和经营数据之外，通过与核心企业合作，有限度获得核心企业 ERP 订单数据；通过与当地农村供销社、政府部门合作，经授权后获得农户信用数据，包括农资交易、档案信息、政府补贴等；通过与当地农资监管和物流追踪平台对接，获得物流数据。并将这些数据的提供方作为参与节点加入区块链网络，不断向区块链网络推送有效数据，使整个业务场景视图更加丰富和完备。同时以智能合约形式约定统一数据共享标准，并尝试将授信模型内嵌进智能合约代码中，实现银行授信、审批和用信等环节的智能化、自动化处理，充分减轻人工审核负担，降低系统复杂度，提高业务处理效率。

（4）以信用为基础，以支付为工具，创新融资新模式。虽然电商平台业务发展迅猛，但与电商交易场景相结合的融资产品相对较少。为进一步提高客户黏性和交易活跃度，扩大电商平台交易规模，有效解决小微企业、“三农”客户融资难的问题，通过借助智能合约实现的新型信用模式，将融资产品嵌入到支付框架中，实现在支付订单时即完成放款的功能。同时，为了防范风险，采用受托支付的方式完成订单，资金不经过客户账户，并且后台通过自动审批的方式完成每笔订单的贷款审批工作，尽量让客户感知不到贷款的流程，实现便捷快速的支付体验。通过这种方式，客户的信用数据进一步丰富，基于这些信用数据的融资产品不仅解决了客户融资难的问题，还通过区块链技术为客户增信，同时在采用全新的科技手段后极大降低融资的成本，给客户最大实惠。

区块链技术赋能普惠金融同样也存在以下问题。区块链技术的成熟度有待进一步提升，区块链技术本身在性能、隐私保护、业务数据可视化、数据变更、数据归档、智能合约等方面存在瓶颈。例如，区块链技术不适用于高频交易场景；加法同态加密等隐私保护策略会影响交易性能；区块链底层数据存储结构化程度较低，测试和运维不方便；智能合约特有的不可篡改性使其数据变更充满挑战。因此需要密切关注区块链技术在容量、时效性、维护性等方面的研究成果，不断评估技术应用的成熟度。

5. 区块链技术赋能金融体系建设

区块链对金融体系发挥积极作用主要体现在以下两点。一是区块链将对法定数字货币的发行和流通机制的建立产生深远影响。加密数字代币不属于信用货币体系，无法有效履行货币基本职能，而法定数字货币是信用货币体系的一部分，将履行货币交易媒介、计价单位和价值贮藏的基本职能。区块链可以作为法定数字货币的底层技术之一，是一项可选技术。从技术的成熟度看，未来法定数字货币也有采用集中化技术的可能性。二是基于区块链在金融资产权益证明发放与流通中的应用，区块链将通过“一升一降三创新”，对货币发行流通、金融工具、金融市场、金融中介以及制度与调控机制等金融体系要素带来潜在的积极影响。

6. 供应链金融创新

华为供应链金融创新解决方案如图 6-12 所示。区块链供应链金融解决方案是包括业务、平台、数据资源及云基础设施的端到端方案，实现电子信用票据的开立、拆分转让、融资管理和兑付结算等业务数据的共享和监管溯源。其优势在于以下方面。安全可信，基于区块链技术，实现电子信用凭证从产生、分拆、流转至回收全流程信息存证，安全可回溯；方便易操作，供应商（支持多级供应商）持有凭证期间可在线进行融资申请、签约、收款操作；融合已有账户体系、已对接银行（或三方支付）账户体系，提供远程账户开立及在线资金清分；有丰富的三方接口，包括已对接的三方数据与工具服务（如企业身份认证、电子签约、CA 认证、短信等十余项）。

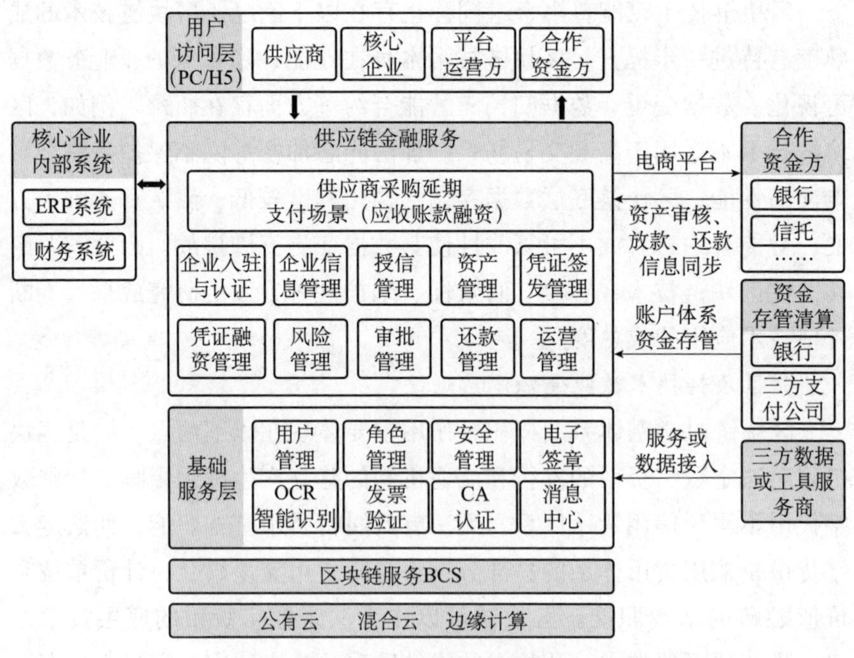

图 6-12　华为供应链金融服务

参考文献

[1] 张学森.金融法学[M].2版.上海:复旦大学出版社,2020:5.

[2] 希捷.数据新视界[R].司各特谷,2020.

[3] 许子明,田杨锋.云计算的发展历史及其应用[J].信息记录材料,2018,19(8):66-67.

[4] 罗晓慧.浅谈云计算的发展[J].电子世界,2019(8):104.

[5] 赵斌.云计算安全风险与安全技术研究[J].电脑知识与技术,2019,15(2):27-28.

[6] 央广网.北京互联网法院发布白皮书 互联网技术司法应用场景展现[OL].(2019-08-18)[2019-08-19].http://baijiahao.baidu.com/s?id=1642178750452658764&wtr=spider&for=pc.

[7] 李文军.计算机云计算及其实现技术分析[J].军民两用技术与产品,2018(22):57-58.

[8] 王雄.云计算的历史和优势[J].计算机与网络,2019,45(2):44.

[9] 王德铭.计算机网络云计算技术应用[J].电脑知识与技术,2019,15(12):274-275.

[10] 黄文斌.新时期计算机网络云计算技术研究[J].电脑知识与技术,2019,15(3):41-42.

[11] 人民网.人工智能与云计算正加速形成应用生态[OL].(2021-10-15)[2022-03-24].http://baijiahao.baidu.com/s?id=1713688045429136296&wtr=spider&for=pc.

[12] 张杨.AI重塑金融安全新生态[J].张江科技评论,2021(5).

[13] 魏杰.防范金融风险的五大举措[J].中国金融,2018(5).

[14] 张瑾.日本央行维护金融安全的实践与启示[J].金融实务,2017(10).

[15] 张红.监管沙盒及与我国行政法体系的兼容[J].浙江学刊,2018(11).

[16] 韩晓亚,郑弘宇.区块链技术在中国金融领域的应用研究[J].中国经贸导刊(中),2020(8):77-78.

[17] 林荣来,王世杰.标识解析与区块链技术在“供应链”金融领域应用探索[J].网络安全技术与应用,2020(8):120-123.

[18] 刘建华.物联网安全[M].北京:中国铁道出版社,2013:68.

[19] 洪杰文,归伟夏.新媒体技术[M].重庆:西南大学出版社,2016:240.

[20] 于旭,梅文.物联网信息安全[M].西安:西安电子科技大学出版社,2014:94.

[21] 王法能,刘虎峰.计算机公共基础(Windows 7+Office 2010)[M].北京:北京理工大学出版社,2014:222.

[22] 何明,汤伟,赖俊,等.大学计算机基础[M].南京:东南大学出版社,2015.

[23] 刘冬梅,迟学芝.网络信息安全[M].青岛:中国石油大学出版社,2013.

[24] 张向晖.司法机关录音录像工作指南[M].北京:中国检察出版社,2016.

[25] 陈刚.浅谈电子商务网络信息安全问题[J].云南农业,2011(6).

[26] 张学森.金融法学[M].上海:复旦大学出版社,2020:8.

[27] 亿欧智库.2019中国消费金融创新模式[R].北京,2019.

[28] 360氪.金融科技助力消费金融大放异彩——36Kr-消费金融行业研究报告[R].北京,2019.

[29] 中国人民银行.中国普惠金融指标分析报告[R].北京,2019.

[30] 中国银保监会中国人民银行.2019年中国普惠金融发展报告[R].北京,2019.

[31] 农村金融时报.发展惠普金融是大型商业银行的责任[OL].(2014-07-16)[2014-07-16].http://tinance.ce.cn/rolling/201407/16/t20140716-3171931.shtm.

[32] 温晓桦.征信体系不完善,G20发布数字化普惠金融新指标[OL].(2016-09-04)[2016-09-04].http://www.leiphone.com/category/timech/ElVnH4i59yobJMtll.html.

[33] 和讯名家.互联网与惠普金融的未来[OL].(2016-04-28)[2016-04-28].http://mxyingrang.com/tags/mxxt/995.html#.